国際列車の車窓から

①ダルエスサラーム駅の線路に連なる「中華人民共和国製」の文字が刻まれた枕木。ここから1800キロ以上離れたザンビア側の終着駅まで、ほぼすべての枕木に同じ漢字が刻まれている

タンザニア～ザンビア

②標高約1300メートルの高原地帯を走る（ザンビア・カポコ～カロンジェ）

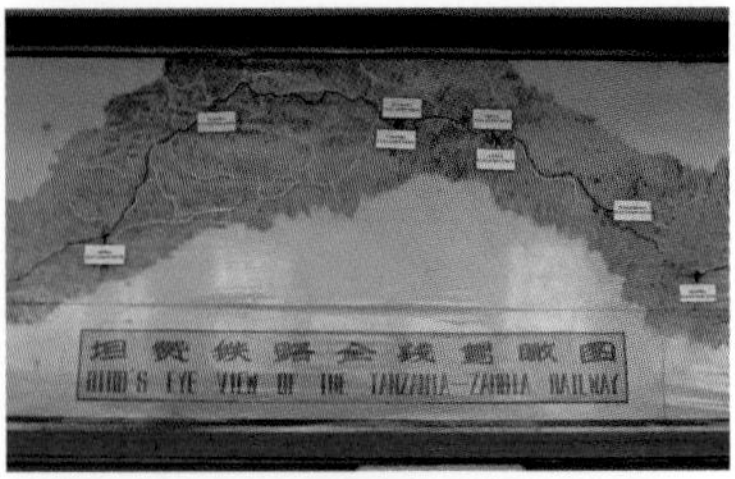

④ダルエスサラーム駅舎内に掲げられている
中国語のタンザン鉄道鳥瞰図

⑤タンザニア・キドゥンダ駅の線路内を
歩く男たち

③停車駅でバナナを購入（タンザニア・マカンバコ）

中国〜ベトナム

⑥北京西駅で出発を待つベトナム・ハノイ行きT5次特快

⑧「河内」は中国語で「ハノイ」のこと(北京西)

⑦国際列車の車両に掲げられる中国の国章(上)とドンダン(同登)行きの行先札

⑨ドンダンからハノイへ向かう路線で反対方向へのローカル列車とすれ違う(バクニン)。ベトナム国鉄のメーターゲージ(1000ミリ)の外側に、国際標準軌(1435ミリ)を採用する中国との国際列車が直通できるようにもう1本の線路が敷設され、3本の線路が並行している

イースタン＆オリエンタル・エクスプレス

⑩シンガポール駅に停車するイースタン＆オリエンタル・エクスプレス（E&O）

⑫E&O最後尾のオープン型展望客車
（タイ・ノーンプラドック）

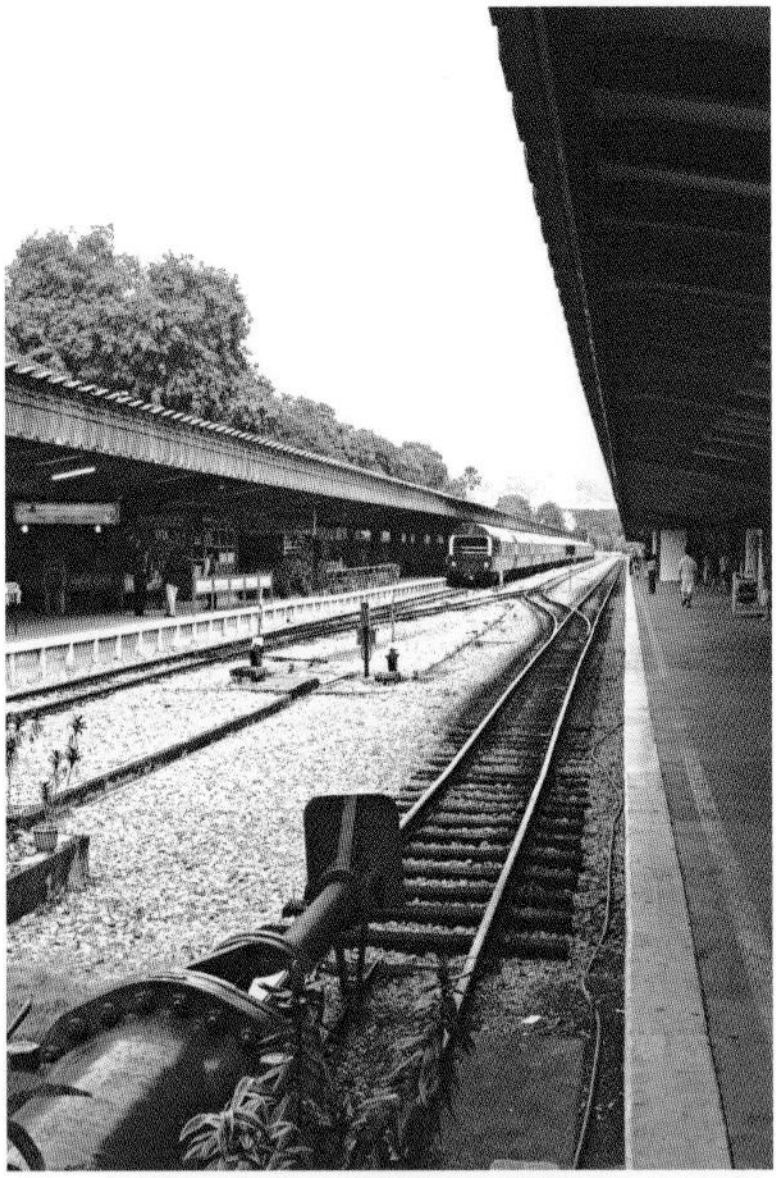

⑪シンガポール駅構内。手前はユーラシアの鉄道最南端地点。左側のホーム中央にマレーシアの入国審査場が見える

⑬シンガポール駅のホーム上にあるマレーシアの入国審査場。客車の停車位置付近はマレーシア国内扱い

⑮E&O食堂車のランチタイム

⑭メニューは東南アジア風のアレンジを加えたフランス料理（E&O）

⑯E&O車内でのマレーシアからタイへの出入国手続き（パダン・ベサール）。このような場面の撮影が許可されることは少ない

⑰ピアノの生演奏が流れるナイト・バー（E&O）

⑱流れ去るマレー半島の車窓を楽しむ（E&O）

シリア～トルコ～イラン

⑲トルコ国内を走るトランスアジア・エクスプレス(ベイハン)

㉑シリア国鉄が乗客に配付する
ミールボックス

⑳停車中の列車の乗客に地元住民が焼き
たてのナンを売りに来た(ベイハン)

㉓バグダード鉄道時代を偲ばせる
殿堂風のアレッポ駅舎

CFS

نقل المسافرين بين تركيا . سوريا . لبنان . العراق . ايران

TRAFIC - TURJUIE - SURIE - LIBAN - IRAJ - IRAN

TURJUIYE - SURIYE - LUBNAN - IRAJ - IRAN - TRAFIGI

MOD. 59 نموذج ٥٩

25086 *

الاجرة

PRIX

UCRET

L. S.

S. L.

صالحة لثلاثة اشهر اعتبارا من

VALABLE 3 MOIS A PARTIR DU

YANDAKITARIHINDENITIBAREN 3 AY GECERLIDIR

خاتم وتاريخ مكتب الاصدار

BUREAU ET DATE D EMISSION

TARIH VE SATIS BUROSU

㉒ダマスカスからテヘランまでの国際列車乗車券

㉔桟橋駅に到着した列車(左)に鉄道連絡船(右)が接続する(タトワン桟橋)

㉕貨車や荷物車を満載した
鉄道連絡船(タトワン桟橋)

㉗イランの駅構内表示(タブリーズ)。
「旅客用待合室」の次は「礼拝室」
を案内している

㉖連絡船内に積み込まれたダマスカス
発テヘラン行き直通荷物車(右)

インド〜バングラデシュ

㉘ラジシャヒ駅に停車する急行コポタッコ号

㉚バングラデシュ国境からコルカタ行きの近郊電車（ゲデ）。ドアの外まで乗客が溢れている

㉙バングラデシュ国境行きのインド国鉄ローカル客車（ニュー・ジャルパイグリ）。各窓に鉄格子がはめ込まれている

㉛ハルディバリで途切れている線路。かつてはここから東パキスタン（現・バングラデシュ）まで線路が続いていた

㉜㉝バングラデシュ・ドルショナとインド・ゲデの国境地点。右はバングラデシュ側からインド方面を見たところ。左（㉝）は国境に架かる橋の上からバングラデシュ側を見たところ

インド〜パキスタン

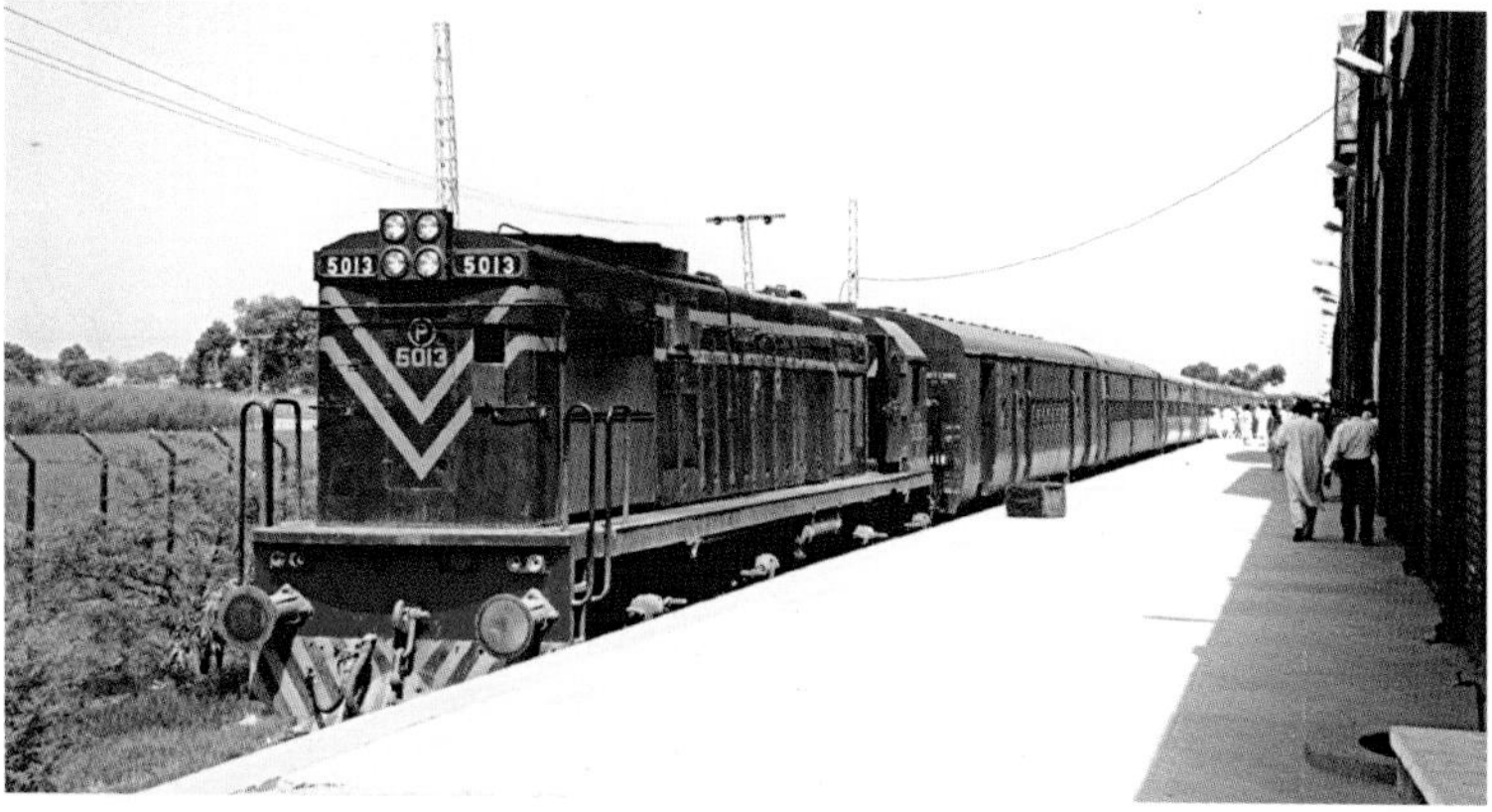

㉞パキスタンに入国した印パ国際急行サムジャウタ・エクスプレス(ワガ)

㉟アムリトサルからアターリー国境までの乗車券

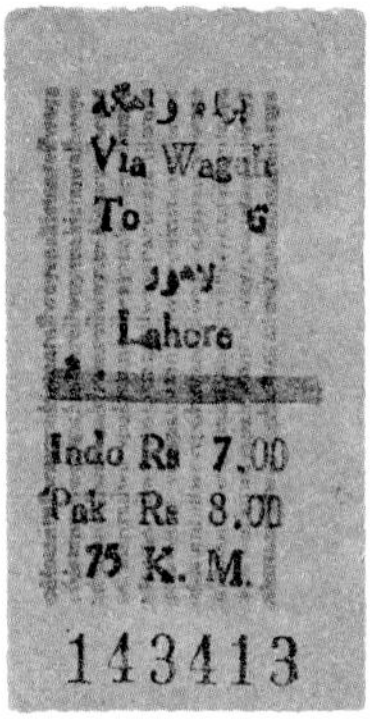

㊱ワガからラホールまでの乗車券。㉟と同時購入するが、印パ国境を跨ぐアターリー〜ワガ間は乗車券がない

ペルー〜チリ

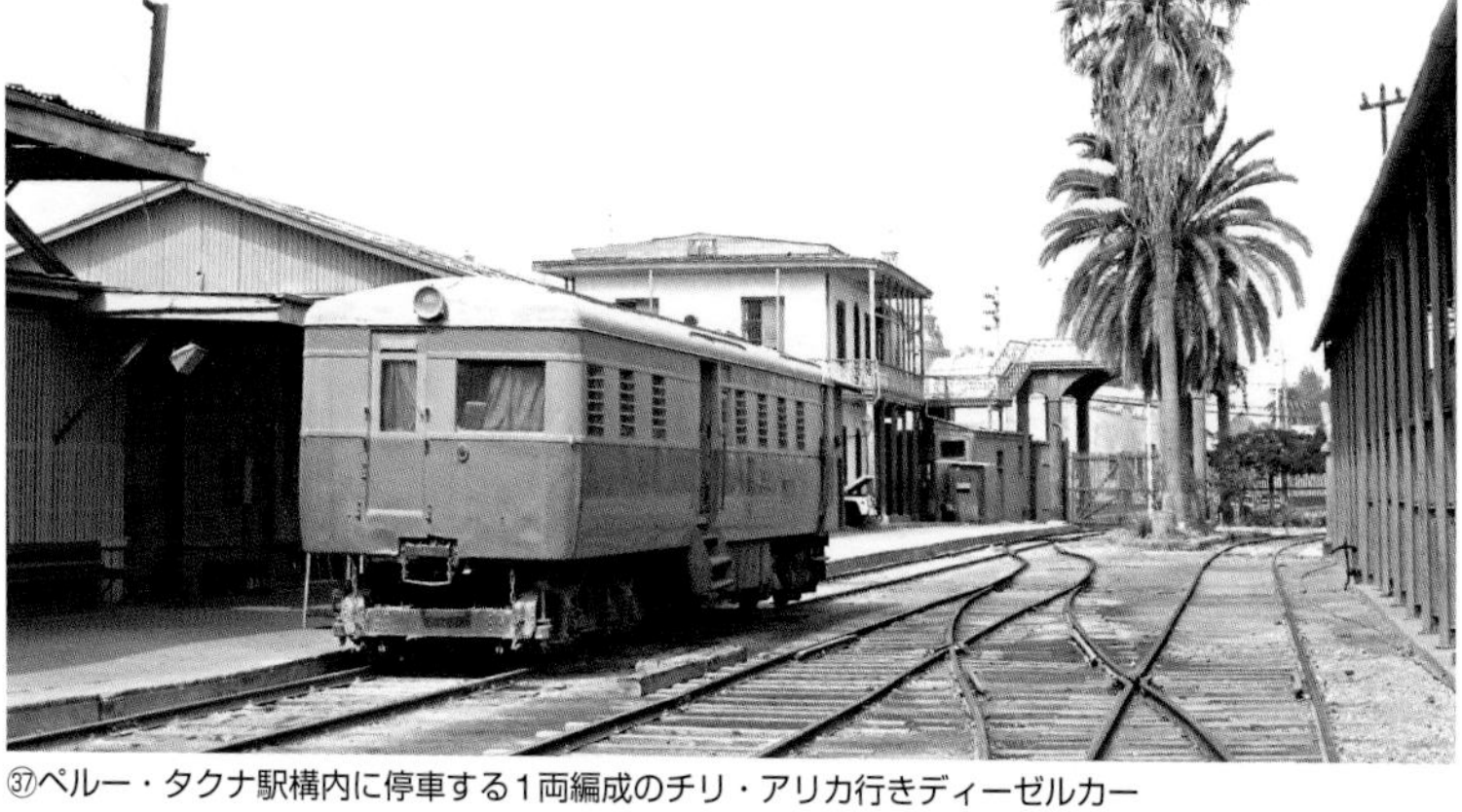

㊲ペルー・タクナ駅構内に停車する1両編成のチリ・アリカ行きディーゼルカー

リトアニア〜ポーランド

㊳左・2番ホームはポーランド国鉄ワルシャワ行き、右・3番ホームはリトアニア国鉄ヴィリニュス行き
（リトアニア・シェシュトカイ）

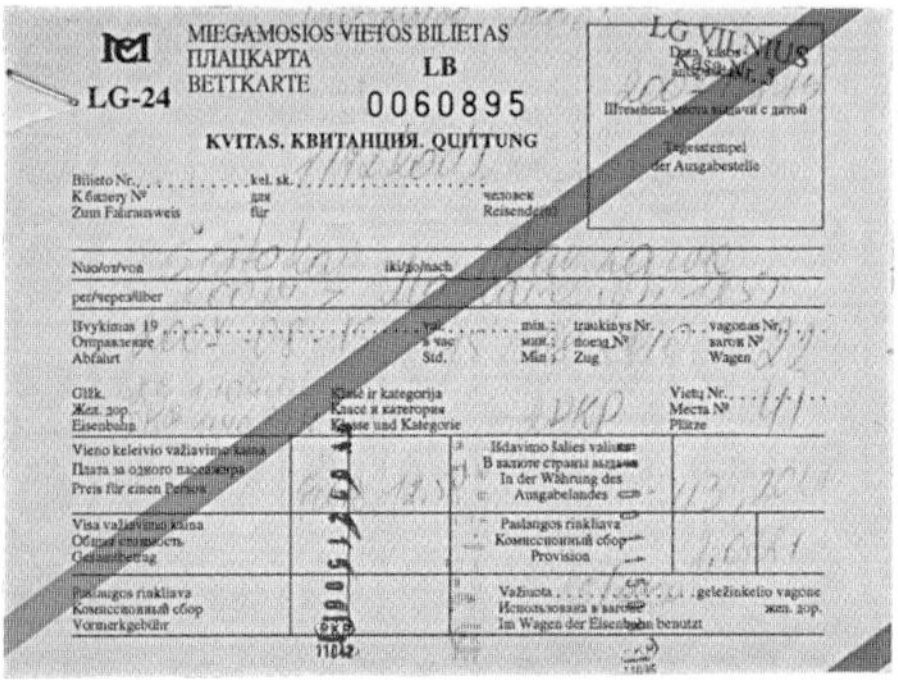

㊴リトアニア語・ロシア語・ドイツ語の3言語で表記されたヴィリニュス発ワルシャワ行き国際列車乗車券

イギリス〜フランス

㊵パリ北駅のユーロスター。発着ホームはガラス塀で他のエリアと区別されている

㊶海底トンネルの状況を図示するユーロスターの車内モニター

モンテネグロ〜セルビア

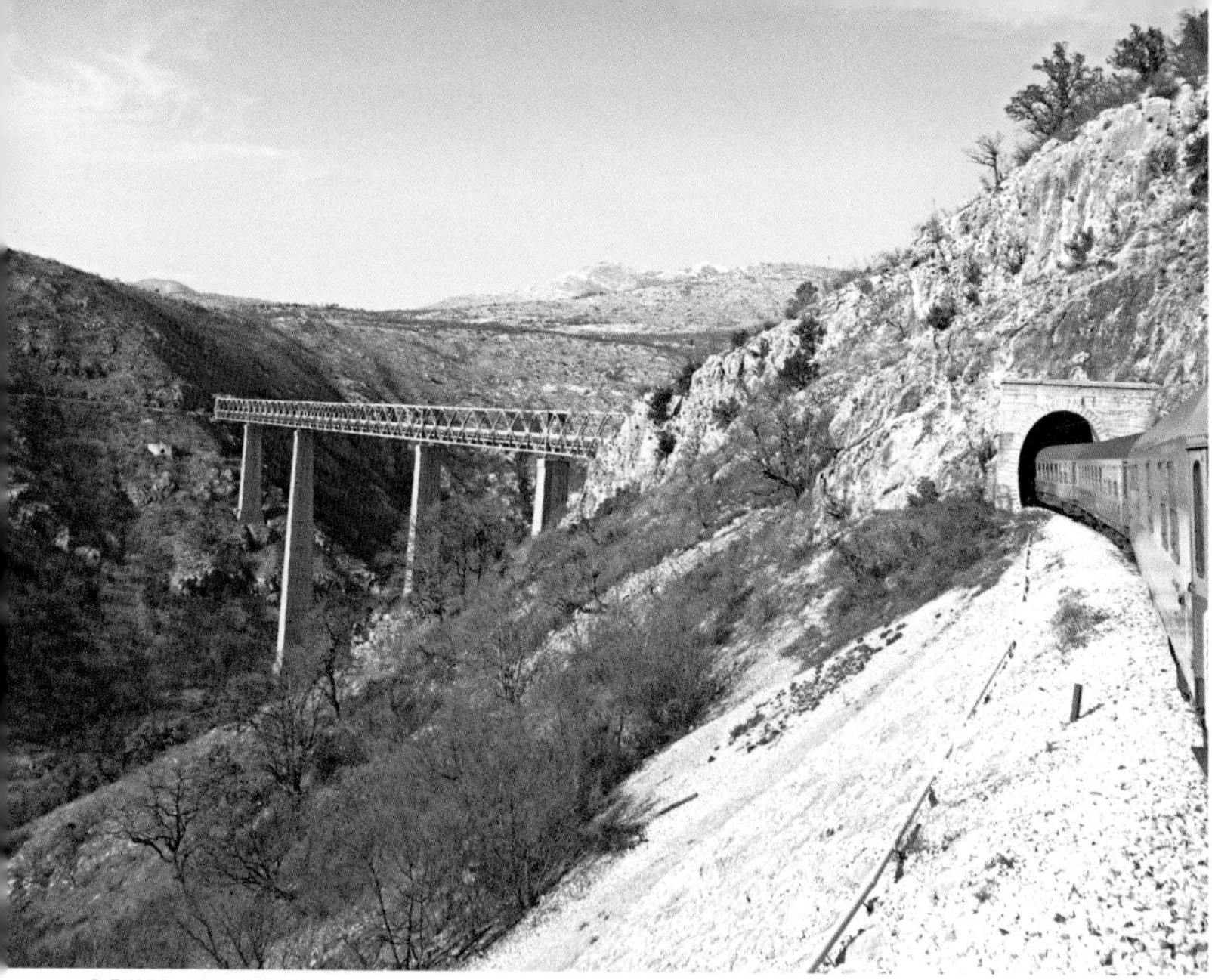

㊷「世界一高い鉄道橋」マラ・リエカ橋梁に差しかかる

セルビア〜ブルガリア〜トルコ

㊸セルビア・ブルガリア・トルコの３ヵ国を直通するバルカン・エクスプレス（ベオグラード）

㊹イスタンブール・シルケジ駅構内の線路の終点。ヨーロッパ鉄道の最東端

㊺北朝鮮の国章を掲げた平壌行きの国際列車編成（中国・丹東）

㊼「95次国際列車は2階の国際待合室でお待ちください」（中国・丹東）

㊻丹東市内で見られる北朝鮮観光旅行の広告。日帰りから5日間まで多様なコース設定

㊽中朝国際列車に連結されている北朝鮮国鉄の客車内

㊾北朝鮮側国境・新義州青年駅舎

㊿(51)鴨緑江を挟んで中国・丹東と北朝鮮・新義州が向かい合う。右は朝鮮戦争中に破壊された鉄道橋（断橋）が川の中央付近まで残る中国側から、左（(51)）は同じ断橋と現存する中朝友誼橋（朝中親善橋）を北朝鮮側から見た眺め

(52)平壌駅の国際旅客専用待合室

(53)平壌駅に設置されている観光記念スタンプ。駅舎の時計台をあしらったデザイン

ウズベキスタン〜タジキスタン

㊹ホジャンド駅に停車するドゥシャンベからの回廊列車タジキスタン号

㊻サマルカンド駅構内。ロシアやカザフスタンへの国際列車、タジキスタンとの回廊列車が多数発着する

㊺タジキスタン号に掲げられた行先札。国旗の右は「タジキスタン」の列車名、その下は「ドゥシャンベ〜カニバダム〜コルガーンテッパ」と運行区間が記されている

中国〜カザフスタン

⑰国境で客車の台車を全て交換する(カザフスタン・ドストゥク)

⑱台車の交換風景。客車をジャッキで持ち上げて台車を切り離している(ドストゥク)

⑳中国語・ロシア語・カザフ語・ウズベク語の4言語による「アルマトゥ〜ウルムチ」の行先札

⑲中国・ウルムチ発カザフスタン・アルマトゥ行き国際列車編成(ドストゥク)

㉑軌間が異なる旧ソ連の広軌と中国の国際標準軌が合流する国境駅の線路（ドストゥク）

列車で越える世界の緊迫国境

小牟田哲彦

育鵬社

［本扉］北朝鮮国鉄が発行する国際列車乗車券。国際協定に基づき発行国の言語（朝鮮語）、ロシア語、ドイツ語の3ヵ国語で表記されている（第3章参照）。

まえがき

かつて、日本にも「国際列車」が走っていた時代があった。

関門トンネルの開通まで山陽本線の終着駅だった下関では、朝鮮半島の釜山《ふさん》へ渡る鉄道省直営の関《かん》釜《ぷ》連絡船が列車に接続していた。釜山では、桟橋から中国大陸へ直通する急行列車に直接乗り込めた。満洲から線路はさらにシベリア鉄道を経て、ヨーロッパへと続いていた。

連絡船を挟んでいたとはいえ、東京からパリやロンドンへの直通乗車券が発行されていたことから、東海道本線と山陽本線は欧亜国際連絡鉄道の一部を構成していた。このため、明治末期から東京(当初は新橋)~下関間を走り始めた日本初の特別急行、つまり特急列車には、外国人の乗客が多く利用することを想定して、英語が話せる列車長が乗務していた。日本を代表する国際列車という建前から、一般大衆向けの3等車は連結せず1・2等車だけで編成され、当時は珍しかった洋食堂車や、最後尾にはサロンルーム付きの展望車まで連結されていた。昭和4(1929)年には、一般公募によって「富士」という列車名称を付与されている。

とはいえ、「富士」の国際列車扱いはあくまでも日本列島内での列車の位置付けの問題に過ぎず、車両に乗ったまま国境を実際に越える国際列車とは意味合いが異なる。日本が運行に携わった国際列車としては、日本の領土だった朝鮮半島から満洲へ直通する急行「ひかり」「のぞみ」、満洲からさらに万里の長城を越えて中華民国の北京に至る急行「大陸」「興亜」という3ヵ国直通列車も存在したが、陸の国境を失った戦後の日本では、どんなに鉄道技術や路線網が発達しても、現実に列車で国境を越えることはできない。朝鮮半島が38度線で分断されたため、東海道本線や山陽本線が中国やヨーロッパへと通じる国際連絡運輸としての役割を果たすこともなくなった。そして、航空機全盛の現代では、もはや列車と船を乗り継いで海外へ行くルート自体が限られつつある。

だが、諸外国を見渡せば、国際列車は今も各地で運行されている。EU諸国では今や国境審査なしで複数国に跨る国際列車が頻繁に運行されているが、平時であっても一定の緊張感が漂う国境を越える列車も世界には少なくない。

四方を海に囲まれた日本にいると、そのような多種多様な国境を体感的に理解する日常的な機会がない。そして、飛行機や船で諸外国を訪れても、空港や港湾の出入国審査場を通過するだけでは、国土に引かれた国境線をリアルに意識することは難しい。「日本人は国境の意識が稀薄」とはしばしば指摘されることだが、国土の立地環境や現代の海外旅行事情に鑑みれば、致し方ないところもあるように思える。

その点、陸上に人為的に引かれた国の境界線を車窓に眺めながら越境する国際列車の旅は、日本では絶対に体験できない究極の異文化体験と言える。しかも、緊迫する国境地帯を外国人がふらふら歩いていれば官憲に尋問されたりするのに、切符を持っていれば、列車の中でのんびり座っているだけで国境線を眺めつつ実際に跨げるのだから、国境体験を望む一般の観光客にとってハードルは低い。

そんな世界各地の国際列車による越境体験を、紀行文としてまとめたのが本書である。一部は、過去に雑誌等で発表した作品に大幅な加筆を施している。私自身の体験に基づくものである以上、旅行時期は幅広く、中には21世紀初頭の乗車記録に基づく作品もある。各章に登場するトーマスクックの時刻表や中国の鉄道時刻表は、すでに冊子版が発行されなくなって久しい。

私は平成26（2014）年に刊行した『世界の鉄道紀行』（講談社現代新書）のまえがきで、「明治や大正期の紀行文が今も色褪せないように、情報は古くなっても文学は必ずしも古くならない。紀行という分野が文芸の一角を成している所以である」と記した。この考えは今も変わらない。本書はまずもって紀行文として純粋に読んで楽しめるものを目指すとともに、国際列車を舞台とする作品を集めることで、単なる最新旅行情報の提供ではなく、世界各地に散在するさまざまなパターンの国境を疑似体験できるように編纂した。私は紀行文の行間に写真を挿入することを善しとしない主義なので、本文には写真を一切載せていないが、「国際列車の旅」を見て楽しむこともできるよう、本文とは別に巻頭のカラーページでミニ写真集を構成した。多くの読者が紙上旅行を楽しみつつ、国境という、日本人になじみが薄い存在について考えるきっかけとなることが、著者としての願いである。

本文中に掲載した時刻表は、著者自身が現地で直接確認した情報や各国鉄道会社の公式ホームページ、及び市販の時刻表などをもとに判断して、各作品に登場する列車の行程に合わせて独自に作成した。そのオリジナル時刻表と路線図は、デザイナーの板谷成雄氏による力作である。

本書の企画は、平成21（2009）年に扶桑社から上梓した『去りゆく星空の夜行列車』の編集に携わり、12年後の令和3（2021）年に『改訂新版　大日本帝国の海外鉄道』を世に送り出していただいた田中亨氏のご理解によって実現することとなった。これらの前2作も板谷氏がデザイナーとして関わっており、本書は両者のお力添えによる3作目の拙著となる。御二方の長期にわたるご尽力に、心より感謝申し上げる。

令和5（2023）年12月

著者

列車で越える世界の緊迫国境——目次

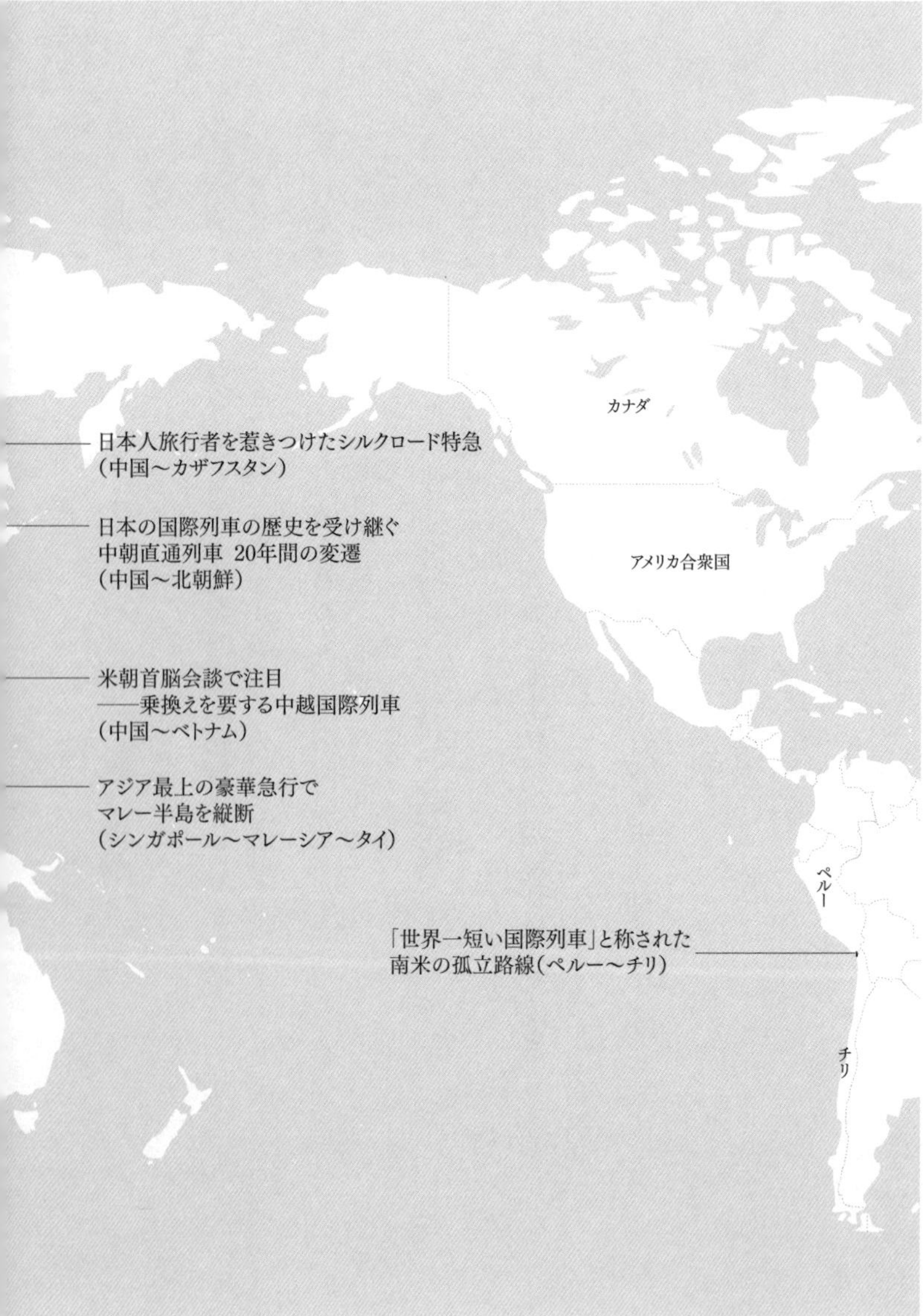

カナダ
日本人旅行者を惹きつけたシルクロード特急
(中国〜カザフスタン)
日本の国際列車の歴史を受け継ぐ
中朝直通列車 20年間の変遷
(中国〜北朝鮮)
アメリカ合衆国
米朝首脳会談で注目
——乗換えを要する中越国際列車
(中国〜ベトナム)
アジア最上の豪華急行で
マレー半島を縦断
(シンガポール〜マレーシア〜タイ)
ペルー
「世界一短い国際列車」と称された
南米の孤立路線(ペルー〜チリ)
チリ

ユーロスターは西欧唯一の
時差&審査付き越境特急(イギリス〜フランス)
共産圏の面影を残す東欧とバルト三国の直結ルート
(リトアニア〜ポーランド)
バルカン半島から往年のオリエント急行ルートを辿る
(セルビア〜ブルガリア〜トルコ)
中央アジアの回廊列車と国境駅での拘束劇
(ウズベキスタン〜タジキスタン〜ウズベキスタン)
イギリス
フランス
ロシア
カザフスタン
トルコ
イラン
パキスタン
インド
中国
日本
タイ
中東3ヵ国を貫く
壮大な「アジア横断急行」
(シリア〜トルコ〜イラン)
「世界一高い鉄道橋」と
国の分離で生まれた
新国境を体験する
(モンテネグロ〜セルビア)
印パの〝和解〟を演出する
時速4キロの国際急行
(インド〜パキスタン)
タンザニア
ザンビア
東ベンガル鉄道栄枯盛衰
——名茶ダージリンはここから世界へ運ばれた
(インド〜バングラデシュ〜インド)
オーストラリア
中国によるアフリカ支援の
先駆的国際路線・タンザン鉄道
(タンザニア〜ザンビア)

第1章

米朝首脳会談で注目
――乗換えを要する中越国際列車

▼北京（中国）→ハノイ（ベトナム）

日本に近い地域で、国際列車の運行が最も盛んな国と言えば中国である。もともと陸上で国境を接する国が14もあり、2023年現在、6ヵ国との間で国際旅客列車が設定されている。複数の越境ルートを持つ国もあり、中国と相手国の両国民以外の第三国人の利用を認めない列車から、多くの外国人旅行者に愛用されてきた知名度の高い国際列車まで、旅客営業のスタイルもさまざまだ。

その多様な国際列車の一つに、ベトナム国内へ列車を乗り入れる中越国際列車がある。ベトナムは、中国の周辺国の中では最も早く、2004年1月から日本国籍を持つ短期観光旅行者に対して、入国査証（ビザ）の事前取得を免除する措置を始めた。そして、中国もそれに先立つ2003年9月から、日本人の短期観光旅行者に対してビザを免除している。したがって、中越国際列車は21世紀初頭以降、日本人観光客がパスポートと乗車券さえ持っていれば気軽に乗れる初めての中国発着国際列車であった。

もっとも、それ以前の中越国際列車は、北京に発着するモスクワ行きのシベリア鉄道より乗るのが難しいと思えるほど、日本人旅行者にとってはハードルが高い存在だった。そこには、中国とベトナムの関係、そしてベトナム国内の観光旅行事情が関係していた。

ベトナムと中国を結ぶ鉄道は20世紀初頭の1910年、ハノイの東に位置する港湾都市・ハイフォンからハノイを経由し、中国の雲南《ユンナン》省にある昆明《クンミン》までの848キロが2本の線路で結ばれたことに始まる。当時ベトナムを支配していたフランスが、雲南省の豊富な資源をハイフォン港まで輸送するために建設し、滇越《てんえつ》鉄道という国策私鉄によって運営されていた。

その後、第2次世界大戦後に社会主義国として独立した当時の北ベトナムを援助するため、同じ社会主義国である隣国の中国は、新たに両国を鉄道で結ぶことを決定。南寧《ナンニン》から憑祥《ピンシャン》、ドンダンを経由してハノイに至る線路が建設され、1955年、北京とハノイの間で国際列車の運行が開始された。当時は北京〜ハノイ間には旅客・貨物の両列車が設定されていたが、従来からの旧滇越鉄道ルートは貨物列車のみの運行だった。

だが、ベトナム戦争でベトナムが勝利した後、中国とベトナムの関係は次第に悪化していく。そして1978年12月、中国は23年間続いた国際列車の運行を中断し、翌1979年2月にはついに両国間で中越戦争が勃発した。戦火の中で、ベトナム側にあった二つの国際鉄道ルートの施設は徹底的に破壊された。

両国が再び関係を正常化したのは1991年。これに伴い、連絡鉄道の復旧も合意された。戦争によって不明確になった国境線の確定など難題もあったが、1996年2月、戦乱の歴史に翻弄された東西二つの中越国際連絡鉄道ルートは、約17年ぶりの再開に至っている。

ところが、運行再開当初の中越国際旅客列車は、日本人旅行者が気軽に利用できる交通手段ではなかった。

ベトナム戦争や中越戦争で国内が疲弊しきっていたベトナムは、ドイモイ（刷新）政策などで国内事情がようやく復興しつつあった1993年になって、ようやく外国人の国内自由旅行を完全に認めたばかりだった。観光目的で訪れる外国からの旅行者も増え、やがて日本からの直行航空便も設定された。だが、日本人旅行者がベトナムに列車、というか陸路で入国するには困難が多かった。

当時は、ベトナムに入国する日本人は観光目的でもビザを事前に取得しなければならなかったが、このビザには、どこからベトナムに入国し、どこから出国するかという「出入国地点」が明記され、それ以外の場所から出入国することはできなかった。ところが、日本で取得する観光ビザには空路の出入国地点が記載され、陸路出入国用のビザ取得は非常に困難とされていた。

このため、中越国際列車に乗りたい日本人旅行者は、まず香港など他国のベトナム大使館や総領事館へ行き、そこで陸路出入国用のビザを申請・取得するか、または日本で取得した空路出入国ビザの出入国地点を書き換えてもらう手続きを執る必要があった。

その頃、香港でベトナムビザを取得するには4～5日かかるとされていた。そうなると、日本人観光客が中越国際列車に乗ってベトナム入りしようとしたら、香港でのビザ取得待機のための期間を含めて、ハノイに到着するまで1週間以上かかってしまう。第三国でビザの申請手続きをする手間も考慮すれば、いくら国際列車に興味があっても、短期スケジュールの観光客が実際に乗車するのはかなり難しいと言わざるを得ない。

私が北京からハノイ行き列車に乗ったのは、そうした環境が解消されて中越両国ともビザなしで旅行できるようになってから約1年半後の2004年7月だった。その後、2泊3日、約40時間かかっていた北京発着の直通運転は中止され、広西《クワンシー》チワン族自治区の区都・南寧を始発駅とする1泊2日のダイヤに改められたが、中越国境を列車で越える点は今も変わりがない。

2019年2月には、この北京から南寧やドンダンを経てハノイへ至るルートを、米朝首脳会談へ向かう北朝鮮の最高指導者・金正恩《キムジョンウン》国務委員長の専用列車が往来している。平壌《ピョンヤン》から北京を経てベトナムまで線路が繋がっていて、同一列車で乗換えなく直通できるという事実が、図らずも国際政治の一場面で全世界の注目を浴びた。

2004年当時の中越国際列車は、北京市内にある北京西《ペイチンシー》駅を始発駅として週2便運行されていた。南寧までの2566キロはT5次という毎日運転の特快列車で、これが北京西発の木曜日と日曜日の列車だけ、国境を越えてベトナム側まで乗り入れる。中国国鉄では日本のJRのように個々の列車に「のぞみ」「はやぶさ」のような愛称は付けず、広大な国土を走る全ての列車は「〇次」という無機質な列車番号でのみ表示される。T5次の「T」は「特快」を意味する。

ただ、各停車駅で表示される列車の行先は「河内」(「ハノイ」の中国語表記)行きとなっているにもかかわらず、車両はベトナム側の国境駅であるドンダンで中国側へ引き返してしまう。そのため、乗客はドンダン駅で、ハノイ行きの別車両に乗り換えなければならない。中国国内に発着する国際列車

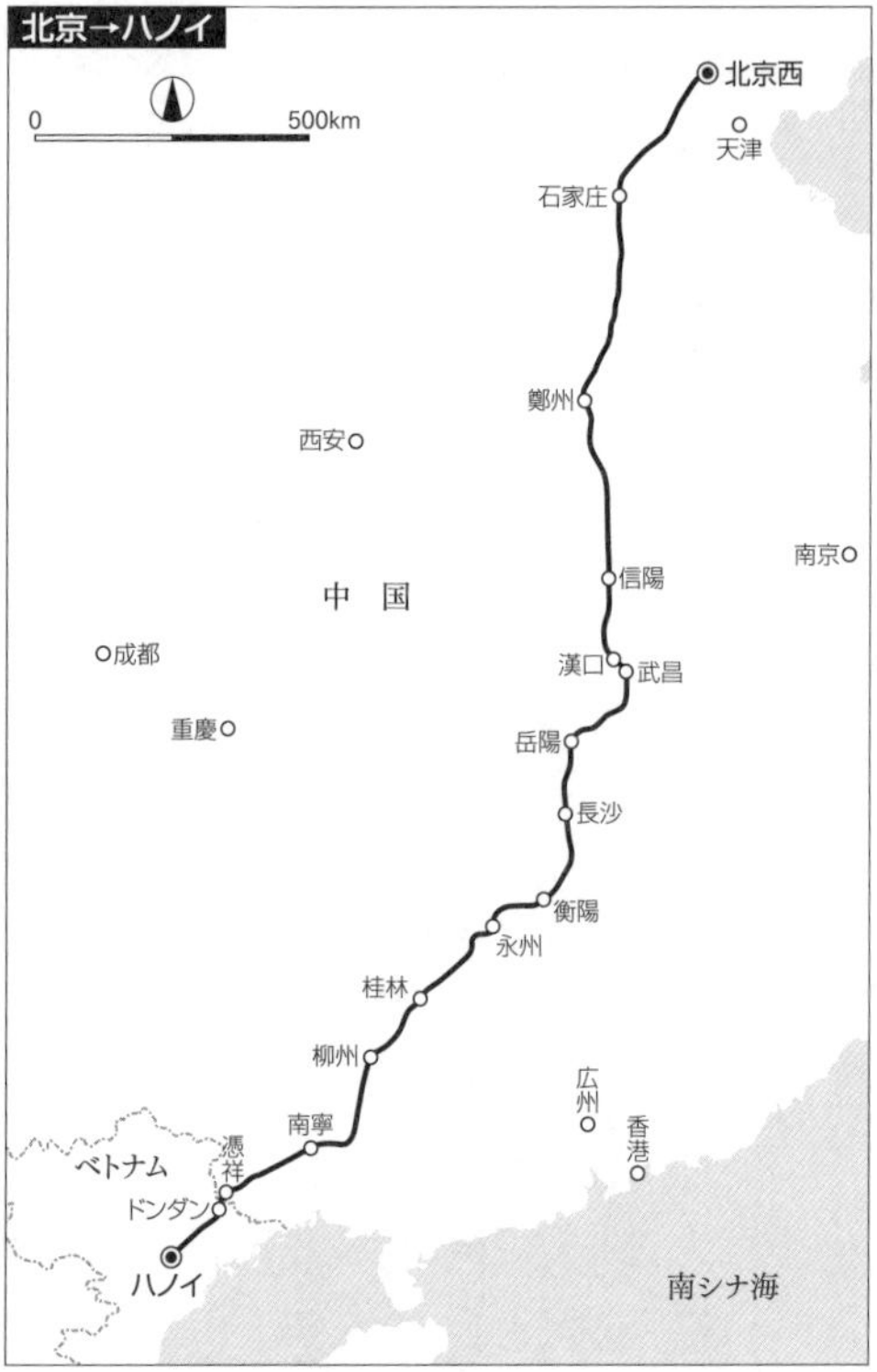

の中で、このように旅客が途中で車両を乗り換えなければならないのはこの北京西〜ハノイ間だけである。

　実は、中国とベトナムでは線路の幅（軌間）が異なる。中国は日本の新幹線と同じ国際標準軌（1435ミリ）だが、ベトナムはメーターゲージ（1000ミリ）だ。そのため、ベトナム側は国境からハノイまで、中国からの直通列車が走れるようにメーターゲージと国際標準軌で線路を共用する3線軌道になっているのだが、なぜか国際列車はハノイまで車両が直通しないことになっていた。

　そのような〝分裂列車〟の影響は、乗車券にも現れている。客票（普通乗車券）は北京西からハノイまで1枚にまとめられているが、臥舗票（寝台券）は乗換えを行うドンダンで二分され、北京西での乗車時には3枚の切符が綴じられている。他の国際列車は客票と臥鋪票はそれぞれ1枚ずつと決まっているのに、この列車だけは例外扱いである。

中国から周辺諸国へ向かう国際列車の料金は、中国国鉄が自由に設定できるわけではなく、「国際客運運價規程」（国際客價）という国際協定（1991年8月1日施行）に基づいて決められている。これ以前にも旧ソ連を中心とした社会主義諸国間で国際鉄道運輸に関する取り決めがあり、そこではソ連のルーブルを運賃計算の基本単位としていたが、この国際客價により、協定参加国相互間の国際旅客列車の料金計算は、全てスイスフランによって行うこととされている。統一運賃の単位に米ドルを用いず、永世中立国であるスイスの通貨を採用しているのは、いかにも社会主義国間の協定らしい。

この協定に基づいて定められた北京西～ハノイ間の客票運賃は100・66スイスフラン。これに北京西～ドンダン間の臥鋪票40・6スイスフランとドンダン～ハノイ間の臥鋪票6スイスフランを加算した147・26スイスフランが全行程の乗車券の合計金額となる。これを自国通貨に換算した金額を支払うと、客票・臥鋪票が冊子状に綴じられた国際列車乗車券が旅客に渡されるのである。2004年7月末時点では、中国元に換算した実際の料金総額は1062元（同時期のレートで1万4274円）だった。

乗車券の様式も、国際客價の加盟国間で別に定めている「国際旅客聯運協定」（国際客協）という国際協定（第3章参照）で細かく定められており、協定参加国はどの国際列車でも決まった様式の乗車券を使用する。表記の言語は発行国の国語・ロシア語・ドイツ語の3ヵ国語を併記することになっているが、これはソ連が旧東側諸国のリーダーだったこと、及びドイツの東西分断によってドイツ語が西側との唯一の共通言語とされていたことの名残だろう。このため、中国でベトナム行きの切符を買っても券面にベトナム語は一切記されず、逆にベトナムで購入する中国行き列車の切符に中国語表記はない。

北京と各国とを結ぶ国際列車はほとんどが北京駅に発着しているが、唯一、ベトナムへの直通列車だけは北京西駅を起終点としている。北京西駅は、首都の玄関駅である北京駅の輸送力が飽和状態にあったのを緩和するため、1996年に開業した。開業当時の総床面積は50万平方メートルで北京駅の約7倍。2万人が収容できるコンコースや自動車7000台分の駐車場を備えており、鉄道駅としてはアジア最大規模を誇っている。

その北京西を出るT5次列車のうち、ハノイまで行く旅客が乗るのは、客車18両編成の中間に組み込まれた2両の軟臥（4人用個室の1等寝台）車両である。駅ホームの電光掲示板には「河内」と表示されるが、車体側面に掲げられた行先札は乗換えを強いられる「同登」（「ドンダン」の中国語表記）となっている。

ドンダン行きの車両には、行先札の上に中国の国章が設置されている。中国から他国へ乗り入れる国際列車用の客車にのみ見られる意匠だ。

冷房のよく効いた車内に入ると、すぐに車掌から健康状態の申告書を渡される。2002年から2

003年にかけて、中国を感染源として世界各国に感染拡大したSARS（サーズ。重症急性呼吸器症候群）の影響で、駅構内に入場するときには体温が37・5度以上あってはいけないとか、この申告書を入国時だけでなく出国時にも提出することになるなど、中国滞在中も健康管理に留意する必要性が高くなった。

もっとも、私は今の体温を計測する方法がなく、体調不良の自覚はないので適当に「36℃」と書き、ロンドンから来たという同室のイギリス人大学生2人は体温欄を空白にしたまま、回収に来た車掌に提出した。そうしたら、イギリス人の2枚については、車掌がその場で何も言わず両方とも「36℃」と書き加え、それで何の問題もなかった。

16時15分、定刻より1分早く北京西を出発。高層ビルの林立する大都会の北京を抜けて、すぐに列車は畑の広がる郊外へ。先頭に立つ電気機関車の最高速度は時速170キロと俊足で、高速化された複線電化の京広線《チンクワン》を鄭州《チェンチョウ》まで全速力で突っ走る。その後も国境まで、機関車は何度も交代する。

北京西発ハノイ行き国際列車時刻表
（2004年7月現在）

国名	km	列車番号 / 駅名	T5 （軟・硬・全）	《運転日注意》
中国	0	北京西 発	1616	◆【北京西～南寧間（T5次）は毎日運転 南寧～ハノイ間は北京西発木・日曜運転】
	277	石家庄 〃	1857	
	689	鄭州 〃	2243	
	991	信陽 〃	↓	
	1205	漢口 〃	338	
	1225	武昌 〃	405	
	1440	岳陽 〃	↓	
	1587	長沙 〃	729	
	1773	衡陽 〃	929	
	1914	永州 〃	1140	
	2129	桂林北 〃	↓	
	2135	桂林 〃	1436	
	2311	柳州 〃	1653	
	2566	南寧 着	2000	
	↓	列車番号	T905	
	2566	南寧 発	2115	
	2786	憑祥 着	105	…
	↓	列車番号	T909	…
	2786	憑祥 発	240	…
ベトナム	2804	ドンダン 着	221	…
	↓	列車番号	M2	…
	2804	ドンダン 発	350	…
	2967	ハノイ 着	810	…

註(1)：時刻・距離は中国の全国版時刻表及びベトナム側の駅掲示案内に基づく
(2)：中国とベトナムの時差は1時間（ベトナムが午前0時のとき，中国は午前1時）

発車後まもなく、車掌がパスポートのチェックに来るが、その後はただひたすら広大な華北平原の車窓に見入るのみ。それも束の間、277キロ離れた最初の停車駅・石家庄《シーチャーチュアン》を出る頃はもう薄暗く、初日の車窓の旅は早々と終了してしまう。

暗闇の中でいつのまにか黄河も長江（揚子江）も渡ってしまい、中越特急の2日目は7時13分、定刻より10分も早着した長沙《チャンシャー》駅で最初の活気を迎える。毛沢東の故郷として知られ、今では湖南《フーナン》省を代表する大都市だ。

その長沙から、北京西以来一つだけ空いていた寝台に中国人男性が入ってきた。南寧までの切符を持つ国内客だが、南寧行きの軟臥車に空きがないため、友人たちと離れ1人だけこの国際列車の車両に回されたという。

このT5次特快の編成は少々変わっていて、先頭の機関車・郵便車に続いて、なぜか客車が3号車から始まる。6号車の次にドンダン行きのL2号車・L1号車が並び、その後ろからまた7号車が始まって18号車まで連なっているのだ。そのため、特に餐車（食堂車）を目指す国内列車の乗客などが、中間に挟まれた国際列車の車両の通路を頻繁に行き来する。空席のない国内旅客が国際旅客と同室に入ることも珍しくないようである。ドンダン行きの国際客車は、南寧行きの国内用車両と違って通路には美しいカーペットが敷かれるなど内装に特別の気遣いがあり、乗客にアオザイ（ベトナムの民族衣装）を着た女性が目立ったりして独特の異国情緒を醸し出しているのだが、一方では国内客の出入りが多いこともあって、中国の国内列車としての雰囲気も混在している。

衡陽《ヘンヤン》で京広線から単線非電化の湘桂《シャングイ》線に入り、列車の速度は目に見えて落ちる。11時34分到着の永州《ヨンチョウ》で列車はスイッチバックし、進行方向が逆になった。

永州から1時間ほどすると、車窓にノコギリ状の奇峰が続々と現れる。平地からポコポコと山が突き出たようなこのカルスト地形を眺めるために、国内外から毎年50万人以上の観光客がこの名勝・桂《グイ》林《リン》を訪れるという。車窓からその絶景を存分に楽しめるのは、この中越特急の長所と言っていいだろう。

14時23分、その桂林に到着。国際観光都市の玄関駅らしく、北京西を出発して以来初めて、中国語に続いて英語の案内放送がホームに流れた。

桂林を出てまもなく、横山《ヘンシャン》という小さな駅で22分もの運転停車（反対列車とのすれ違い等のため、旅客の乗降扱いをせずに駅で停車すること）。上りホームを貨物列車に続いて、轟音とともに姉妹列車のT6次特快北京西行きが全速力で通過していった。

午前の晴天から一転して、午後は熱帯地方らしい激しいスコールの中を突き進んだT5次特快は、柳州《リュウチョウ》を経て20時01分、とっぷりと日の暮れた南寧に到着。ここで列車番号がT905次に変わり、南寧止まりの車両を切り離すなど大幅な編成の入換えを行う。そのため、停車時間は1時間15分と長い。その間、ドンダン方面へさらに旅を続ける乗客は全員下車を命じられてホームの一隅に集められ、駅員に引率されて専用の軟席候車室（待合室）に案内された。薄暗い室内からホームに出ることも、駅舎の外に出ることも許されない。

引率（兼見張り？）の駅員が、ドンダン行き車両の国籍別乗客数を記した紙片を持っていたので、見せてもらった。私の乗車するL2号車だけのリストだが、内訳は表1の通りであった。

表1　2004年7月30日南寧発ドンダン行き
T905/T909次列車　L2号車旅客国籍分類表
（車掌作成）

北京西→河内	英国4・朝鮮2・日本1・中国1・越南11
漢口→河内	越南4
桂林→河内	越南3・日本1
南寧→憑祥	越南4
旅客合計	31名

註:「河内」はハノイ、「越南」はベトナム、「朝鮮」は北朝鮮

北京西からの旅客にある「日本1」とは私のことだ。桂林から日本人が乗車したようだが、待合室にいる旅客を見ても、誰が日本人なのか外見からはわからない。

ドンダン行き客車の旅客定員は1両36名（2両で72名）だが、1室4人分は乗務員が使用しているので、実質的な旅客定員は1両32名（2両で64名）。つまり、31名乗車している我がL2号車はほぼ満席ということになる。

31名のうち22名をベトナム人が占めている点はベトナム行きの列車らしいが、中国人がたった1人というのには驚いた。最初にこの紙片を見たとき、「中国1」というのは間違いではないかと思って駅員に問い質したのだが、それで合っているとのこと。このリストはL2号車だけのもので、もう1両のL1号車には韓国人やフランス人も乗っていた。

ただ、アメリカ人はいなかった。21世紀に入ってからは、この列車に限らず、ベトナム国内をアジア・欧州各国から大勢の観光客が自由に旅行しているのに、アメリカ人だけはベトナム滞在中、全く

見かけなかった。他の国の旅行者に尋ねても、「アメリカ人の旅行者はベトナム国内ではほとんど見かけない」というのがほぼ共通した認識となっていて、これは2004年時点でのベトナム旅行事情の一つの特色と言ってよいだろう。ベトナム戦争からすでに30年近くが経っているが、アメリカ人にとってベトナムは、観光目的であってもなお鬼門ということなのだろうか。

21時になり、再び駅員の誘導で旅客がホームへ移動。いつのまにかホームを移動した国際列車は、中国国鉄のベテランディーゼル機関車が先頭に立ち、客車が3両だけぶら下がる身軽な姿に変身していた。北京西から乗ってきた客車は前の2両で、最後尾はカラの回送車両である。

21時15分、定刻通りに南寧を発車。外はすでに真っ暗闇だ。私も同室のイギリス人学生2人も、すぐに寝台にもぐった。この後、深夜に起こされて、国境を挟んで両国の出入国審査を受け、重い荷物を全て持って列車を乗り換えなければならない。そのため、全ての旅客はほとんどまともな睡眠を取れないまま朝を迎えることになるという、何とも不便極まりない国境越えなのである。

突然、消灯していた室内の電気が点灯し、個室の扉のカギが外から強制的に開錠されるやいなや、制服姿の出入国審査官が入ってきて私たちを強引に起こした。時計を見ると0時41分、列車はすでに中国側の国境駅・憑祥に停車していた。中越戦争前の国際列車の乗客は、ドンダンではなくこの憑祥で乗換えを行っていた。各個室の乗客に出国カードを配布して回り、寝ぼけ眼で記入し終えた頃に再びやってきて、パスポートと一緒に回収していく。

1時20分過ぎ、今度は別の中年男性審査官が我が個室に現れて、所持品検査が行われる。最初にイギリス人学生の1人に対して、「荷物はいくつか。何が入っているか」と英語で質問する。ところが、彼が「バッグは二つ。中には服と、それから……」と答えかけたところで、急に審査官の持っていた携帯電話の軽妙な着メロが鳴りだした。すると、残りの質問も、もう1人や私への質問もコロッと忘れたように、携帯片手に大声で喋りながらどこかへ消えてしまってそれっきり。何というい い加減な検査なのかと、私たち3人は顔を見合わせて苦笑いである。

ホームに下りることも許されず、停車中なのでトイレも使えず、窓越しに薄暗い駅構内を眺めるか仮眠するしかない。3時になり、ようやく審査官がパスポートを返しに来た。やっと自由に行動できるかと思ったら、3時04分、列車は憑祥を出発。暗闇の憑祥〜ドンダンの国境区間18キロを、徐行と停車を繰り返しながら進む。乗客たちは寝起きのため一様にボーっとしつつも、荷物をまとめて下車の準備をして待つ。車掌がまだ寝ている乗客を叩き起こして回る。

3時40分、車窓に街の灯が現れた。集合アパートが建ち並び、大通りの街灯もほのかに明るい。いつ国境を越えたのかさっぱりわからなかったが、すでにベトナム領内に入っているようだ。時計を1時間戻し、ベトナム時間の2時46分、憑祥で列車番号をT909次に変えていた特快列車は無事国境を越え、ベトナム側国境駅・ドンダンに到着した。

旅客はここで全員が乗り換える。みんな重い荷物を抱えて、暗闇の中でかすかなライトに照らされてホームに下り、目の前の駅舎に入って入国審査を受ける。空港や港湾の入国審査場のように1人ずつ並ぶのではなく、待合室の片隅の窓口に入国カードなどと一緒に全員が次々にパスポートを預け、書類上のチェックをしただけで片っ端から入国スタンプを押していき、名前を呼ばれて返却を受けるというアバウトな方法だ。

別の窓口では体温検査も行われた。中国ではSARS騒動を機に導入されたが、ベトナムもSARS患者を出しており、同様の検査を実施しているらしい。耳の中に体温計をあてるだけで3秒もかからないのだが、私はここで37・4度もあることが判明し、検査官から注意された。日本出発直前や中国入国後の強行日程で疲労が溜まっていたからだと思うが、中国の鉄道駅の中には、体温が37・5度以上の者の駅構内への立入りを禁止しているところもある。北京西での出発時に実際の体温が何度だったか、今となってはわからないが、健康状態申告書の提出に際してまともな検査がなかったおかげで、無事ここまで来られたのかもしれない。

体調不良の私を北京西から運んできたその客車編成は3時30分、中国国鉄の乗務員だけを乗せて、ひっそりと中国側へ引き返していった。

汽車のイラストをあしらった入国スタンプ入りのパスポートが返却され、3時40分、ハノイ行きのベトナム国鉄車両に乗車開始。ディーゼル機関車が客車2両を牽引するミニ列車だが、客車の側面にはいずれもベトナムの国章が取り付けられている。ローカル列車のような短編成であっても、れっきとした国際列車の証だ。ベトナム国鉄の所属車両なのに、後ろの客車の側面に漢字で「越南鉄路」と大書してあるのも中国との国際列車らしい。３時51分、定時より１分遅れてドンダンを発車。周囲は未だ闇に包まれている。

　ドンダンでは入国審査だけでなく寝台券のチェックも行われ、寝台の割り当てが若干変更された。ドンダンからのベトナム車両も４人用個室寝台（ソフトベッド）で、同室者も同じイギリス人学生２人だったが、空いていた１人分の寝台に、桂林から乗ってきた日本人旅行者が割り当てられていた。日本人は私と彼の２人だけなので、同室にされたらしい。夏休みを利用して旅行中の現役東大生だった。

　彼が桂林の国際旅行社で説明されたという話によれば、桂林で発売されるこの国際列車の切符は１列車あたり４席しかないという。南寧で駅員に見せてもらった国籍別の内訳表の人数と辻褄は合う。桂林からハノイまでは74・26スイスフラン（５６２元。日本円で約７５５４円）。彼の直後に今日のこの列車の切符を買いに窓口に来た日本人旅行者３人組も同じ説明を受け、３日後の次の列車に回されたという。この国際列車は北京西を発車するのが毎週木曜と日曜の２回だけなので、１回乗りそこなうと最短でも３日待たされることになるのだ。

　なお、運転曜日が限定されている場合は、何曜日の運行かは旅行者にとって重要な情報なのだが、２００４年４月の中国国鉄の全国ダイヤ改正内容が掲載された最新版の『全国鉄路旅客列車時刻表』では、北京西発の曜日が実際の木・日曜ではなく「毎週月・金曜」と記載されている。肝心の時刻も、南寧以南のベトナム側は、現実と大きく食い違っている。中国国鉄が発行する市販の時刻表を信じたら、運休日に列車に揺られる旅行スケジュールを立てたり、ハノイ到着後の予定に支障をきたしかねない。

しかも、日本出発前に「ベトナムに強い」のを売りとし、国際列車の切符の手配も代行する旨広告を出していた都内の某旅行会社に電話したら、「北京西〜ハノイ間の国際列車は現在運行が中止されています」と断言された。だが、現地に来てみればこの通り、国際列車でベトナム入りできている。全部とは言わないが、日本の旅行会社が保持している外国の鉄道の情報など、残念ながらだいたいそんな程度であることが多いのが現状である。航空券に比べて世界共通要素が低く、価格も安い国際列車の乗車券は、日本の旅行会社にとって取扱いメリットが少ないのだろう。

ドンダンを出てすぐ、中国国鉄と入れ替わったベトナム国鉄の車掌が検札に来る。乗客名簿表を渡され、順番に氏名や国籍、旅券番号などを自分で記入。これでやっと、出入国前後の全ての手続きが終了した。憑祥に到着してから、深夜に4時間以上かけて国境を越えたことになる。乗客の体力消耗が著しいのはもちろんだが、中越双方で出入国審査に携わる多数の職員も、この列車のために夜勤を強いられていることになる。なぜこんな時間帯に国境を越えるダイヤを設定しているのか、不思議でならない。

何はともあれ、ようやく落ち着いた乗客は、皆ぐったりと寝台に横になる。私も4時過ぎには寝たが、国際標準軌だった中国国鉄の車両に比べて、メーターゲージのベトナム国鉄の車両は寝台が狭く、身体の大きい私には窮屈である。しかも、冷房が効きすぎていて、上段寝台の私は冷風をまともに受けて肌寒くすらある。そして、寝台に毛布の備え付けはない。結局、ほとんど熟睡できないまま、外が明るくなりつつある5時過ぎには1人で起き出し、通路に立って車窓を眺めることにした。他の乗客はまだ誰も起きていない。

客車の最後尾から後方を見ると、非電化の単線道床に3本の線路が延びている。線路の幅が違っても、これなら中国からの直通列車も走れるはずなのに、宝の持ち腐れになっている。深夜の国境越えも、せめて同一車両での直通運転なら、乗客の負担は軽減されるはずなのだが。

ベトナム鉄道の客車の窓には通常、投石被害防止のための金網や鎧戸が張られている。ところが、この国際列車の客車にはそうした余計なものが窓ガラスの外に取り付けられていない。おかげで車窓は広々として楽しみやすいのだが、冷房車なので、客室や通路の窓は密閉式で開かない。唯一、洗面所の窓だけが大きく開き、通過駅ごとに車掌がここから身を乗り出して、駅手に向かって手旗を振る。冷房が効きすぎているので、この窓から外を眺めているのが快適だ。車外はまだ早朝のせいもあって涼しい。

ドンダンから列車番号をM2と変えた国際列車は、途中駅には一切停車しない。中国からの旅客をハノイまでノンストップで送り届けるのが唯一の使命である。地元客を乗せたローカル列車と通過駅でしばしばすれ違う。熱帯性の雑多な植物が繁茂する緑豊かな山間から、車窓はやがて水田の広がる平野部へと変化していく。

7時を回った頃、女性車掌が各個室の乗客を起こし始めた。有料のコーヒーサービスも勧められる。濃厚なベトナムコーヒーを口にすると、ベトナムに来たことを実感する。

7時46分、機関車修理工場のあるイエンヴィエンを通過し、次第に喧騒《けんそう》の都市部に進入。入国後初めて車窓に高層ビルが現れ、100年以上前に建設されたロンビエン橋に差しかかる。滔々《とうとう》と流れる紅河《ホンハー》を最徐行で渡り切れば、そこは単車の波が溢れる大都会のど真ん中である。

まもなく8時07分、定刻より3分早くベトナム社会主義共和国の首都・ハノイ駅に到着。北京西から2泊3日、3000キロ近い行程で、ほぼ定時運転が確保されていたのはお見事であった。

第2章

日本人旅行者を惹きつけたシルクロード特急

▼ウルムチ（中国）→アルマトゥ（カザフスタン）

21世紀になるまで、カザフスタンやウズベキスタンなどの中央アジア諸国は、日本人にとっては、モスクワより遠い所だった。

ソビエト連邦（ソ連）の一部だった時代は、あらかじめ全ての旅行スケジュールを決めて国営旅行社に手配を依頼する必要はあったものの、在日ソ連大使館から1回分の入国査証（ビザ）を取得すれば観光旅行をすることができたのだが、ソ連が崩壊すると、独立した国ごとに別々のビザを取得する必要が生じた。ところが、それらの国々の観光ビザを発給する大使館や総領事館が、独立後しばらくは北京やモスクワなど限られた隣国の大都市にしか開設されず、日本で事前にビザを取得することができなかった。

その一方で、中国の新疆《シンチャン》ウイグル自治区からカザフスタンへ直通する国際列車は、シルクロードに歴史のロマンを感じる日本人観光客を惹きつける憧れの存在として、１９９０年代以降、徐々に注目度が高くなっていった。

中国国内鉄道の西の果ては、長らく、新疆ウイグル自治区の区都・ウルムチ（烏魯木斉）だった。唐代には長安と呼ばれた古都・西安からウルムチへと延びる長大な路線は、往年のシルクロードに沿って建設されている。紀行作家の宮脇俊三は１９８６年にこの路線を旅しているが、その当時の同路線とウルムチの立地について、次のように形容している。

「烏魯木斉がどこにあるかは、中国全図か地球儀を見ていただくしかないが、こんなところかと驚くほど奥まった位置にある。中国の鉄道路線図を眺めても、烏魯木斉への蘭新線だけが群を抜いて西へと延びている。列車のなかから居ながらにして『シルクロード』や『西域』に触れるには絶好の路線である」（宮脇俊三『中国火車旅行』１９８８年、角川書店。文中の「蘭新線《ランシン》」とは甘粛《カンスー》省の省都・蘭州《ランチョウ》からウルムチまでの路線のこと）

この「奥まった位置」にある「西域」からさらに西へと線路が延びて、国境を越えて旧ソ連の鉄道と繋がったのは１９９０年になってからである。当時のソ連側国境には、実は１９５９年にドルジバという駅がすでに開業していた。「ドルジバ」とはロシア語で「友好」を意味する。１９５０年代半ばはソ連と中国の関係は「蜜月」と称されるほど良好だった時期で、ドルジバ駅は両国を直結する新たな国際連絡鉄道のソ連側玄関駅として、中国側の延伸を待っていた。

だが、その後、中ソ関係が悪化すると国境区間の路線建設は停滞。１９６３年にウルムチまで開業していた中国側の路線は、30年近い歳月を経て、冷戦終結後にようやくドルジバまで辿り着いたことになる。

観光客待望の直通旅客列車は、カザフスタン独立後の１９９２年から運行が始まった。１９９０年代半ばには、中国やロシア方面に強い日本の旅行会社がこのシルクロード直通特急を利用したモデルコースを宣伝するようになり、鉄道雑誌はその乗車体験記を特集で掲載した。ハワイや欧州各国のように知名度抜群の超人気観光資源とまではいかないものの、1980年代に放映されたNHK特集番組や井上靖の『敦煌』などシルクロードを舞台とする文芸作品に接した多数の日本人旅行者が、このシルクロード特急に乗るツアー商品を選択するようになった。

ただ、旅行会社に頼らない個人旅行者がこの列車に乗ろうとしても、21世紀初頭まではカザフスタンの入国ビザを事前に取得するのが難しかった。日本に同国の大使館が開設された1996年以前は、北京やモスクワにあるカザフスタン大使館で申請しなければならず、しかも、カザフスタン本国にある受入機関からの招待状がなければ、観光ビザさえ発給されなかった。インターネットの普及がまだ不十分だった当時、カザフスタンに縁もゆかりもない日本人旅行者がそんな書類を入手するのは著しく困難で、事実上、観光目的でも入国できないのと同じだった。

それでも、学生時代の私は何とかしてこの国際列車に乗りたくて、在日カザフスタン大使館の開設直前だった1996年1月に、つてを頼って見つけた現地旅行会社とのファクシミリのやり取りで招待状を入手し、それを北京のカザフスタン大使館へ持っていって領事の面接を受けて、観光ビザの取得を直接申請したことがある。だが、「東京かモスクワの大使館でビザ申請せよ」と書かれていた招待状（発行した旅行会社は、東京にカザフスタン大使館がまだ開設されていないことを知らなかったらしい）だったため交渉は難航し、何とか「では、この招待状で在北京大使館から観光ビザを発給できるかどうか検討するので、1ヵ月待つように」との回答を引き出すのが精一杯だった。しかも、本当に1ヵ月後に同大使館を再訪したが、平日の領事部開館時間中に行ったのに「今日は本国の祝日なので大使館も休み」と言われて入館もできず、結局それ以上は待てずに入国を断念せざるを得なかった。

その後、東京に大使館はできたものの、観光ビザの取得にまで現地からの招待状を要求する旧ソ連の仕組みは、20世紀中には消滅しなかった。ようやく、日本人観光客が招待状なしで観光ビザを取得できるようになったのは2004年からで、観光ビザの取得自体を免除する措置が日本国民相手に適用されるようになったのは2014年から。これによって、日本人観光客は中国・カザフスタン両国をビザなしで訪問できることになり、ウルムチ発の国際列車もパスポートと乗車券さえあれば乗れるようになった。シルクロードに憧れる日本人旅行者にとって、シルクロード特急はようやく、少々の時間と費用さえあれば複雑な手続きなしで自由に乗れる程度にまで近い存在になってきた。

ところが、それとほぼ同じくらいの時期から、中国におけるウイグル人弾圧問題に対する世界全体での注目度が急速に強まってきた。新疆ウイグル自治区では以前から民族問題が原因と思われる暴動事件などが起こることはあったものの、チベットに比べると国際的な問題認識は低かった。私は1996年と2001年に新疆ウイグル自治区を単身旅行したが、当時は同自治区内でも外国人旅行者に開放される都市がだんだん増え、新しい鉄道路線が砂漠の真ん中に開通したりして、明らかに、外国人が旅行しやすい環境へと変化しつつあった。個人旅行だったこともあり、現地では漢民族ともウイグル人とも接する機会が何度もあったが、少数民族問題に関連して国外からの目を気にするような雰囲気は、現地ではほとんど感じられなかった。

それが、2014年にウルムチの鉄道駅で爆発テロ事件が発生した頃から、テロ対策の名で新疆ウイグル自治区での締め付け策が強化されたと言われている。今ではアメリカをはじめとする欧米各国が、新疆ウイグル自治区での中国のウイグル人弾圧を非難し、中国政府がそうした国際社会に反発し、そのような一連のウイグル問題が日本のマスメディアでも一般的に報じられるようになっている。私がシルクロード鉄道に乗ろうと一生懸命になっていた1990年代半ばは、チベットのことはそれなりに知られていてもウイグルの名は日本ではほぼ無名に等しかったが、30年後に、こんなふうに知名度が上がるとは思っていなかった。

とはいえ、入域そのものにビザとは別の許可証を要するチベットと異なり、外国人旅行者が新疆ウイグル自治区を訪れるのに特別な手続きは今も必要ない。日本語旅行ガイドブック『地球の歩き方』は、中国側のシルクロード地域を扱う版が20世紀から引き続き刊行され、新型コロナウイルスの流行が世界中に拡大した翌年の2021年にも最新版が出されている。

日本に限らず、チベットや北朝鮮を対象にした旅行ガイドブックだって、20世紀末から世界中で市販されている。戦乱等で安全確保に難があるような地域でない限り、世界中の多くの観光旅行者は、自身の思想信条とは無関係に、単純に興味がある場所なら世界のどこへでも足を延ばすものである。

というようなことを旅行前にあれこれ考えたり旅行先の選択の是非を自問自答したりするような事情は、私が念願かなってシルクロード特急に乗ることができた2006年には、少なくともなかっ

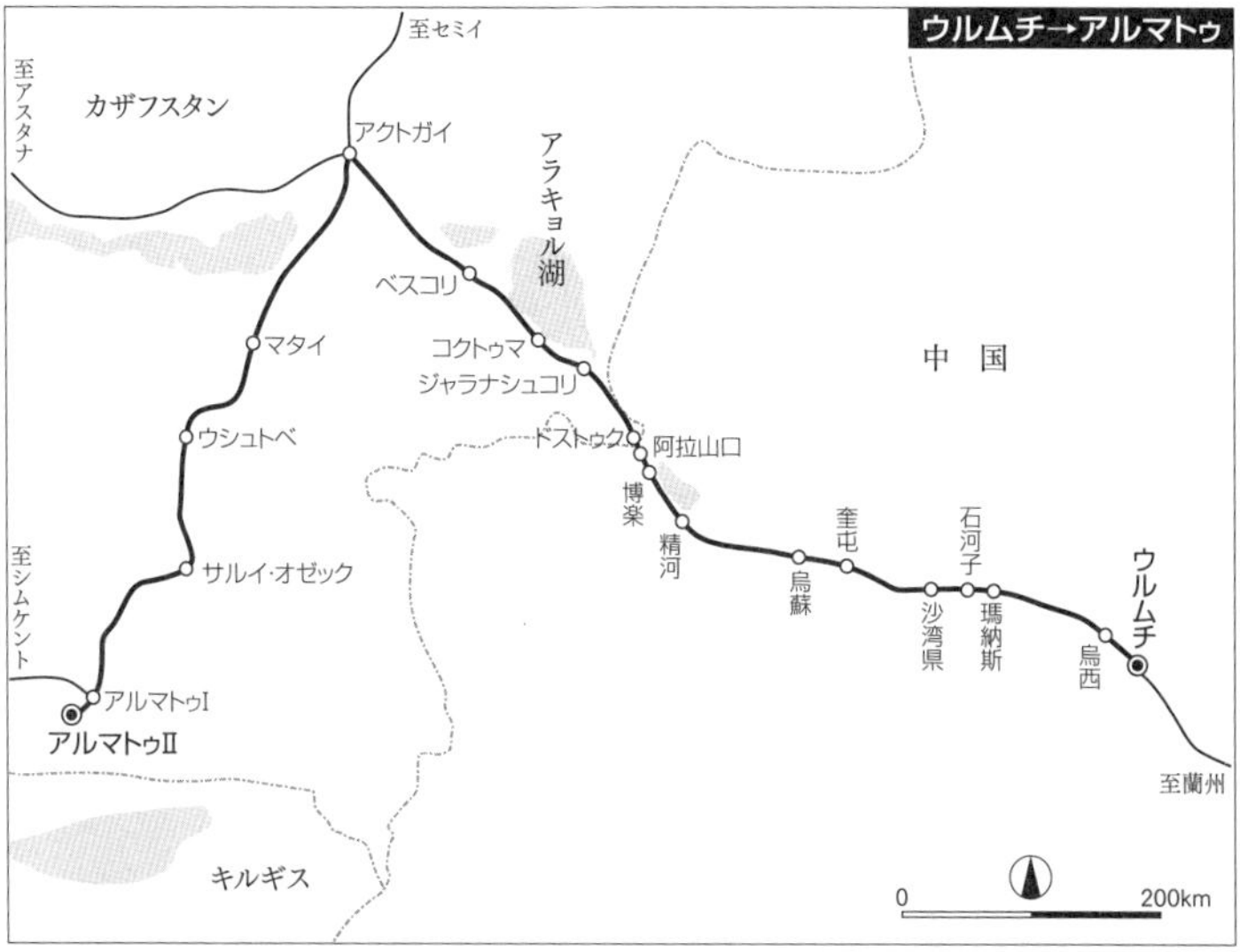

た。当時、中国の短期観光ビザはすでに不要だったが、カザフスタンの観光ビザは招待状不要とはいえ取得免除まではされていなかったため、東京にある大使館で事前取得した。ウルムチ発の国際列車のチケットも日本から手配して、乗車当日にウルムチ市内の旅行会社で無事に受け取れた。切符を渡してくれた同社の社員が愛知県出身の日本人女性だったことが、日本からのシルクロード観光客が多いことを窺わせた。私にとっては、1996年に北京のカザフスタン大使館でビザ取得を断念して以来、10年越しの再チャレンジで手にした夢のシルクロード特急のチケットである。

　北京から直線距離で約3000キロ西へ離れた内陸部にあるウルムチは、砂漠が広がるシルクロードのイメージと異なり、高層ビルが林立

ウルムチ発アルマトゥ行き国際列車
時刻表(2006年8月現在)

国名	km	駅名		列車番号 N955	
				★ 1個 2個 ✕	
中国	0	ウルムチ	発	2358	（✕は阿拉山口まで連結）《運転日注意》◆【ウルムチ発月・土曜運転】
	20	烏西	〃	031	
	－	瑪納斯	〃	レ	
	－	石河子	〃	レ	
	－	沙湾県	〃	レ	
	241	奎屯	〃	435	
	－	烏蘇	〃	レ	
	－	精河	〃	レ	
	－	博楽	〃	レ	
	476	阿拉山口	着	800	
			発	1100	
カザフスタン	496	ドストゥク	着	920	
	↓	列車番号		13	
	496	ドストゥク	発	1340	
	543	ジャラナシュコリ	〃	1439	
	593	コクトゥマ	〃	1537	
	657	ベスコリ	〃	1658	…
	800	アクトガイ	着	1906	…
			発	1926	…
	946	マタイ	〃	2140	…
	1054	ウシュトベ	〃	2334	…
	1165	サルイ・オゼック	〃	142	…
	1357	アルマトゥⅠ	着	520	…
			発	540	…
	1366	アルマトゥⅡ	着	558	…

註(1)：時刻・距離は中国の全国版時刻表及びカザフスタン側車内掲示時刻表に基づく
(2)：中国とカザフスタンの時差は２時間(カザフスタンが０時のとき、中国は午前２時)

する大都会である。ここからさらに西の国境を越えて、カザフスタンのアルマトゥまで１３６６キロの道程を２泊３日で走破する国際列車が、毎週月曜と土曜の２回運行されている。

２泊３日とはいっても、ウルムチの発車時刻は23時58分、終点アルマトゥの到着はその翌々日の朝5時58分であり、所要時間は32時間だ。ウルムチを朝早く出れば車中1泊でアルマトゥまで到達できそうだが、そうしないのは、両国の国境通過が深夜時間帯にかからないように運行ダイヤを組んでいるためではないかと思われる。この列車の中国側国境駅到着予定時刻は２日目の朝8時00分となっている。

8月の新疆は、21時を過ぎてようやく暗くなり始める。広大な中国全土を北京時間という一つの標準時で統一しているため、西に行くほど日の出と日没が生活感覚からずれてくる。このため、新疆ウイグル自治区では北京時間より2時間遅い新疆時間というローカルタイムが存在するのだが、これがまさしくローカルな標準時で、列車や航空機の運行、役所など公的機関の運営は全て北京時間で動いている。厄介なのはバスで、北京時間で動く場合と新疆時間で動く場合があり、バスターミナルでバスの出発時刻を尋ねるときは、「それは北京時間？　新疆時間？」と確認しないと危ない。

北京時間の23時42分、出発時刻の16分前になって、ようやくアルマトゥ行き列車の改札が始まる。中国人、ウイグル人、カザフ人、ロシア人、そして日本人（の私）など多様な民族の乗客が、それぞれ大きな荷物を抱えて足早に2番線ホームへ急ぐ。夜陰に包まれ照明が少ないホームに、私にとっては10年越しの憧れだったアルマトゥ行き列車が停車していた。

前7両がカザフスタン国鉄の青い客車、後4両が深緑色の中国客車の計11両編成。カザフスタン国鉄の7両は、前4両が2人用個室の1等車、後3両は私が乗る4人用個室の2等車で、その2等車の最後の1両だけが「アスタナ」行きの行先札を掲げている。アスタナは1997年にアルマトゥから遷都されたカザフスタン中部に位置する首都である。ウルムチからアスタナまで直通する車両が連結されていることは、中国国鉄が編集している市販の時刻表には記載されていない。

食堂車1両を含む編成後方の中国客車は、明朝、国境の阿拉山口《アラシャンコウ》で切り離される。つまり、国境を越えるのはカザフスタン国鉄の客車だけである。このウルムチ〜アルマトゥ間の国際列車は、週2往復の列車を中国国鉄とカザフスタン国鉄で運行を分担しており、担当する国鉄に所属する客車が相手国まで乗り入れる。中国や旧ソ連諸国では、長距離旅客列車は客車1両ごとに鉄道員が乗務しているが、客車と同じ国鉄に所属する乗務員が相手国の区間まで担当する。

自国の線路上を走る旅客列車の乗務員を他国の鉄道員が務めるというのは、日本ではちょっと想像しにくい乗務形態だが、これは中国に乗り入れる全ての国際列車で一般的に採用されているやり方である。シベリア鉄道経由でモスクワと北京を結ぶ寝台列車など、ロシアとの国境駅である満洲里《マンチョウリ》から北京まで2300キロ以上の中国国内区間を、ロシア国鉄所属の車掌が乗務する。逆に、中国国鉄の担当車両が相手国に乗り入れる場合は、中国国鉄の車掌が乗入れ先の国内区間でも乗務を続けることになる。

週2回運行されるウルムチ発の国際列車が、自分の乗車日にはどちらの国鉄の担当なのかは、時刻表からは解読できない。今回、カザフスタン国鉄の客車に乗ることになったのはただの偶然なのだが、中国語が通じにくいカザフ国鉄の車掌に案内されて、キリル文字の表記が溢れる寝台車の中へ招き入れられると、すでに異国情緒が感じられて気分が高揚する。

もっとも、あてがわれた2等個室内の窓上の内壁は、留具が壊れて外れかかっていた。通路に面した窓のカーテンレールは、触った途端に「ガタン！」と音を立てて壁面ごと落下した。窓枠付近には埃がたまっている。エアコンはいちおう入っているのだが、寝台上段に近い天井付近にかろうじて冷風が流れているだけで、車内は基本的に暑い。異国情緒だけでは、車両の老朽ぶりや整備不良は隠しきれない。

出発前の短い時間は慌ただしく経過し、23時59分、定刻より1分遅れてウルムチを発車。ウルムチの街を出れば車窓は暗闇一色で、黄《ファン》さんと名乗る同室の中国人行商一家ともども早々に寝た。

翌朝8時前に目を覚ますと、列車はすでに国境の阿拉山口駅で停車していた。国境を越えない他の車両の国内客はすでに下車を完了しているらしく、車内には越境待ちの私たちだけが残されている。客車のドアは閉められていて、外には出られない。ホーム上には、数十メートルおきに警察官が立って我が列車を監視していて、物々しい雰囲気が漂っている。

8時11分、出国審査官が各個室にやってきて、パスポートを回収していく。その際の質疑応答が出国審査となる。審査官が各個室を順番に回って、室内の客にパスポートの記載事項について1人ずつ質問するので、巡回に時間がかかる。ただし、私は日本のパスポートを提示したら何も質問されなかった。

それから30分後に、今度は別の審査官が荷物検査をしに来た。もっとも、今度も黄さんにだけあれこれ問い質すのに、私には質問すらしない。日本人には中国語が通じないと断定して、最初から質問を省略することになっているのだろうか。

9時過ぎになって、ようやく車外に出ることが許された。大勢の乗客がいっせいに明るいホーム上へ出て、ストレッチをしたりタバコに火をつけたりする。

ホームに面した駅舎内の売店へ足を運んでみた。売店といっても、水やカップラーメンなどを売るキオスクみたいな規模で、国境の免税店というわけではない。

歩き回れる範囲は限られているが、駅構内は広い。ホーム上から見渡す広大な敷地内には、国境駅らしく、国際貨物便らしい貨車が側線に並んでいる。中国の西の果てという、茫漠《ぼうばく》とした雰囲気が漂っている。

10時になると、乗客は全員車内へ戻るよう、指示が出る。車内のトイレは出発するまで施錠されていて使えないが、もう車外に出ることは許されない。まもなく出国審査官がまた車内にやってきて、中国の出国スタンプが押されたパスポートが無事に返却された。これでようやく、空港で言えば出国審査場の後の搭乗ゲートで待機しているのと同じ状況になった。

11時01分、後部の中国車両を切り離した我が国際列車が、国境警察官らの敬礼に見送られて出発する。5分ほどすると、荒野に連なる白い柵が車窓を横切り、そこから無人の草地が続く。中国とカザフスタンの国境は一本の細いラインではなく、幅10キロ弱の緩衝地帯を挟んでいるのだ。かつて、中国とソ連が激しく敵対した時代の名残だろうか。

ゆっくり走って10分ほどで再び柵を越え、北京時間より2時間遅れのカザフスタン時間で9時19分、国境駅ティジョーに着く。この駅、なぜか時刻表に記載がない。

すぐにカザフスタンの係官が乗り込んできた。個人的な荷物チェックはなかったが、通路の屋根裏や床下まで全部開けて麻薬犬を入れて丹念に調べるなど、それなりに物々しく厳重な検査が3時間以上にも及んだ。

阿拉山口と異なり、ここでは下車は一切許されない。その間はトイレも使えない。冷房も止められ、車内には8月の暑さがたちまち充満する。

12時20分になってようやくティジョーを発車。そこからノロノロと10分ほど走り、12時30分、ドストゥクという駅で再び停車した。ソ連時代にドルジバと名乗っていたカザフスタン側の正規の国境駅である。ドルジバはロシア語、ドストゥクはカザフ語で、ともに「友好」を意味する。

今度は、乗客は荷物を車内に置いたまま全員が下車させられる。カラになった編成は、私の荷物も持っていって、駅の外れに走り去ってしまった。中国と旧ソ連とでは軌間が異なるため、客車の台車を全部交換しなければならないのだ。

駅構内から線路上をアルマトゥ方面へ数百メートル歩くと、多数の引込線の上に客車の車輪付き台車ばかりが数多く並ぶ不思議な車両基地に行き当たる。そのエリアの中央付近の引込線の両側に、客車を持ち上げる巨大なジャッキが並んで立っていて、アルマトゥ行きの客車がセットされている。

鉄道員がジャッキのスイッチを入れると、全車両がいっせいに人の身長より高い位置まで、おおよそ2分程度で持ち上がる。全車両の持ち上げが完了したら、全ての客車の足元から離れて線路上に残された中国国鉄用の国際標準軌（1435ミリ）用台車を、引込線の奥へと線路上を滑らせて押し出す。その代わりに、旧ソ連圏共通の広軌（1520ミリ）用台車が反対側の線路から宙づりの客車の真下へゴロゴロと順番に送り込まれ、各客車の足元の位置に並べられる。全車両分の台車が並べ終わったら、またジャッキのスイッチが入れられて、全ての客車がそれらの台車の上まで自動的に降りてきて合体する。

ジャッキの昇降は機械操作だが、台車の着脱や引込線の奥への送り込みなどは、鉄道員の人力に頼っている。手間のかかるこの一連の作業を私は近くでずっと見ていたが、カメラを取り出して写真を撮っても注意されることもなく、逆に笑ってポーズをとる鉄道員までいた。どこの国でも国境付近は写真撮影が制限されることが多いのに、旧ソ連の国境駅で鉄道施設の撮影がこれほど自由にできるケースは珍しい。

台車交換作業を終えたアルマトゥ行き列車がドストゥク駅ホームに再入線してきたのは13時42分のこと。車内に残してきた自分の荷物の存在を確認して、久々に個室内に腰を下ろして落ち着くと、14時09分、ようやくアルマトゥに向けて走り始めた。朝、中国側で阿拉山口駅に到着してから、実に日中8時間以上も国境付近に滞在していたことになる。

阿拉山口までの中国側路線は夜間の通過だったため窓外を見ることはできなかったが、ウルムチ以東のシルクロードに沿った路線では、砂礫《されき》が目立ち殺伐とした荒野が車窓に広がることが多い。それに比べるとドストゥクを出たカザフスタン側の車窓は、人の気配がない平原には違いないが、薄緑色の大草原がやわらかく風に揺れていて、どこか優しさが感じられる。

16時過ぎになって、右側の車窓にアラキョル湖という静かな湖が現れる。水平線が遠望できる広さの湖面がしばらく線路に沿って続く。湖畔の一画に遊牧民族のテントが張られているのが見えたが、それ以外は湖面と草原ばかりで、人が生活している家屋などはほとんど視界に入らない。

そうした無人地帯がさらに1時間近く続いた後、砂漠のオアシスのように町が出現して、17時09

分、ベスコリに到着。ホーム上で地元の人が作りたてのピロシキなどを売っていて、乗客との間でミニ・バザールとなる。列車の食堂車は阿拉山口で切り離された後、カザフスタン側では連結されていないため、明日の朝までの食料はこれらの途中駅の買い物で確保しておく必要があるのだが、適当に買って小腹を充たすだけでなく、その短時間のプラットホーム・バザールの様子を見ているだけでも楽しい。雄大ではあるが変化に乏しい車窓が続く列車に長く乗っていると、こうした停車駅での小さな出来事がより刺激的に感じる。

油断していると、そうしたホーム上での買い物中に何の合図もなく列車が動き出してしまい、乗り遅れかねない事態に陥ることもある。19時22分、ロシア方面から南下してきた本線と合流して到着したアクトガイでは、進行方向が逆になるため機関車を付け替える作業が行われ、長時間停車することになっていた。そのことは地元の乗客にはよく周知されているようで、ホーム上をぶらぶら散歩しながら、夕食を買ったり食べたりする乗客も少なくない。私も焼き鳥を買って、そのままホーム上で食べていた。

そうしたら、車掌の出発合図や汽笛などの予告が全くないまま、19時38分にいきなりアルマトゥへ向けて客車が動き始めた。ホームにいた乗客たちが、私を含めて慌てて車内に走って戻る。私は、動き始めた客車の手近のデッキに飛びついて何とか間に合ったが、こんな中央アジアの大平原の真ん中で列車に置いていかれたらどうしようかと思う。

人跡未踏の大草原には天体以外に明かりがないので、20時近くになると空も草原も紅に染まり、まもなく真っ赤な夕日が悠然と草原の彼方へ沈んでいく。列車は軽快に走っているのに、行けども行けどもその眺めは変わらず、時間がゆっくりと流れているような錯覚に陥る。古代シルクロードの旅人たちも、きっとこの雄大な黄昏の光景に接して、自らの遥かな旅路に想いを馳せたに違いない。

急速に広がる宵闇に追われるように小さくなっていった太陽は、最後は名残惜しそうなか細い一筋の光線となり、まるでロウソクの火のように地平線の上でフッと消えた。再び空が明るくなるのは、翌朝、終点アルマトゥが目前に迫る頃である。

第3章

日本の国際列車の歴史を受け継ぐ
中朝直通列車　20年間の変遷

▼丹東（中国）→平壌（北朝鮮）

中国に発着する国際列車の中で、日本人旅行者にとって乗車のハードルが最も高い存在が北朝鮮への直通列車であることには、ほとんど異論がないと言ってよいだろう。シベリア鉄道へ直通する中露国際列車は、2022年に始まったロシアによるウクライナ侵攻以降は観光目的でのロシア入りが事実上難しくなっているものの、北朝鮮は日本と国交がない国であり、しかも日本とは政治的に緊張関係にある。2006（平成18）年以降は日本政府が北朝鮮への渡航自粛を日本国民に要請し続けている。要請に法的拘束力はないとはいえ、北朝鮮という未知の国に興味がある日本国民に観光旅行をためらわせる効果は十分にある。

中国と北朝鮮を結ぶ国際列車については、拙著『鉄馬は走りたい——南北朝鮮分断鉄道に乗る』（草思社、2004年）で平壌から鴨緑江《おうりょくこう》を越えて中国の北京まで直通する列車の1997年の乗車記を、1章を割いて詳細に綴ったことがある。同書の乗車経験時からすでに4半世紀以上が経過しているが、中朝間を往来する外国人旅行者が利用する国際列車が走行する平義線《ピョンウィ》（平壌～新義州《シニジュ》）が、北朝鮮国鉄の最重要幹線であることは今も変わりがない。同国の最高指導者の中国訪問時には専用列車がこの路線を通って中朝国境を越えていく。専用列車が鴨緑江に架かる鉄橋を渡って中国へ入ってくるシーンは、日本でも国際ニュースとしてテレビ等で詳しく報じられることが多い。

もともと平義線は、日本統治時代には平壌以南の路線と合わせて、朝鮮半島を縦断する大動脈ルートの一部を形成していた。第2次世界大戦直後からの南北分断によってその縦断機能は失われたが、

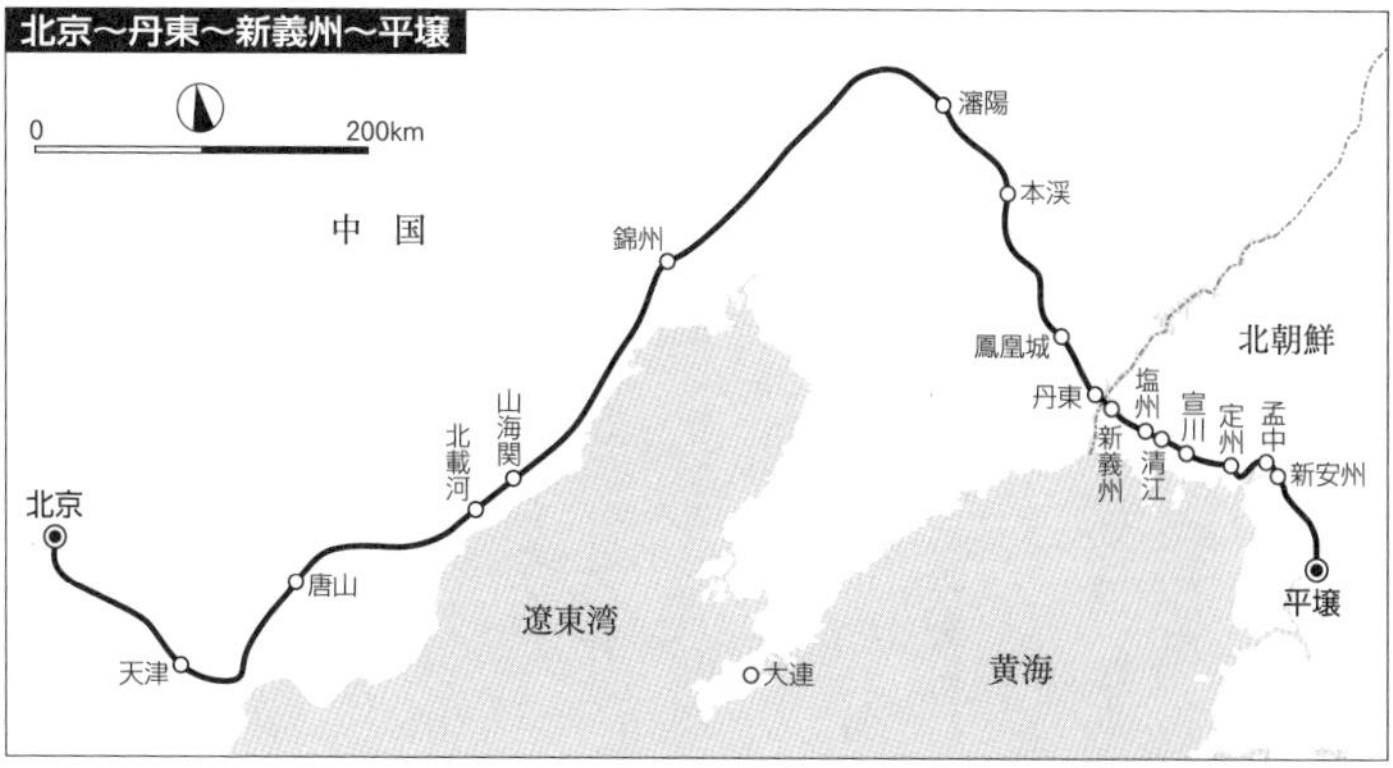

同線を走る中朝国際列車は、21世紀に全世界を走る国際列車の中で唯一、かつて日本が運行していた国際列車と歴史的な繋がりがある存在でもあるのだ。

　北朝鮮の鉄道路線のうち、対外的に開かれた数少ない国際路線であり、同時に日本の鉄道史からの沿革も引き継ぐこの平義線の移り変わりや現況を、私は初乗車以来20余年にわたる定点観測や資料の発掘などによって観察し続けてきた。そこで本章では、平壌から平義線を経由して鴨緑江を渡り中国へと直通する中朝国際列車について、前掲『鉄馬は走りたい――南北朝鮮分断鉄道に乗る』の第3章で詳述している1997年当時の状況と、それから20年後にあたる2017年までの変遷を比較し、平義線を走る国際列車の複数回の乗車体験と、戦前の日本や戦後の北朝鮮や中国で発行された文献資料をもとに、さまざまな角度から分析してみることとする。

中朝相互乗入れの原則

　平壌と北京を結ぶ国際旅客列車は、朝鮮戦争が休戦した翌年にあたる1954年4月に中朝間で発効した中朝国境鉄路協定に基づき、同年6月に運行を開始した。北朝鮮にとってはこれが初めての国際列車の運行だったが、北朝鮮国内も含む平壌～北京間の全区間の運行を中国国鉄所属の客車が担当し、北朝鮮国鉄の所属客車は国際列車に充当されなかった。ちなみに、中国で刊行されている『中国鉄路国際聯運大事記（1950～1999）』（王馨源、中国鉄道出版社、2002年）という書籍によれば、この当時の平壌～北京間の距離は1364キロとなっていて、2016年まで中国国鉄が市販の『全国鉄路旅客列車時刻表』に掲載していた同区間の距離（1350キロ）より14キロ長い。

北朝鮮国鉄の客車が中国国内に乗り入れて相互乗入れが行われるようになったのは1983年10月のことで、現在は平壌～北京間に週4往復の旅客列車が運行され、そのうち2往復を中国国鉄が、もう2往復を北朝鮮国鉄が担当している。かつての中国の時刻表の「国際聯運」の解説ページには、毎週月・木曜に「中国鉄路担当」の列車が北京を、「朝鮮鉄路担当」の列車が平壌を出発して翌日に相手国の首都へ到着し、その翌日にあたる水・土曜に「中国鉄路担当」の列車が平壌を、「朝鮮鉄路担当」の列車は北京を出て、翌日に所属国の首都へ戻ることが明記されていた。

ここでいう「担当」とは、客車を直通させるだけでなく、その客車の車掌も全て当該客車の所属国鉄職員が担うことを意味する。北朝鮮、中国、ロシアの長距離列車では、車掌は客車1両ごとに少なくとも1人以上配置され、担当車両の乗客管理から車内清掃までの一切を担うのだが、このルールが乗入れ先の外国の区間でも適用されるのだ。つまり、中国国鉄担当列車では北朝鮮国内の平義線区間まで含めて中国国鉄所属の中国人車掌が乗務し、北朝鮮国鉄担当列車では北京まで北朝鮮国鉄所属の朝鮮人車掌が乗務することになる。これはロシアとの国際列車でも同様で、ロシア国鉄所属のモスクワ行き車両には平壌からロシア人車掌が乗務する。

なお、国際列車といっても編成の全客車が全区間運行されるのではなく、平壌～北京間列車の場合、国際列車として運行される客車は中朝両国の国内列車編成に併結される。したがって、国境の新義州～丹東《タントン》間を除いては、両国双方で10両以上の長大な国内列車編成に国際客車が2～3両だけ増結される、という姿になる。北京発着の国際客車は4人用個室寝台で、中国では「軟臥」、北朝鮮では「上級寝台」という等級の寝台客車である。

時刻表にない丹東発着列車の登場

平壌～北京間国際列車には、従来から中国側国境駅の丹東発着の客車が連結されるケースがしばしば見られた。この場合、平義線区間では「平壌～北京」「平壌～丹東」「平壌～新義州」という3種類の区間を走る客車が併結されることになる。丹東発着は平壌発着と同日なので寝台設備は必要ないことから、客車は寝台ではなく4人掛けの向かい合わせボックスシートによる座席車（中国国鉄における硬座車）が使用されるのが一般的であった。

2013年1月からは、この北京直通列車とは別に、平壌～丹東間のみを走る国際旅客列車が運行されている。中国側の列車番号は95次（丹東発平壌行き）と85次（平壌発丹東行き）で、北朝鮮側では51

列車（平壌発新義州行き）と52列車（新義州発平壌行き）になる。51・52列車は北京発着列車にもなるので、実質的には、中朝国境の丹東～新義州間が従来の週4回から毎日運行に増便されたことになる。

この95・85次列車は、かつて市販されていた中国の列車時刻表の「国際聯運」のページには記載されていなかった。北京発着と異なり夜間を跨がない昼行列車だが、客車は3段式の6人用個室寝台車（一般寝台）が使用されている。乗客の多くは北朝鮮を訪れる中国人の団体観光客と中朝両国の公務客で、日本人を含む外国人観光客も乗車することができる。

平義線経由モスクワ行き客車の連結中止

市販の時刻表に記載されていない平義線の国際列車として、かつて、平壌から中国の瀋陽《シェンヤン》まで北京行き編成に連結され、そこで切り離されて今度は北京から満洲里経由でモスクワまで1週間かけて走るシベリア鉄道直通列車に連結されていく、平壌～モスクワ間直通客車があった。

この客車は2両編成で、平壌から日本海沿岸を経由して極東ロシア経由でモスクワへ向かう列車と異なり、独立した列車番号を持たず、平壌～丹東～瀋陽では平壌～北京間国際列車（中国国鉄での列車番号はK27次・K28次）、瀋陽～満洲里～モスクワは北京～モスクワ間国際列車（同K19次・K20次）の一部として走る。客車はロシア国鉄の所属なので、中国国内も含めて平壌までロシア人車掌が乗務する。北朝鮮国内にいながら車内はロシアの雰囲気が強く感じられるだけでも異色の存在だが、とりわけ、2両のうち1両は2人用個室寝台である点が北朝鮮では珍しい。北朝鮮国鉄では4人用個室寝台が最上級なので、それより高級とされる2人用個室寝台車はこのモスクワ行きでしか乗車機会がないからである。実際に平壌からモスクワまで1週間かけていくのは大変だが、モスクワ行き客車の連結日に平義線を利用して中国の丹東や瀋陽で下車する旅行日程を組めば、日本人旅行者でもこのロシア車両を利用することは可能だった。

だが、週4回の北京発着列車のうち、週1回だけ連結されていたこの異色のロシア客車は、全区間を乗り通す直通旅客が少ないこと、また二つの異なる列車にコバンザメのようにぶら下がって走るという特殊性ゆえに、一方の列車遅延が正常運行中の他方の列車の定時運行を妨げるなどの問題が発生しやすいことから、朝中露3ヵ国の合意により2010年12月をもって運行を中止した。北朝鮮からロシアへ列車で直通することを希望する旅客は、2011年以降は日本海沿岸経由で極東ロシアからシベリア鉄道を走るルートを利用するように、というのが合意の趣旨である。

国際協定で決められている国際乗車券

平義線を利用する旅客が使用する乗車券は、記載事項やデザインがこの20年間でほとんど変わっていない（1ページの図柄参照）。これは、中朝国際列車の乗車券に関する規則が、かつて東側諸国と呼ばれたヨーロッパやアジアの国々で構成される「国際旅客聯運協定」（国際客協）という国際協定に基づいて定められていて、北朝鮮国鉄だけで独自に変えることができないためである。

国際客協は1951年にソ連や東ヨーロッパの社会主義諸国が中心となって定めた国際鉄道運輸に

関する多国間協定で、北朝鮮は中国及びモンゴルと同時に1954年に加盟した。この協定は、参加国間で運行される国際列車の乗車券や寝台券の書式まで細かく定めていて、券面に用いられる言語は発行国の言語・ロシア語・ドイツ語の3ヵ国語と決められている。国際列車の運賃も別の国際協定(国際客價。第1章参照)がスイスフラン建てで定めており、加盟国の国鉄が勝手に金額を変えることはできない。

したがって、平義線を走る国際列車の場合、平壌発の旅客は朝鮮語・ロシア語・ドイツ語で、中国から国境を越えて平壌方面へ向かう旅客は中国語・ロシア語・ドイツ語で表示され、スイスフラン及びそれを発行国の通貨(平壌発の場合は朝鮮ウォン、中国発の場合は中国元)に換算した運賃や寝台料金が記載された乗車券や寝台券を持っていることになる。

これらの乗車券類の発行額は、発券国ごとに物価の差があることを考慮して、同一距離でも発券国によって違いがある。平義線の国内区間に最も近い平壌~丹東間の場合、丹東で発券する平壌行き2等運賃は1997年時点で10・97スイスフラン、逆に平壌発丹東行きの1等運賃は同時点で8・40フランであった。それから20年後の2017年時点では、丹東発平壌行き95次列車の2等運賃は26・00スイスフランに値上がりしており、国際客價の統一運賃は各国の物価の変動に合わせて改定されていることが窺える。

なお、2013年に登場した丹東発の95次列車は昼行列車だが、乗車券上は「開放式硬臥」、つまり2等寝台扱いとなっている。このため、運賃以外に寝台券(臥舗票)5・07スイスフランも必要となり、総額31・07スイスフランを中国元に換算した212元が実際の支払金額となる。1997年当時は、丹東発平壌行きの場合は座席車のみが想定されていたためか、2等寝台料金の設定がなかった（北朝鮮側で発券する場合は3・70スイスフランの料金設定があった）。

丹東～新義州間の中朝国境

（1）中国側（丹東）

国際列車が発着する国境駅らしく、丹東駅には出入国審査場が併設されている。丹東で乗降する旅客はこの駅舎内で出入国審査や税関検査を受ける。一方、丹東で乗降せず瀋陽や北京方面へ直通する旅客の場合は、中国側の国境審査官が旅客のパスポート類をまとめて預かり、別の場所で出入国印を押してからまとめて返却する方式になっている。この方式は1990年代からずっと変わっていない。日本人旅行者の場合、出入国審査でも税関検査でも特段の厳しさを感じることはないのも、20年間で特に変化はない。

ただし、駅舎や駅構内は2009年に全面改築がなされて大幅に変わった。満鉄時代以来の低床式ホームは高床式に変わり、国際列車の旅客や乗務員が客車の乗降デッキに取り付けられたステップを昇り降りする必要はなくなった。かつては国際列車が発着するホームに免税店があったが、現在は駅舎内に移っている。

鴨緑江に架かる国境の橋は、中国側では「中朝友誼《ゆうぎ》橋」と名付けられている。鉄道が単線、車道が

1車線の併用橋で、1943（昭和18）年に竣工し、1911（明治44）年に完成して使用されていた既設橋梁と合わせて複線運転に供された。既設橋は朝鮮戦争中の1950年にアメリカ軍機の爆撃を受けて破壊され、以後、現在に至るまで、新義州〜丹東間は現存する中朝友誼橋経由の単線運転が続いている。

中朝友誼橋は丹東の観光名所として、毎日観光客で賑わっている。国際的には、国境に架かる鉄橋は国防上の理由から撮影禁止になるのが一般的で、この丹東でも鉄橋そばの川岸には中英2ヵ国語で注意喚起の掲示が出ているが、大半の中国人観光客は全く気にせず鉄橋にカメラを向けて記念撮影をしており、それらが咎《とが》められることもほとんどない。アメリカ軍機の爆撃で破壊された既設橋は、「鴨緑江断橋」という有料の観光名所になっていて、川の中央部まで橋上を歩いていくことができる。その様子は国際列車の車内からも眺められる。なお、2000年代初頭には撮影料を払えば鉄道橋の入口に立ち入って記念撮影ができる観光客向けサービスが存在したが、現在は公式には確認できない。

（2）朝鮮側（新義州）

国際列車で新義州に発着する乗客は、客車内で出入国審査を受ける。荷物検査が厳重なのは過去20年間ほぼ変わっておらず、出国・入国いずれの場合でも北朝鮮の出入国審査官が停車中の車内に乗り込んできて、旅客の荷物を一つずつ開けさせて中身をチェックする。「女性客の荷物は女性係官が行う」というような配慮はなく、スーツケース類は他の乗客がいる前でも1人ずつ容赦なく開けさせられる。

1990年代には、平壌からの列車内で車窓の写真を撮っていた外国人観光客から、新義州での出国時に検査官が撮影済みのフィルムを没収した実例もあった。デジタルカメラが主流になった現在では、係官が乗客のカメラを操作して保存されている画像を細かくチェックし、問題があると判断した画像は消去されることがある。

出入国時にどのような所持品が問題視されるかは、この20年間でさまざまに変遷してきた。2000年代初め頃から2013年までは携帯電話の持込みが一切認められず、入国時に見つかると、有無を言わさず出国時まで一時預かりにされた（没収ではない）。近年ではGPS（位置情報計測システム）機能付きの電子機器が細かくチェックされる。なお、北朝鮮の体制批判をするような書籍や新聞類、あるいは韓国の旅行ガイドブックなどが厳重にチェックされて没収対象となるのは、この20年間で変わりがない。

丹東と同じくパスポートとビザのチェックは個別に行わず、客車ごとに乗客のパスポートなどをまとめて預かり、別の場所で書類チェックをした後に返却される。なお、北朝鮮では国交のない日本人が観光目的で入国する場合にはパスポートに出入国印を押さず、ビザに代わる観光証などの別紙書類は出国時に回収されるので、パスポートに北朝鮮訪問の直接の記録は残らない。ただし、中国側を陸路で出入国することになるため、この国際列車を利用すると、中国の出入国スタンプには出入国地点が漢字で「丹東」と明示される。

検査終了から列車の出発時刻までは、入国時も出国時も長時間かかることが多い。かつてはその時間でも旅客がホームに自由に出られない時期もあったが、現在はホームに出てタバコを吸ったり、立売りワゴン車を利用できるようになっている。

中国側で中朝友誼橋と名付けられている国境の橋梁は、北朝鮮側では「朝中親善橋」と呼ばれている。丹東と同じように、新義州でも鉄橋周辺の川岸を公園化して、外国人旅行者が対岸の景色を楽しんだり、鉄橋の真下から通過する列車や自動車の様子を眺めることができる。新義州は長らく中国人以外の外国人旅行者の立入りを拒んでいたが、２０１５年に中国人以外の外国人にも開放されたため、日本人旅行者も正規の観光ルートとして訪問できるようになった。

国際列車の停車駅

平義線を走る国際列車は、平義線内では急行運転を行うため途中の停車駅が限られている。この停車駅は新安州《シナンジュ》、定州《チョンジュ》、宣川《ソンチョン》、塩州《ヨムジュ》の4駅で、過去20年間、ほとんど変化がない。

中国で発行されていた時刻表の「国際聯運」のページに記載されている北京～平壌間列車の欄には、１９９７年当時は北朝鮮国内の停車駅及び発着時刻も、全部ではないが掲載されていた。それが、２０００年代に入ると途中駅の案内が消え、やがて平壌までの距離表示も掲載されなくなった。

１９９７年から２０１７年までの、中国及び北朝鮮の時刻表に掲載されている国際列車の運行時刻の

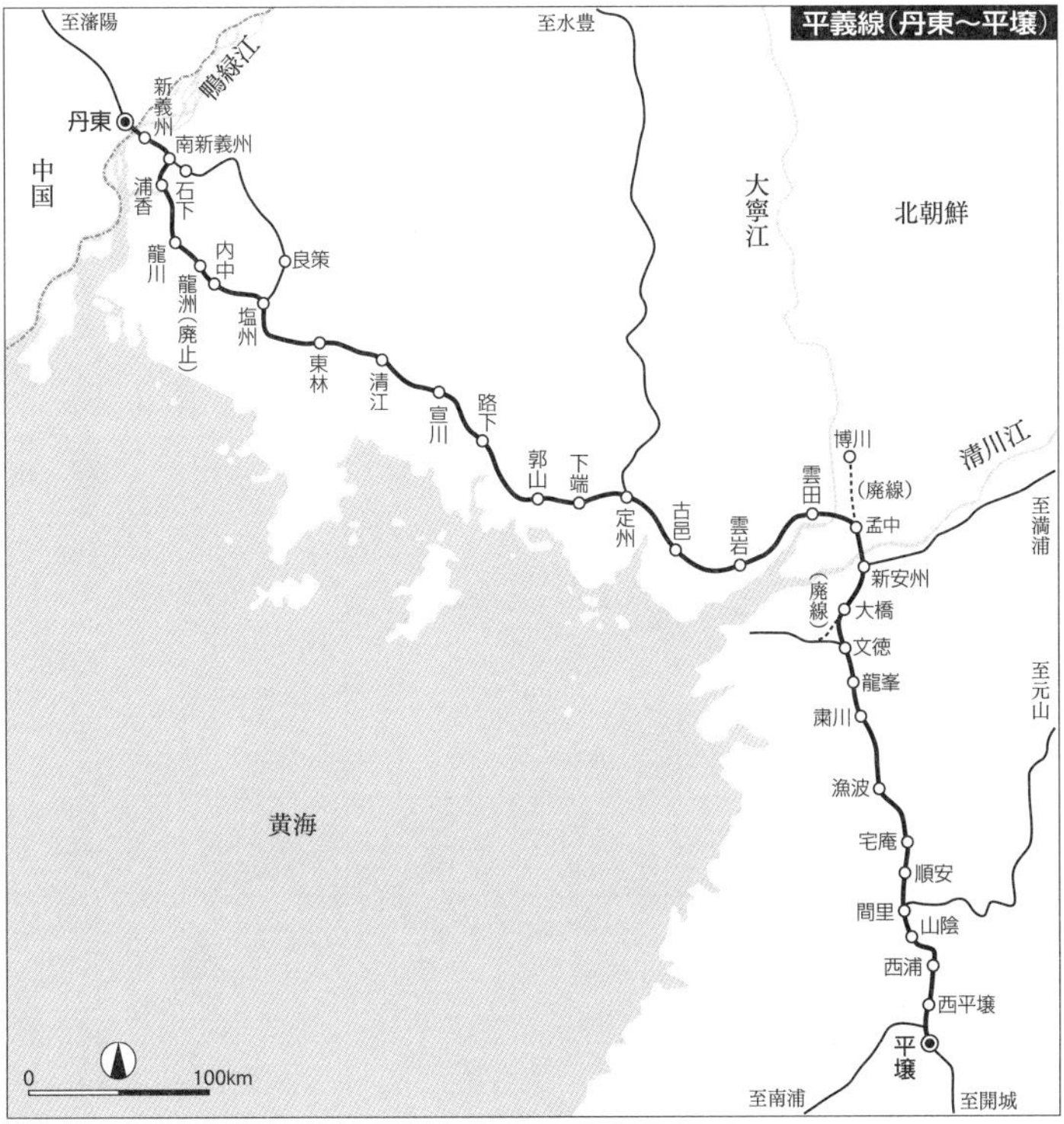

移り変わりは62～63ページの表2の通りである。

もとより、国際列車の乗客は原則として平壌～新義州間を乗り通すため、停車駅でも国際列車編成の客車は車掌によるドアの開閉すら行われない。そのため、途中の発着駅や発着時刻の情報を中国国鉄が市販の時刻表に掲載する実用的意味はほとんどない。

ただし、北朝鮮では2014年から、平義線沿線の東林《トンリム》付近に「新義州東林景区」という対外向け観光リゾート地をオープンさせており、そのリゾート地を国際列車で訪れる外国人観光客の乗降を定州あるいは東林で認めている。東林は本来の停車駅ではなく正式には通過扱いだが、乗降する外国人観光客がいる場合はそのためだけに臨時停車することがある。

(7)	(8)	(9)	(10)	(11)	(12)(※②)
2007	2013(※①)		2016(※①)		2017
中国国鉄	北朝鮮国鉄	中国国鉄	北朝鮮国鉄	中国国鉄	中国国鉄
5	51	(未掲載)	51	(未掲載)	51
—	—	—	—	—	—
1010	1040	1010	1010	1010	1010
(未掲載)	(未掲載)	(未掲載)	(未掲載)	(未掲載)	(未掲載)
	1316		1247		1247
	(未掲載)		(未掲載)		(未掲載)
	1415				
	(未掲載)		↓(※③)		
1520	1521	1520	1457	1520	1451
1713	1713	1713	1643	1713	1643
1623	1623	1623	1623	1623	1623
1831	1829	1831	1831	1831	—
829	831	831	838	831	—
—	—	—	—	—	—
5時間20分	4時間31分	5時間10分	4時間47分	5時間10分	4時間41分
			5時間26分		
中国は北朝鮮より−1時間			中国は北朝鮮より−30分(※④)		
『全国鉄路旅客列車時刻表』(2007年7月)	北朝鮮国鉄作成の車内掲示時刻表(2013年1月)	『全国鉄路旅客列車時刻表』(2013年7月)	北朝鮮国鉄作成の車内掲示時刻表(2016年5月15日)	『全国鉄路旅客列車時刻表』(2016年6月)	中国国鉄作成の車内掲示時刻表(2017年)

※③　平壌行き52列車には塩州の停車時刻が表示されており、その反対列車である51列車の塩州駅時刻欄は通過マークが記載されていた。

※④　北朝鮮は2015年8月15日から2018年5月4日まで、「平壌時間」と称してそれまでより30分繰り下げた標準時を使用していた。2018年5月5日から再び30分繰り上げて、現在は2015年以前と同じ標準時に戻っている。

表2　平壌～北京間国際列車の時刻表の移り変わり

	(1)	(2)	(3)	(4)	(5)	(6)
年	1938(昭和13)	1996	1997	2002	2004(※①)	
時刻表作成機関	朝鮮総督府鉄道局	北朝鮮国鉄	中国国鉄	北朝鮮国鉄	北朝鮮国鉄	中国国鉄
列車番号（北朝鮮国内）	1（急行「ひかり」）	5	5	5	5	（未掲載）
（始発）　発	釜山桟橋 1855	—	—	—	—	—
平　壌　発	730	1150	1130	1010	1010	1010
新安州　発	↓	1313	（未掲載）	1158	（未掲載）	（未掲載）
孟　中（戦前は孟中里）発	853	↓		↓		
定　州　発	935	1406	1408	1302	1257	
宣　川　発	↓	1441	1450	1347	（未掲載）	
清　江（戦前は東林）発	↓	↓	（未掲載）	↓		
塩　州（戦前は南市）発	↓	1518	1512	1435		
新義州　着	1123	1550	1600	1515	1510	1515
新義州　発	1124	—	1713	—	1713	1713
丹　東（戦前は安東）着	1130	—	1623	—	1623	1623
丹　東（戦前は安東）発	1200	—	1835	—	1856	1856
北　京　着	—	—	923	—	923	923
（終着）　着	新京2000	—	—	—	—	—
平壌～新義州所要時間	3時間53分	4時間	4時間30分	5時間15分	5時間	5時間15分
平壌～新義州実測時間			5時間36分		6時間08分	
備　考	朝鮮と満洲の間に時差なし	北朝鮮国外の時刻は未掲載	中国は北朝鮮より−1時間	北朝鮮国外の時刻は未掲載	中国は北朝鮮より−1時間	
引用文献	『朝鮮列車時刻表』昭和13(1938)年2月号	『旅客列車時間表』(1996年)	『全国鉄路旅客列車時刻表』(1997—1998)	『旅客列車時間表』(2002年)	北朝鮮国鉄作成の車内掲示時刻表(施行時期の記述なし)	『全国鉄路旅客列車時刻表』(2003年12月)

※①　2004年、2013年、2016年は北朝鮮国鉄と中国国鉄とで公表している時刻表に違いがある。実際の平壌出発時刻は10時10分だが、出発後は分単位で正確に運行されることがほぼないため、その後の新義州出発までの正規の時刻は推定も困難である。

※②　(12) は北京行きではなく平壌～丹東間列車（51列車＋85次）の時刻だが、北朝鮮国内の時刻は北京行きと同じであると思われる。

ディーゼル機関車の牽引と定時性の向上

北朝鮮の鉄道事情については、「遅延運行が慢性化している」という話題が過去20年にわたって日本でしばしば報道対象とされてきた。現地を訪れる観光客に対しても、現地の通訳兼ガイドが「列車の運行は遅れがち」と率直に説明することは珍しくない。ただ、「そのような状況であっても、平壌と北京とを結ぶ国際列車は最優先で運行している」という補足が付け加えられた。

実際には、最優先とされた国際列車でも、平義線内での遅延は1990年代から2000年代初めまではかなり深刻だった。62～63ページの表2を見ると、平壌～新義州間の時刻表上の所要時間が、1996年からの10年間でだんだん長くなっていることがわかる。時刻表通りに走らないことが常態化し、それを是正するために時刻表の方を現実のスピードに合わせているような感じである。そして、実際の運行時間（実測時間）はそれよりもさらに長くなりがちだった。その結果、80年前に日本統治下で蒸気機関車が牽引していた鮮満国際急行「ひかり」「のぞみ」よりも、21世紀の北朝鮮の電化急行の方がスピードが遅いという退化現象を生んでいた。

遅延の原因の一つが電力不足であると言われている。1990年代後半以降、北朝鮮の鉄道は停電による運行麻痺が常態化し、ひどいときには数日間、全く動かず車両に閉じ込められてしまうとも言われる状態で、国営交通手段としてまともに機能していないと伝えられていた。

北朝鮮の電力事情といえば、現在の日本では、電力不足のイメージが一般的認識として定着している。だが、かつての北朝鮮はそうではなかった。巨大な湖や河川に恵まれ、降水量も多い朝鮮半島北部には、日本統治時代から大規模な水力発電施設が建設されるなど、もともと水力資源が豊富な地域であった。

そこで北朝鮮は、石油の輸入に頼らず自国の資源のみで鉄道の近代化を図るため、朝鮮戦争後に荒廃した国内の鉄道施設の近代化を図るうえで、複線化よりも水力発電によって自給体制が構築できると考えられた電化を優先しようとした。建国以来の最高指導者だった金日成《キムイルソン》がしばしば鉄道電化の重要性を説き続けたことから、電化優先による鉄道の近代化は北朝鮮の国策となったのである。

国父である金日成の指示は、北朝鮮では絶対視される。このため、平義線の国際列車も、電気機関車による客車の牽引を前提とした優先運行で何とか対応し続けていた。

ところが、2015年初め頃から国内路線の一部で、電化区間であるにもかかわらずディーゼル機関車で客車を牽引する列車が登場したとの情報が、日本で報道された。ディーゼル機関車の燃料となる油をロシアから輸入して、燃料代に見合った高額な運賃を設定する代わりに、電力不足の影響を受けずに定時運行が可能になった、と同報道は伝えている。

この報道を裏付けるように、2017年現在、平義線を走る中朝国際列車は、平壌～新義州の全区間でディーゼル機関車が牽引している。同じ平義線でも、国際列車以外の長距離旅客列車は従来通り電気機関車が牽引しているので、ディーゼル機関車を充当される列車は選別されていることが窺える。

電化区間でディーゼル車を用いることは日本でも珍しいことではない。だが、北朝鮮では鉄道電化が建国以来の国策であるため、たとえ定時運行確保のためであっても、ディーゼル機関車を電化区間であえて運用するには国策との理論的整合性が求められるのではないかと考えられるが、現時点では明らかでない。

電気機関車運転だった時期とディーゼル機関車牽引による平壌～新義州間の所要時間の実測値を併記した表2の通り、ディーゼル機関車の国際列車への投入が、平義線の国際列車の定時性向上に大きく寄与していることは間違いない。かつては、平壌発北京行きが大幅に遅延することで、国境を越えた丹東からの中国の国内列車（K28次）の定時運行にも支障をきたしていたが、現状の遅延幅であれば丹東の停車時間の長さで遅延時間を吸収できるため、中朝直通運行の正常化にも一役買っていると言える。

客車の更新

北朝鮮国鉄が運行を担う平壌～北京間の国際列車では、2000年代初めまでは、上級寝台（4人用個室寝台）であっても木製の内壁がクラシカルな雰囲気を漂わせる古風な客車を使用していた。現在は、中国で製造されたと思われる新しい寝台客車に入れ替わっている。

北朝鮮国鉄の客車の外観は、かつて旧ソ連や中国などアジアの共産主義諸国における標準色ともいうべき深緑色を基調とする外観に統一されていた。21世紀に入ると、中国やロシアでは客車の塗装バリエーションが増え、中国では昔ながらの深緑色の客車が〝緑皮車〟と呼ばれてノスタルジーの対象になっている。

そんな伝統カラーが、ついに北朝鮮でも全国的に変更された。きっかけは、最高指導者の金正恩朝鮮労働党委員長が２０１５年７月に平壌の鉄道車両工場を現地指導した際に、客車の塗装を国際的基準に合致させつつ路線別・用途別に多様に塗り分けて利用者にわかりやすくすべき旨の指示を出した（２０１５年７月20日付『労働新聞』）ことにあるとみられる。これを受けて、翌２０１６年３月から４月にかけて、北朝鮮各地の鉄道車両整備工場などで客車の塗装変更作業が行われたとの報道が朝鮮中央テレビで相次いだ。平義線を走る国際列車も、この時期までに現在の白と青のツートンカラーに赤いラインが入った明るい色調に変更された。車体側面に掲げられた北朝鮮の国章や朝鮮文字の車両形式表示などがなければ、中国の客車のようにも見える。

平義線の沿線で見かける国内列車の客車は、基本的に緑と白のツートンカラーとなっている。平壌駅やその近郊区間では明るい水色と白の塗り分けパターン、あるいは日本海沿岸地方への客車を中心に、藍色に近い濃い青と白との塗り分けパターンも見られる。朝鮮中央テレビが２０１６年春にたびたび報じた各地での塗装変更のニュースを総合すると、新義州鉄道分局や咸興《ハムフン》鉄道局といった地方の鉄道局ごとに異なるカラーリングを採用しているようで、その意味では最高指導者の現地指導に基づく「路線別」の塗り分けが基本になっているようだ。

なお、平壌から平義線を経由して中国へ向かう中朝国際列車に使用される客車は、上記のいずれにも該当せず、白と青の塗り分けに赤いラインが細く入ったカラーとなっている。これは、前記の現地指導における「用途別」に該当する塗装変更のようにも思われるが、中朝国際列車用の客車は２０１

4年に塗装変更されているので、2016年の国内客車の塗り替えとは関係ない。

外国人旅客が国際列車編成内で唯一、国内旅客と同じ空間で滞在できる食堂車は、内装も一新された。カウンターに飲料用のクーラーボックスが置かれているのも、以前には見られなかった。ちなみに販売されている缶ジュースは日本製が多く、日本語のパッケージのまま陳列されている。その他、かつては食堂車に掲げられていた金日成と金正日《キムジョンイル》の肖像画が見当たらないのは特筆できる。なお、国際列車であっても食堂車の営業は新義州までで、丹東から先の北京方面では中国国鉄所属の食堂車が営業する。これはシベリア鉄道などの方式と同様である。

他にも、2000年代に入ってもカーキ色の人民服で給仕をしていた女性乗務員は、今では全員、青と白の制服を着用し、胸にネームプレートを付けて乗務している。乗務員は食堂車内の給仕だけでなく、ワゴン車を押して弁当や飲料、菓子類の車内販売もしている。現在、これらの食堂営業を担当しているのは朝鮮国際旅客合作会社という団体で、平壌駅の国際旅客専用待合室の入口にもその名が掲げられている。

平義線を走る近郊列車の変遷

(1) 客車の整備状況

北朝鮮が大規模な飢饉や水害などにより「苦難の行軍」と自称するほど経済事情が悪化した1990年代半ば頃は、国際列車が運行する平義線沿線でも、車体が錆だらけのオンボロ客車や、真冬なのに窓ガラスが全てなくなってビニールシートで車内防寒をしているらしい客車が、国内列車として運行されている様子がしばしば目撃された。当時は北朝鮮の旅客列車といえば、長距離列車でも近郊列車でも機関車が客車を牽引するスタイルばかりで、短距離や支線を走る列車の整備状況は、見た目にも相当に劣悪だったことは否めない。

それから20年後の現在、それら整備不良のオンボロ客車が現役列車として運行している様子は、車窓から姿を消している。これは、経済情勢の好転のみならず、後述する近郊列車への平壌地下鉄車両の投入による車両更新、あるいは客車のカラーリングに関する行政指導の影響などが考えられる。

（2）日本統治時代からの車両の減少

１９９０年代までは外国人旅行者にもしばしば目撃されていた満鉄（南満洲鉄道）や鮮鉄（朝鮮総督府鉄道局）時代からの生き残り車両は、少なくとも平義線沿線ではほとんどその姿を見ることはできない。

蒸気機関車は２０００年代半ばまで新安州や新義州で入換え用などとして運用されていたが、現在はイベント用に残されているに過ぎないとのことで、平義線沿線では見かけない。客車は、戦前の優等客車らしき車両が２０１３年の時点で粛川《スクチョン》駅の旅客ホームに停車しているのが目撃されているが、その詳細な出自や経歴はわかっていない。鉄道員の待機所に転用された日本製客車が駅構内の側線などに留置されているケースもかつては多かったが、２０１６年を最後に平義線での目撃例は確認できていない。戦後70年以上が経過し、少なくとも平義線沿線で戦前からの生き残り車両を目にする機会は、さすがにもうないと言っていいのかもしれない。

(3) 平壌地下鉄からの流用車両の増加

平義線を走る国内列車で近年最も特筆すべきは、平壌地下鉄で使用されていた車両が電車に改造され、主に近距離を結ぶ区間列車として平義線で頻繁に姿を見るようになったことだろう。

平壌地下鉄出身の車両は大きく分けて2種類ある。一つは中国の長春車両工場で製造された車両で、1972年から平壌地下鉄に導入されていた。もう一つは旧東ドイツ（東独）時代に製造された旧東ベルリン地下鉄の中古車両で、こちらは1997年から平壌地下鉄で運行を開始した。長春製車両は東独製車両の登場によって置き換えられ、その東独製も2001年頃に平壌地下鉄から引退している。

平壌地下鉄は東京の銀座線や丸ノ内線と同じ第3軌条集電方式（走行用の2本の線路とは別に、車両の足元などに設置される第3の給電用線路から車両が電気を得て走る方式）であるため、地上を走る国鉄線への転用にあたっては、屋根の上にパンタグラフを取り付けて、架線集電方式に対応するなどの改造を施している。平義線に限らず、中国東北部の中朝国境沿線や日本海沿岸の清津《チョンジン》付近など、北朝鮮全土でこれらの平壌地下鉄出身車両が目撃されている。

この地下鉄改造車両による近郊電車は、現在の平義線では国際列車の車中や沿線で頻繁にその姿を見かけることができる。当初は平壌地下鉄時代の塗装のままだったが、近年は青一色に変更されている。

駅ホームでの国際列車向け立売りサービス

現在、平壌駅では国際列車の発車時刻前になると、ホーム上に飲食物の販売ワゴン車と制服姿の販売員が現れ、乗客向けの販売を実施している。販売を担当しているのは食堂車の従業員と同じく、朝鮮国際旅客合作会社の社員である。外国人旅行者も利用することが可能で、その場合、支払いは中国元になる。2000年代初頭までは、このような立売りワゴン販売のサービスは平壌駅では見られず、旅客はホームに立ち入る前に駅前や駅舎内の売店で弁当などをあらかじめ購入しておく必要があった。

また、中朝国境の新義州駅ホームに立っているワゴン販売は、出入国審査と税関検査が終わった乗客が自由に利用することができる（中国元が使える）。1990年代には乗客が出発時刻までホーム上に出て時間をつぶすことくらいは概ね認められていたが、2000年代に入ると、出入国審査が終了した後、列車の出発時刻まで乗客全員が車内で待機させられ、ホームに出ることも認められない時期があった。もっとも、車内では停車中にトイレが使えない（タンク式ではなく昔ながらの車外放出式だった）ため、どうしてもトイレに行きたいと申し出れば、係官によっては駅舎のトイレへ行くことを認めてくれた。ただし、ホームには警備兵しかいないため、さっさと駅舎に入らないと強面の兵士に車内へ追い返されそうになったりした。

そうして何とか立ち入った駅舎内には、中国人向けと思われる土産物屋があった。だが、平壌方面へ直通する旅客がホームに出ることすら許されない状況では、新義州駅で乗降する中国人以外に買い物のしようがなく、閑散としていた。

その後、２０１３年に新義州駅は大掛かりな改修工事が行われ、ホームは車両の床面と同じ高さになった。そのホーム上にワゴン車と販売員が立ち、出入国審査が終わって列車が出発するまでの間に、乗客が自由にホームに出てそれらのワゴン車でビールやつまみ類の買い物をすることは、国籍を問わずほぼ問題なく認められるようになった。

平壌駅の変化

(1) 駅舎正面の肖像画とスローガン

現在の平壌駅舎は１９０６年の開業から数えて３代目にあたり、朝鮮戦争後の１９５７年に完成した。駅舎中央にそびえ立つ八角形の時計塔は、北朝鮮全土の鉄道標準時を示している。

この時計のすぐ下に、現在は金日成・金正日の両最高指導者の巨大な肖像画が掲げられ、時計塔から左右に広がる駅舎上部には、駅前側から見えるように朝鮮文字のスローガンが掲出されている。この「中央に最高指導者の肖像画、その両側に朝鮮文字のスローガン」というパターンは、北朝鮮のほとんどの鉄道駅舎で踏襲されている。

肖像画は、長年にわたり金日成が無表情に正面を向いた図柄が掲げられていたが、１９９０年代末期から、にこやかに笑う晩年の肖像（太陽像。金日成を「民族の太陽」と呼ぶことに由来）に切り替えられ、徐々に全国の駅舎へ拡がっていった。さらに、２０１１年末の金正日死去後は両者の笑顔の肖像画がともに「太陽像」と呼ばれるようになり、２０１２年以降、平壌駅舎にも両者の太陽像が並ぶようになった。

肖像画の両サイドの屋上に掲げられているスローガンのうち、向かって右側（北側）の文章は「栄光ある朝鮮労働党万歳！」で、これは１９９０年代からずっと変わらない。一方、左側（南側）のスローガンは次のように何度か変更されている。

① ２００３年以前：「偉大な領袖金日成同志万歳！」
② ２００３年～２０１２年：「偉大な領導者金正日同志万歳！」
③ ２０１２年～２０１７年：「偉大な領導者金正恩同志万歳！」
④ ２０１７年以降：「敬愛する最高領導者金正恩同志万歳！」

現在のバージョンは20年前に比べて、朝鮮文字にすると文字数が4文字多い。そのため、左側のスローガンは文字の間隔が右側と比べて往年よりかなり狭くなっていて、窮屈に見える。

この①～④は、平壌駅での掲出内容の変遷である。簡易な横断幕やポスターではなく頑強に作られるため改修工事が必須であり、それゆえ地方の各駅で見られる変化の時期は一定していない。

（2）中央ホールの列車出発案内掲示

駅舎中央の時計塔の直下は吹き抜けのホールになっている。外国人旅行者が利用する平義線の国際列車待合室は駅舎南側の小さな専用口から出入りすることになっていて、この一般旅客用ホールとの間を仕切る扉を行き来することはできない。最近は案内員（朝鮮側の通訳兼旅行ガイド）同行でも外国人旅行者の見学が許されないケースが多いが、かつては朝夕の散歩の範囲内として比較的自由に出入りできた。大理石のタイルが内壁や床にはめ込まれ、神殿を思わせる太い円柱が時計塔の真下の高い天井までそびえ立つ殿堂風の佇まいが、ホール全体に落ち着いた雰囲気を醸し出している。

1990年代後期には、1階の壁面上部に時刻表が掲げられ、その真下の壁面に白黒テレビのような小さなモニターが埋め込まれていた。「○○行き□□列車は都合により出発を見合わせました」のような運行情報が画面の上から下へとゆっくりスクロールして表示され、旅客や送迎客はその前に集まって画面を注視していた。

現在、ホール1階の壁面には発着列車の案内を表示する電光掲示板が設置されている。旅客向け案内としては20年前より格段に見やすくなり、家庭用テレビ程度の大きさだった白黒モニターの文字を見るため画面近くに旅客が集まる必要もなくなっている。

また、この電光掲示板では平壌～新義州間の列車に「国際列車」という注記を付けて表示している。以前は、ホール内に掲出されている同列車の発着時刻表が行先を新義州としているだけで、国境を越えてその先の中国へ行く列車であることがわからないようになっていたので、国際列車であることが国内旅客にも公式に案内表示されるようになっているのも変化の一つと言える。

（3）駅前広場

1990年代後期から2000年代前半には、平壌駅前に荷物宅配をする自転車タクシーが待機していたり、屋台式の簡易売店が弁当などを売っていたりしていた。1990年代までは政治看板しか見られなかったが、2000年代に入ると、この国では珍しい資本主義的な商業広告（国産自動車の広告）の巨大看板が駅前に登場した。

現在では、簡易売店や自転車タクシーは姿を消し、平壌市内で営業中のタクシーが多く待機している。駅前広場の南側に建つ大型広告は健在で、近くに大型スクリーンも設置されている。

なお、1990年代後半には、駅前の交差点にマシンガンを提げた兵士が立って警備している姿が見られたが、現在はそのような物々しい雰囲気はない。また、駅前の歩道上に設置されていた公衆電話も撤去されていて、今では多くの平壌市民がスマホを片手に駅内外を歩いている。

（4）平壌駅の入場券

平義線の旅客駅には日本のような無人駅はなく、全ての駅に駅員が配置されている。そして、駅構内への入場には改札口を通過する必要があるため、送迎客が勝手に駅構内へ立ち入ることはできない。そこで日本と同じく、北朝鮮では駅の入場券が有料で販売されている。

平壌駅の入場券は、2000年代初頭にはマットコート紙と思われる薄い小さなタテ型の紙片だった（従来型）。当時は青いバージョンと緑のバージョンの少なくとも2種類あったことが確認できている。料金は1990年代までは10チョン（1ウォンの10分の1）だったが、2002年の経済改革実施時に物価が上昇したことに伴い、入場券も2ウォンになった。料金改定前も改定後も、この値段は平壌市内の地下鉄・バス（トロリーバス含む）・路面電車の1回あたりの運賃と同額である。従来型入場券にはこの「10チョン」という金額が印字されていたため、その後しばらくは「2ウォン」というゴム印を押して発券していた。

それから15年が経過した2017年時点では、入場券の紙質がいわゆるザラ紙になった。特筆すべきは一般的に販売される入場券とは別に、平壌駅では「外貨用」という別の入場券が用意されていることで、外国人が入場券を購入する必要がある場合は基本的にこの外貨用入場券が販売される（一般用入場券、外貨用入場券の写真は拙著『旅行ガイドブックから読み解く明治・大正・昭和　日本人のアジア観光』〔2019年、草思社〕269ページ参照）。2000年代初頭までは見られなかったシステムである。値段は外貨用が中国元で1元。ただし、外国人旅行者が外貨用を購入する場合も、金さえ出せばいくらでも売ってくれるというわけではなく、駅構内への入場に正当な理由があることを購入時に問い質されることがある。

地方駅でも入場券の販売は行われているが、外貨用入場券も地方駅に用意されているのかは定かでない。なお、地方駅の入場券は、券面のデザインが平壌駅のものと若干異なる場合がある。

（5）平壌駅の観光記念スタンプ

「北朝鮮の駅に観光記念スタンプなんて存在するのか」と思われそうだが、近年登場した外国人観光客向けのサービスの一環で、平壌駅にスタンプが設置されている（巻頭カラーページ㊸参照）。

といっても、日本のように誰でも自由に押せるものではなく、「朝鮮観光記念」というパスポートに似せたスタンプ帳を購入した旅行者が対象。スタンプ帳は朝鮮語、英語、中国語の3ヵ国語が併記され、「査証」のページに北朝鮮各地の主要観光地に設置された観光記念スタンプを押して集め、それぞれの観光地を訪問した記念品として手元に残るようになっている。どのスタンプをどのページに押すはあらかじめ指定されているので、どの観光地にスタンプが設置されているかはこの冊子からわかる。

その観光地の中に、平壌駅が含まれているのである。行楽旅行者向けの記念スタンプが平壌駅に設置されたのは、おそらく日本統治時代以来、約70年ぶりのことであると思われる。

地方駅の変化

（1）山陰駅の新設（西浦～間里）

平壌市内に位置する西浦《ソポ》駅から新義州方面へ5分ほど走ると、進行方向に向かって右手の車窓後方（つまり東方）から単線非電化の高架橋が現れて、平義線に合流する。平義線から分岐する支線は保線状態が良好でないことも少なくないが、この単線は幹線並みに整備されている。2007年に日本で刊行されて話題になった『将軍様の鉄道　北朝鮮鉄道事情』（国分隼人、新潮社）によれば、この単線の終点が「将軍様専用駅」、つまり北朝鮮の最高指導者専用列車の発着地点だと指摘している。そして、しばらくその単線と平義線が並走した後に、山陰《サヌム》という駅を通過する。

山陰駅は、北朝鮮の鉄道出版社という組織が2002年に発行した『旅客列車時間表』の路線図には掲載されていない。一方、2015年に科学百科事典出版社が発行した『地図帳《カンリ》』には鉄道時刻表と同じ全国鉄道路線図（「鉄道駅分布図」）が掲載されており、ここには西浦～間里間に山陰駅が明示されている。2016年発行の『道路里程図（共和国北半部）』（地図出版社）にも同様の「鉄道案内図」が掲載されていて、ここにも山陰駅の名が見られる。

この駅の存在は、遅くとも2004年には現地で確認されている。他の地方駅と同じように駅舎が建ち、駅名が堂々と掲げられている。ただし、両隣の西浦駅、間里駅のホームに設置されている駅名標は、隣駅をそれぞれ間里、西浦と表示しており、山陰駅の存在は無視されている。

（2）龍洲駅の廃止（内中～龍川）

日本統治時代の1940（昭和15）年に開業した龍洲《リョンジュ》駅は、『道路里程図（共和国北半部）』の2017年版の「鉄道案内図」にもその名が載っているのだが、実際には廃止されている。正式な営業停止時期は定かでないが、2013年の時点では旅客駅として機能していた様子が確認されているものの、２０１７年時点では駅舎の肖像画やスローガン、それに駅名表示は取り外され、プラットホームにあった駅名標もなくなっている。国際列車の通過を見送る駅員の姿も見られない。

（３）地方駅舎の改良

過去20年間は国全体の経済事情がほぼ恒常的に芳しくなかったため、鉄道施設の老朽化が国内インフラ整備の重要課題としてしばしば指摘されてきたが、それでも平義線では、旅客駅舎の改築が少しずつ行われてきた。

平壌市内の西浦駅には、２０１０年頃まで煉瓦造りに瓦屋根の小さな駅舎が見られた。戦前の満鉄の地方駅にあった駅舎に雰囲気が似ていて、日本統治時代の建築ではないかとも推測できた。それが、現在では3階建ての近代的な駅舎に建て替えられている。

平安南道《ピョンアンナムド》の粛川駅舎は、白壁に瓦屋根の伝統的な朝鮮建築だった。平義線では他に例のない特色ある駅舎だったのだが、こちらも近年建て替えられ、稀少だった朝鮮式駅舎は姿を消している。

他にも、全面改築ではないがこの20年間で大小のリフォームやリノベーションを行い、外形上その変化が明らかな駅舎が多数見られる。

（４）プラットホームのかさ上げ

平義線の各駅では、平壌駅の1番線ホーム（国際列車が発着）を除き、プラットホームは日本統治時代と同じく線路の高さに近い低床式ばかりだった。客車の乗降デッキにステップが設けられていて、旅客は地上の高さから車内までの高い段差を昇り降りすることが必須だった。

現在では、国際列車が通過する途中駅にも、列車の床の高さに近い位置までかさ上げされたホームが増えている。これは、乗降用のステップがない元・平壌地下鉄の電車を地元客向けの近距離列車に転用していることと関係があると考えられる。

中には、中国国境の新義州駅のように、国際列車を含む長距離列車の停車ホームも含めて全面的に高床式に切り替えられた例もある。新義州駅はホームを覆う屋根もホームごとから全ホームを覆う大型のものに建て替えられていて、国の玄関駅らしい大型ターミナルの趣が強くなっている。

(5) 駅名標のデザイン

北朝鮮の鉄道駅ホームに設置されている駅名標は、コンクリート製の頑丈なものが多い。英文表記が見られるのは首都の平壌と中国国境の新義州の2駅くらいで、あとは朝鮮文字のみだから、地方の駅でもそれぞれ立派なものが作られているのに、ほとんどの外国人旅行者には意味がないものとなっている。

そんな駅名標も、この20年間でデザインが変わっている。平壌駅の1番線の屋根の下にある英文入りの駅名標は20年間変わらないが、地方駅の駅名標はデザインが変わっている。表示されている情報は当駅名とその住所（郡あるいは区の行政単位まで）、及び両隣の駅名だけ、というのは変わらないが、無機質に思える社会主義国の小さな建造物にも変化は起きている。

駅名の改称

(1) 新たな駅名変更

平義線の駅名の一部が日本統治時代と異なっていることは、2005年に拙著『アジアの鉄道の謎と不思議』(東京堂出版)で指摘したことがある。特に、日本統治時代の駅名が現在では1駅隣の別の駅名になっている例が2例ある(雲田《ウンジョン》と東林)ことは、戦後の駅名変更の史実を知らない旅行者を困惑させやすい。

82ページの表3は、それらの日本時代との比較を含めた直近20年間の駅名変遷表である。2005年以降では、平安北道《ピョンアンプクド》の孟中里《メンジュンリ》駅が孟中《メンジュン》駅へと改称された例が見られる。

(2)「青年駅」の減少

表3で示す駅名の変遷事例のうち、新安州と定州は1990年代後半から2000年代初めまで「青年《チョンニョン》」という名称を地名の後に付していたことによるものである。駅舎やホームの駅名標にもその文字が見られた。

だが、現在の両駅ではその2文字が見られない。もともと、市販の鉄道路線図や駅に掲げられている列車時間表、客車に掲げている行先札では、「青年」が付いている駅も全て地名のみで表記される

表3　平義線の駅名変遷20年史（〔1945年～〕1997年～2017年）

2017年駅名	朝鮮語読み	1997年駅名	朝鮮語読み	1945年駅名	日本語読み	備　考
平　壌	ピョンヤン(평양)	←		平　壌	へいじょう	
西平壌	ソピョンヤン(서평양)	←		西平壌	にしへいじょう	1945年当時とは所在地が異なる
西浦青年	ソポチョンニョン(서포청년)	西浦青年	←	西　浦	さいほ	
山　陰	サヌム(산음)	山陰(?)	←	—		2004年以前に開業。1997年時点は不明
間　里	カンリ(간리)	←		間　里	かんり	
順　安	スナン(순안)	←		順　安	じゅんあん	
宅　奄	テガム(택암)	宅　奄	←	石　巌	せきがん	(＊欄外参照)
漁　波	オパ(어파)	←		漁　波	ぎょは	
粛　川	スクチョン(숙천)	←		粛　川	しゅくせん	
龍　峯	リョンボン(용봉)	尼　西	ニソ(니서)	新川里	しんせんり	龍峯(＊＊欄外参照)への改称は2004年以前
文　徳	ムンドク(문덕)	文　徳	←	萬　城	ばんじょう	
大　橋	テギョ(대교)	←		大　橋	だいきょう	
新安州	シナンジュ(신안주)	新安州青年	シナンジュチョンニョン(신안주청년)	新安州	しんあんしゅう	「青年」が消えたのは2005～2010年
孟　中	メンジュン(맹중)	孟中里	メンジュンリ(맹중리)	孟中里	もうちゅうり	孟中への改称は2005～2010年
雲　田	ウンジョン(운전)	雲　田	←	嶺　美	れいび	
雲　岩	ウナム(운암)	雲　岩	←	雲　田	うんでん	
古　邑	コウプ(고읍)	←		古　邑	こゆう	
定　州	チョンジュ(정주)	定州青年	チョンジュチョンニョン(정주청년)	定　州	ていしゅう	
下　端	ハタン(하단)	←		下　端	かたん	
郭　山	カクサン(곽산)	←		郭　山	かくさん	
路　下	ロハ(로하)	←		路　下	ろか	
宣　川	ソンチョン(선천)	←		宣　川	せんせん	
清　江	チョンガン(청강)	清　江	←	東　林	とうりん	
東　林	トンリム(동림)	東　林	←	車輦館	しゃれんかん	
塩　州	ヨムジュ(염주)	塩　州	←	南　市	なんし	
内　中	ネジュン(내중)	←		内　中	ないちゅう	
—		龍　洲	リョンジュ(룡주)	龍　洲	りゅうしゅう	2013年以降に廃止
龍　川	リョンチョン(룡천)	龍　川	←	楊　市	ようし	
浦　香	ポヒャン(포향)	浦　香	←	楽　元	らくげん	
南新義州	ナムシニジュ(남신의주)	←		南新義州	みなみしんぎしゅう	
新義州青年	シニジュチョンニョン(신의주청년)	新義州青年	←	新義州	しんぎしゅう	

（＊）「奄」は「オム（엄）」と発音する漢字であり、本来は「アム（암）」に充てる漢字ではない（類似の漢字として「庵」は「アム（암）」と発音する）が、テガム（택암）の漢字表記を、『朝鮮郷土大百科 第1巻』p355と『地方名称事典 平壌市・南浦市』科学百科事典総合出版社（2001年）p179はともに「宅奄」としている。また、大正7（1918）年に朝鮮総督府が発行した5万分の1地形図「順安」では、同駅開業前の地域名として「宅奄里（テクアムニー）」という表記を用いている。したがって本表でも、「宅奄」の表記を正しいものと判断した。

（＊＊）大正7（1918）年に朝鮮総督府が発行した5万分の1地形図「粛川」では同じ地域を「龍奉里（ノンポンリー）」と表記しているが、『朝鮮郷土大百科 第3巻』p590は「龍峯里」としている。本表では、近年の現地発行物が採用する表記を優先して当駅の漢字表記を「龍峯」とした。

のが慣行になっている。このため、いつから「青年」駅になり、いつからそうでなくなったのか、正確なことは現地の駅名標を直接確認しないと把握できない。

駅や鉄道路線の名に「青年」と付いているのは、若者の勤労奉仕隊が建設工事に携わった施設には「青年」の名を付ける、という決まり事に基づいている。現在の平義線では、西浦と新義州がそれぞれ「青年」駅の表示を掲げている。新安州と定州が21世紀に入ってから正式に「青年」駅でなくなったのか、そうだとしたらその理由は何なのか、いずれも不明である。

支線の動向

平義線から分岐する支線の運行状態などを平義線の国際列車から詳しく知ることは困難であるが、この20年間で、分岐する支線が廃止されている例を確認することができる。

平安南道の文徳《ムンドク》～大橋《テギョ》間で、平義線から西の黄海方面へ分岐する支線がある。この支線はかつて、平壌方面からは文徳で、新安州方面からは大橋で、それぞれ方向転換をせずに分岐する線路が合流して始まり、平義線を底辺とする三角線を形成していて、合流地点を国際列車の車窓から確認することができた。北朝鮮の『旅客列車時間表』掲載の路線図でも、2002年版までは文徳と大橋の両駅から支線が分岐して三角線になっている。

だが2017年現在、文徳からの分岐線はそのままだが大橋側からの分岐線はレールが撤去されて架線柱のみが残されており、廃止されたものと思われる。科学百科事典出版社による『地図帳』の2

015年版でも、大橋からの分岐線は描かれていない。

一方、『地図帳』や『道路里程図』の最新版には、孟中から北へ分岐して大寧《テリョンガン》江沿いに北上し、博《パク》川《チョン》までの1区間を結ぶ単線非電化の支線が今も描かれている。この路線は日本統治時代の鮮鉄博川線で、現在は孟中から線路を撤去した道床のみが分岐している。正確な時期は不明だが、同線も廃止されて久しいのだろう。日本のような「赤字ローカル線」という概念があるとは思えず、地方の道路事情が改善されているわけでもない北朝鮮で、どうして地方支線が廃止されるのかはわからない。

20年前から変わらないもの

最後に、この20年間で姿を変えなかったものにも触れておく。その多くは日本統治時代の鉄道遺跡で、この20年間変わらなかったものは70年以上前から変わらないままだったもの、と言えるだろう。

(1) 平壌駅隣接の扇形機関庫

『将軍様の鉄道　北朝鮮鉄道事情』の巻頭グラフ写真に掲載されている蒸気機関車用の扇形機関庫は、平壌駅北西で平義線と立体交差する平川《ピョンチョン》橋のそばにある。

平壌には日韓併合前の韓国統監府鉄道管理局時代に機関庫が開設され、1923（大正12）年に平壌機関区となった。1925（大正14）年には客貨車の保守を担当する検車区も設置されている。この機関庫はそうした鮮鉄時代のもので、平義線全線を見渡しても、鮮鉄時代の鉄道施設が現役で使用されている例は数少ない。

現在の格納車両は主にディーゼル機関車だが、機関庫前と転車台との間を機関車がゆっくりと出入りする様子は、平壌駅前に建つ外国人向けの高麗ホテルの高層階にある客室で、西向きの窓から気軽に観察することができる。カラフルな高層マンションに取り囲まれて目立たないが、朝鮮戦争の戦火をくぐり抜けた貴重な産業遺産である。

（2）平壌駅の国際旅客専用待合室

平壌駅舎南側の端に、通用口のような小さな出入口がある。「平壌旅行案内所　朝鮮国際旅客合作会社」のプレートを掲げたこの出入口を入って直進すれば1番線ホームに出られる。通路の右側に国際列車利用客や外国人旅客のための専用待合室があり、1990年代以降は、外国人旅行者は乗車する列車が国際列車でも国内列車でも、基本的にはこの待合室を利用することになっている（1990年代初めまではこの出入口も通らず、外国人旅客は専用自動車で1番線ホームに直接乗り入れて列車に乗降するケースも多かった）。

外国人旅行者は列車で出発するときも到着したときもこの通路を使用するので、国内列車を利用する一般人民用の改札口を通ることはない。外国人は列車の乗降をせず送迎のためだけにホームに立ち入る際も、この出入口から入場券を示して出入りすることになる。時計塔下のホールに外国人旅行者が気軽に立ち入れない状況が続くうちは、この国際旅客用待合室や専用改札口も引き続き使用されるものと思われる。

（3）蒸気機関車の給水塔

日本統治時代に建てられた給水塔が、平義線の一部の駅に今も残されている。国際列車の停車駅でもある定州と龍川《リョンチョン》駅のホームそばでは、比較的大型の給水塔を間近で見ることができる。龍川駅の給水塔は駅舎や市街地がある側とはホームを隔てて反対側の線路際に位置しており、2004年の列車爆発事故の影響を受けなかった。

なお、平壌駅に併設されている車両基地にも給水塔が健在だが、平義線の車窓からは見えにくい。

（4）複線時代の痕跡

日本時代は複線だったため、その遺構が今でも国際列車の車窓を掠める。橋梁は清川江《チョンチョンガン》（新安州～孟中）と大寧江（孟中～雲田）に、下り線橋梁の橋脚が川面に並んでいるのが見える。トンネルは古邑《コウプ》～定州間と路下《ロハ》～宣川間の2ヵ所で、それぞれ旧下り線用トンネルが新義州側の出入口をふさがれた状態で残されているのが確認できる。

地上の線路跡は大半が耕地などになっていて痕跡をとどめていないが、南新義州《ナムシニジュ》～新義州間では市街地を走る列車の片側に撤去された線路跡が断続的に続く。その他の区間でも、細長い線路跡が全線にわたって完全に消えることはなく、複線時代の面影は随所で車窓に現れる。

第4章

中央アジアの回廊列車と国境駅での拘束劇

▼サマルカンド(ウズベキスタン)→ホジャンド(タジキスタン)→コーカンド(ウズベキスタン)

1991年にソ連が崩壊し、ソビエト連邦を構成していた中央アジアの各共和国が独立すると、各地の鉄道もそれぞれの独立国に帰属することになった。すると、それまではソ連という一つの国の国内列車だった列車のうち、複数の独立国に跨って運行されるものは国際列車として扱われることになった。新しく誕生した国境には出入国審査場が設けられ、パスポートがなければ列車で全区間乗車できない建前になった。

ところが、ソ連時代に建設された鉄道路線は、ルート設定にあたって旧共和国の境界線の位置を考慮していない。そのため、中央アジアの国境線付近を走る鉄道路線のあちこちで、二つの国を短区間で行ったり来たりするケースが続出した。

だが、たかだか数キロの距離だけ他国へはみ出している鉄道の通過のために、国境地点に出入国審査場を設けるのは、両国にとって手間でしかない。旅客にしても、はみ出しているわずかな区間を通過するために他国の通過ビザを取得しなければならないのでは、列車での移動を避けて、飛行機やバスなど迂回しやすい他の交通手段を選ぶようになる。貨物列車も、短区間の他国通過時に関税や線路使用料を徴収されたりしたら、貨物運賃がその分増加することになり競争力がそがれてしまう。

そこで、A国にある始発駅を出た旅客列車が運行区間の中間部分でB国を通過し、再びもとのA国に戻って終点へ向かう場合、B国内では旅客の乗り降りを認めず全区間通過することで、旅客がB国に入国していないとみなすやり方が、中央アジア各地で採用された。このような列車は、他国の領土内を回廊のように通過する形態から「回廊列車」と呼ばれている。西ヨーロッパで相互の出入国審査を省略するシェンゲン協定（第10章参照）が発効した１９９５年以前によく見られた列車の運行方式で、航空機の国際便を空港で乗り継ぐ際に出入国審査を受けないことでその空港所在国に入国していない状態になるケースと似ている。

回廊列車は、既存の鉄道施設を有効に活用し、国境を接する2国間で手間や費用を省くには効率的な運行スタイルと言える。とはいえ、それは両国間の関係が良好であることが大前提となる。隣接する2国が常に友好的とは限らないことは、日本を含む世界中の2国間関係を見ていれば一目瞭然である。短区間であっても他国の領土内を経由しなければ直通できない鉄道路線は、将来、その国との関係が悪化したときに旅客、貨物とも通行を遮断される可能性がある。その通過区間から、相手国の鉄道部隊が軍事侵攻してくる可能性だってゼロではない。

そのため、中央アジア各国ではソ連崩壊後、回廊列車の運行が不要となるように、自国内に新たな路線を建設するようになった。特に、他の四つの新独立国の全てと国境を接しているウズベキスタンは、21世紀以降、新ルートの敷設《ふせつ》を積極的に進めている。その結果、回廊列車の運行ルートは徐々に限定され、この特異な2国間直通列車を体験できる機会は少なくなりつつある。

２０２３年の時点でも回廊列車が運行されている区間の一つが、タジキスタンの南北直通列車だ。タジキスタンという国は、国土の中央に標高３０００メートルを超える山脈が連なっていて、首都のドゥシャンベがある南側と、アレクサンダー大王の東方遠征以来の長い歴史を持つ都市・ホジャンドがある北部との間は峠越えの道路でのみ結ばれている。ドゥシャンベにもホジャンドにも鉄道は通っているのだが、ドゥシャンベからホジャンドへ列車で行くには、国土の西側でいったんウズベキスタンに出なければならない。アフガニスタン国境に近いテルメズを通ってさらにトルクメニスタンの領土内を通過し、再度ウズベキスタンに戻る。その後、ようやくタジキスタン北部へ再入国してホジャンドに至る、というルートを辿らなければならなかった。その後、ウズベキスタンが直接アフガン国境へ到達できるルートを新設したため、トルクメニスタン領内を通過する必要はなくなったが、タジキスタン領内に南北を直結する路線がないため、ウズベキスタン領内を経由してドゥシャンベとホジャンドを直通する回廊列車は今も健在である。

また、そのホジャンドを通る路線は、ウズベキスタンにとっては、首都のタシケントや古都のサマルカンドから、国土の南東に位置するコーカンドやアンディジャンなどフェルガナ盆地の各地への唯一の鉄道ルートと重なっていた。ウズベキスタンにとっては、このタジキスタン領内の路線を経由しなければフェルガナ方面への直通列車を走らせることができない。そのため、タジキスタン発着の回廊列車とは反対に、ホジャンドを含むタジキスタン領内の路線を回廊として通過する列車が設定されていた。

このタジキスタン北部を通過する回廊列車は、ウズベキスタンが2016年に山岳地帯を貫く長大トンネル区間を建設して、タシケントとフェルガナ盆地を直結する路線を開業させたことで存在意義

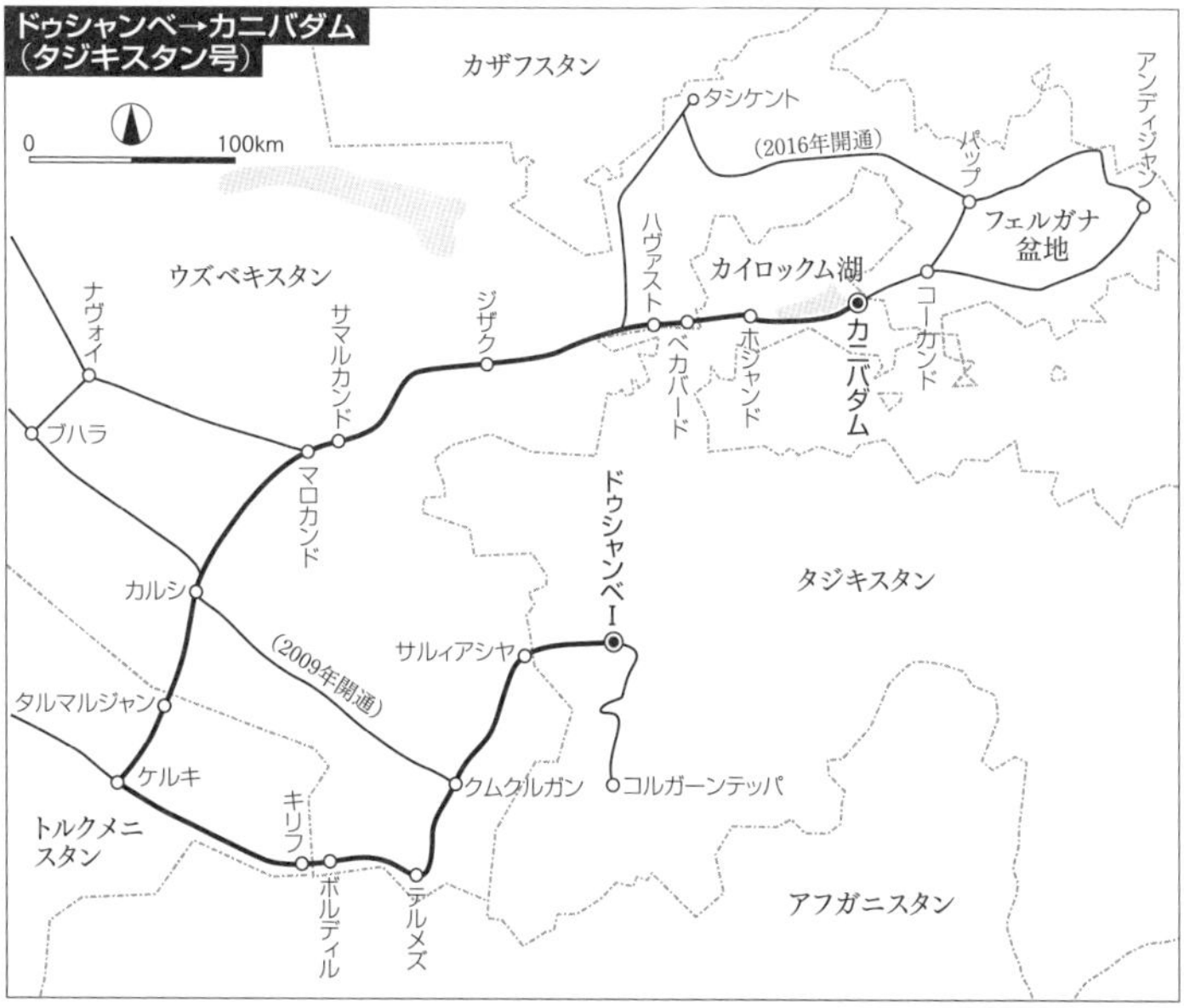

を失い、消滅した。本章は、その消滅前の2006年にサマルカンドからこのタジキスタン北部路線で二つの回廊列車を乗り継いで、フェルガナ方面への汽車旅を試みたときの乗車記である。

サマルカンドは、鮮やかな青いモスクが整然と建ち並んでいることから「青の都」と呼ばれる。シルクロードのオアシス都市として古くから栄えた街全体が世界遺産に登録されていて、1年中、世界中から観光客が訪れている。

サマルカンドへは、首都タシケントや西部の観光都市ブハラから直通列車が運行されている。運行本数は多くないが、列車の発着時間帯になると、ステンドグラスで装飾された高い天井の駅舎内やプラットホームは、ターミナル駅らしい賑わいを見せる。

駅舎内に掲示されている時刻表によれば、サマルカンドから東へ向かい、タジキスタン北部路線の東端の国境手前にあるカニバダムまで直通する列車は週3回、いずれも早朝5時45分に発車する。さらに、その先で再びウズベキスタン領に入る列車は週1回だけで、こちらは20時07分発と夜行列車になっている。

せっかく初めてタジキスタンに入国するのに、どこにも滞在せず、夜行列車で外も見えないまま通過してしまうのはもったいない。私は、まずサマルカンドから朝の列車でタジキスタンへ行き、後日、タジキスタン国内から別の列車で東へ向かって再度国境を越えてウズベキスタン領内のフェルガナ盆地を列車で横断してアンディジャンまで行くことを考えた。幸い、朝のカニバダム行き列車は2日後が運行日となっている。

ところが、窓口で乗車券を求めたところ、英語ができる職員が出てきて、「その列車の乗車券はここでは販売できない」という。いわく、5時45分発のカニバダム行きはドゥシャンベから国外経由でやってくるタジキスタンの列車なので、ウズベキスタン国鉄のコンピューターには情報が入っておらず、停車駅といえども乗車券の発券ができないとのこと。サマルカンドから乗車する場合は、当日、列車の中で車掌と直接交渉して切符を買ってほしい、ただしサマルカンドからタジキスタン領内の駅への運賃がいくらなのかはここではわからない、という説明だった。

駅の時刻表に発着時刻が明示されていて、実際にその列車が発着するのに、切符は販売できない、運賃もわからない、というのは理解に苦しむが、回廊列車らしい旅客扱いのルールとも言える。むしろ、駅の時刻表に発着時刻が書かれているのは、本来ならばタジキスタンの国内列車扱いになるところ、せっかくサマルカンドを通るのだから、ここから乗りたい客には発着時刻くらいは知らせて乗車機会を作れば、あとは旅客が自力で何とかできるだろうという親切心（？）なのかもしれない。

その翌々日の早朝5時20分、夜明け前のサマルカンド駅に来て、屋根のないホームで列車を待つ。カニバダム行きに乗ろうとする旅客は私を含めて10人くらいだけで、駅員や警察官の方が姿が多い。

5時35分、駅の掲示時刻表より5分遅れて、ディーゼル機関車がタジキスタン国鉄所属客車6両と荷物車を牽引して入線してきた。前4両が3等車扱いの3段式開放寝台車で、後ろ2両が2等車扱いの4人用個室寝台車となっている。私は編成後方の2等寝台車の乗降デッキへ行き、車掌にパスポートとタジキスタンのビザを見せて、切符を買うから乗せてくれと単刀直入に申し出た。英語はほとんど通じないが、私がこの列車に乗ってタジキスタンへ行くことを希望していることはすぐに理解してくれたらしく、あっさりと乗車が許可された。

2等車はどの車両も空いていて、私は同じくサマルカンドから乗ったらしいタジク人のおばちゃんと2人で、誰も乗っていない5号車の4人用個室に案内された。5時49分、定刻より4分遅れて、夜が明けたサマルカンド駅を出発。すぐに街の郊外に出て、朝日を浴びながら草原の中を東へと走る。

さっそくさっきの車掌が来て、終点のカニバダムまでの切符を作ってくれる。私がタジク語もロシア語も解さず、彼は英語も日本語も解さないので、汗をかくほどいろんな単語で言い換えたり地名を口にしたりしながら説明して、30分ほどかけてようやく車内補充券が発行された。

サマルカンド駅員が「ここではわからない」と言っていた運賃は「59ソモニ」(約6706円)。タジキスタン国鉄の国内列車だから、サマルカンド発といえどもタジキスタンの通貨であるソモニ建てになるのは当然である。とはいえ、まだタジキスタンに入国していない私はソモニを持ち合わせていないので、17米ドルを車掌に渡した。ドルとソモニの交換レート自体は概ね適切だが、そもそもサマルカンドからの値段が適切なのかどうかは判断のしようがない。現地の物価に照らすとかなり高額なようにも思えるが、それよりもこの列車に乗りたい気持ちの方が強いので仕方ない。

入室した個室には先客が明け方まで寝ていたらしく、使用済みの寝台のシーツがそのままになっている。車内に冷房がないので窓を開けようとしたら、窓ガラスの一部が破損していて、十分に開けることができない。窓枠も外れそうで、走行の振動も加わってガタガタと音を立てる。

どうして走行中の列車のガラスが割れたまま走っているのか、その原因を推測させる出来事が、サマルカンド出発から約50分後に起こった。

6時40分頃、走行中の車内から、中学生くらいと思われる牧童の姿が線路脇に見えた。彼は私たちの車両が通過する際に、列車に向かっていきなり何かを投げつけた。次の瞬間、私が乗っている5号車の少し前の個室の窓ガラスが、大きな音を立てて割れた。

そのとき、私と同室のタジク人のおばちゃんが、たまたまその個室の前の通路を歩いていた。投石によって割れたガラスの破片が、通行中の彼女の身体に浴びせられたのだ。投石自体は当たらなかったようだが、こんな危険な場面を走行中の列車内で見たことは、今まで世界中どこへ行ってもなかった。私の個室の窓ガラスも、同じような投石によって走行中に割られたに違いない。これでは、窓のそばで落ち着いて車窓を楽しむのも難しい。

タジキスタン号時刻表(2006年8月現在)

国名	km	列車番号		367			
		列車名		★ タジキスタン 2個 3		《運転日注意》◆【ドゥシャンベI発木・土曜運転】	
		駅名		①車内掲示	②トーマスクック		
タジキスタン	0	ドゥシャンベI	発	1132	906		
	8	ドゥシャンベII	〃	1151	＊		
	13	アイニ	〃	1158	＊		
	24	ハナカ	〃	1215	＊		
	43	チュプトゥラ	〃	1240	1006	…	
	53	レガル	〃	1255	＊	…	
	62	バフターバード	着	1308	＊	…	
			発	1408	＊	…	
ウズベキスタン	78	サルィアシヤ	着	1445	＊	…	
			発	1645	＊	…	
	225	テルメズ	〃	1908	1623	…	
	282	ボルディル	〃	2005	＊	…	
トルクメニスタン	319	キリフ	着	2053	＊	…	
			発	2123	1919	…	
	493	タルマルジャン	着	143	＊	…	
			発	215	010	…	
ウズベキスタン	–	No.154	着	228	＊	…	
			発	338	＊	…	
	–	カルシ	〃	448	233	…	
	–	マロカンド	〃	728	＊	…	
	715	サマルカンド	着	754	536	…	→③530
			発	809	551	…	→③545
	–	ベカバード	着	1132	＊	…	
			発	1232	1117	…	
タジキスタン	961	ナウ	着	1255	＊	…	
			発	1355	＊	…	
	974	プロレタルスク	〃	1414	＊	…	
	995	ホジャンド	着	1449	＊	…	→③1334
			発	1509	1354	…	→③1354
	1014	カイロックム	〃	1533	＊	…	
	1025	カラクチクム	〃	1551	＊	…	
	1037	マフラム	〃	1609	1454	…	
	1046	マダニヤト	〃	1625	＊	…	
	1054	カニバダム	着	1640	1525	…	

註(1)：距離はタジキスタン号車内掲示、時刻は①が同車内掲示、②はトーマスクック海外版時刻表に基づく。駅間距離や全停車駅の表示は①が詳しいが、サマルカンド～カニバダムの運行時刻が現地の駅掲示時刻と大きく異なっており、トーマスクック時刻表の方が現地の運行実態に近いため、両時刻を併記した
(2)：サマルカンド駅とホジャンド駅に掲示されている駅の発着時刻を③で併記した。ホジャンド駅掲示の発車時刻はトーマスクック時刻表の情報と一致している
(3)：タジキスタン、ウズベキスタン、トルクメニスタンの３ヵ国間に時差はない。なお、トーマスクック時刻表にはタジキスタンとウズベキスタンの鉄道について「今なおモスクワ時間で運行されている」との注記があったが、現地では両鉄道とも現地時間を採用していた

車内販売も食堂車もないので、サマルカンドから持参したパンやリンゴなどをかじって個室内で朝食。旧ソ連圏を走る長距離列車では、車内にサモワール（ロシア式湯沸かし器）が設置されていて、乗客はいつでも自由に熱湯が使えるサービスがあるのだが、残念ながら5号車のサモワールのお湯が沸いていない。

車外からの投石にびくびくするだけでなく車内でお茶も飲めないのか、と思っていたら、サモワールから給湯できないことに気づいたドーラと名乗る女性の乗務員が、別の車両のサモワールからお茶を淹れて持ってきてくれた。湯呑茶碗もそのまましばらく貸してくれることになった。サマルカンド出発以来、窓ガラスから離れた場所で落ち着かない時間を過ごしていたせいか、車内の清掃からサモワールの温度調整まで、まめまめしく動き回る彼女の勤勉ぶりが際立つ。こんなオンボロ列車に乗務させておくのはもったいない気がする。

8時20分頃から、草原地帯の中で車窓の右手に二重の鉄柵が現れて、線路に沿って延々と続く。ときどき柵が途切れている場所もあるのだが、高い位置から柵の周辺を見下ろす監視所もあって、それなりに厳戒態勢が採られているように見える。この二重の柵が国境で、柵の向こうはタジキスタン領と思われる。その国境線のウズベキスタン側を、我が列車がタジキスタンの国内列車として柵沿いに走っている。倒錯したシーンの真ん中に自分がいることが、何だか不思議な感じがする。

右手に鉄柵の国境線が断続的に並行し、左手からは時折、草原の中を遠方からダイナミックにカーブして合流する路線や、貨物列車が待機する広大な操車場を何度か目にする。途中の旅客駅は全て通過し、9時12分、国境手前のベカバードに到着した。出入国審査の際に鉄道員の身なりもチェックされるのか、ラフな格好で乗務していた男女の乗務員がいずれも制服に着替えていた。

車内にはこの列車の全停車駅の発着時刻を記載した時刻表が掲出されている。日本では調べ切れない地元の小さな駅の名前や発着時刻、距離まで1キロ単位で明記されていて貴重な情報なのだが、少なくともサマルカンドからカニバダムまでの時刻は実際の時刻から1~2時間乖離《かいり》していて、時刻表示そのものはほとんど役に立たない。ただ、停車時間が長いとされる駅は、時刻が違っても時間の長さはだいたい同じと考えられるので、その点は参考になる。このベカバードでは60分停車、タジキスタン側の最初の国境駅でも60分停車が予定されている。

到着後まもなく、ウズベキスタンの出国審査官が乗り込んできて、パスポートとタジキスタンのビザをチェックされる。少しだけ英語が話せるという若い男性審査官から「タジキスタンのどこへ行くのか」と訊ねられ、カニバダムまで乗車すると答えたら、「カニバダムへ行って何をするのか」と重ねて質問された。目的などなく、ただ終点まで列車に乗っていたいだけなのだが、用もないのに国境駅まで行きたいと正直に答えても理解されないどころか、国境侵犯の危険がある不審人物扱いされかねない。

その後、別の審査官がやってきて、今度は荷物検査。バックパックを開けさせられて、隅々まで細かく手に取って見ていく。日本語や中国語の本など開いても、何が書いてあるか見当もつかないのではないかと思うが、熱心にページを繰っている。ほぼ全部の手荷物を確認し終わると、最後にパスポートを回収される。隣の個室では、母子連れのタジキスタンビザに何か問題があったらしく、上役らしい別の審査官が加わって長時間にわたり尋問が続く。

ただ、列車で国境を越える際に乗客が車内で待機して出入国審査を受ける場合、ある個室や乗客で問題点が発覚すると、その乗客に対する尋問や取り調べが長くなり、それが終わると審査官が疲れてしまうのか一仕事終えた気になるのか、残りの乗客への検査が緩くなるケースは世界各地で結構多い。

他の乗客の検査が続く中で、隣の部屋でやっと母子連れの検査を終えた上役審査官から、乗降デッキまで呼び出された。尋問というより、部下が他の部屋の通常検査をしている間の暇つぶしの雑談といった雰囲気だったが、日本のどこに住んでいるのか、結婚はしているのか、これからどこへ行くのか、フェルガナへは行かないのか、など……。雑談を装った取り調べかもしれないが、こちらも退屈なので一つ一つ丁寧に答える。

私からも、隣のホームに停車している、大量の韓国製自動車を積載した貨物列車について尋ねてみた。彼曰く、アンディジャンから来た貨物列車だという。アンディジャンには韓国の大宇《デウ》自動車が1990年代後半に進出して自動車の現地製造を手掛けた経緯があり、その後に大宇自動車が経営破綻した後も大宇のブランドは後継会社が用いている。そのせいか、ウズベキスタン各地を走る自動車には韓国製が多い。日本車はほとんど見ない。

そんな話をしていたら、部下の審査官が出国スタンプを押した乗客のパスポートを返却しに来たので、自室に戻る。すると、先ほどの上役審査官がスイカ玉くらいの大きなウリを抱えて持ってきて、「これを1個持っていきなさい」と私にくれた。職業柄なのか、愛想が良いとは言えなかったが、善い人なのかもしれないと初めて思った。私は同室のタジク人のおばちゃんと2人で、そのウリを切り分けて食べた。

60分停車予定と思っていたが、2時間以上経過した11時35分になって、やっと列車は再び動き出した。広い駅構内を出て、非電化の複線区間を直進し、11時42分、水面の青さが目を引く川を渡る。橋の上に大勢の人がいて、兵士が警備している。この川が国境なのだろう。その後も平原を一直線に突っ切っていく。

ウズベキスタン側は無人の荒野が続いていたのに、タジキスタン側に入った途端、緑色の耕作地が車窓に現れ始めた。草原よりも耕地の方が、大地の緑が鮮やかに見える。

その緑の大地から、農作業中の子供が列車に向かって手を振る。投石のしぐさを見せる輩はいない。客車はこんなにオンボロなのに、国境を越えたタジキスタンのイメージが一気に明るくなった。

ベカバードから12キロ、18分走って11時53分、国境駅ナウに到着。駅舎にタジキスタン国旗がはためいている。ここではホームへの下車が許可され、入国審査官が5号車に回ってくるまで、ホーム上をぶらぶら歩いて過ごす。駅ホームを往来する国境警備兵に何度か話しかけられるが、いずれも尋問調ではなく、国境駅独特の緊張感はない。

その後、車内に戻って入国審査。ベカバードの出国審査と異なり、ここでは英語は全く通じなかった。審査官に手伝ってもらいながら入国書類を何とか書いて提出し、入国スタンプをパスポートに貰う。税関申告書もない。

車内時刻表によればここでも60分停車だったが、今度は48分後の12時41分に発車。その後も国境付近と同様、整備された農耕地帯が続く。タジキスタン側の大地の方が肥沃《ひよく》なのだろうか。

12時58分、最初の停車駅プロレタルスクに着く。タジキスタンの国内列車という扱いだからなのか、タジキスタン国内では各駅停車で、国外の回廊区間では主要駅以外は通過するダイヤになっている。名もなき地方駅だが構内は広く、機関区を併設している。ベカバードでタジキスタンのビザがどうのこうのと揉めていた隣室の母子連れは、ここで下車していった。

この次が、北部路線沿線最大の都市・ホジャンドである。車内時刻表にはソ連時代の旧名である「レニナバード」と記載されているが、駅舎内に掲出されている時刻表にはホジャンドと書かれている。13時29分到着。駅掲出の時刻表より5分早着なので、ここまでほぼ順調に走っているのだろう。ここで先頭のディーゼル機関車が交代するとともに、ドゥシャンベから連結されてきた白い荷物車1両が切り離された。定刻より2分早く、13時52分に発車。

ホジャンド以東も、緑の耕作地や果樹園が車窓の左右に広がる。地面に広がる緑の畑は主にお茶や綿、果樹園はブドウやアンズを栽培しているようだ。このタジキスタン北部路線は、首都のドゥシャンベから高山地帯を越えた峠の先にあるため、山岳路線のイメージを抱いていたのだが、実際は全く違っていた。

14時10分頃、車窓左手にエメラルドグリーンのカイロックム湖が近づいてきた。風のせいか、やや波立って見える。

海から遠い中央アジア諸国では、海水浴場の代わりに各地の湖に湖水浴場が開設されることが多いが、線路に沿って続く砂浜の大部分は無人で、水着姿の行楽客はごく稀にしか見られない。しかも、年を経るごとに湖面域が少なくなっているのか、湖水が干上がって湖面だった土くれが剝き出しになっている荒れ地も、線路近くから眺めることができる。そんな景色が30分ほど続く。

14時45分、マフラムという小さな駅に着く。反対列車を待っていると、14時54分、巨大なタンク車を20両以上連ねた貨物列車が通過していった。ここから20キロほど先の国境まで巨大な工業地帯はないので、フェルガナ方面から国境を越えてきた国際貨物列車に違いない。

国境の駅・カニバダムはそこから17キロ、最後まで続いた農村地帯の途中にあった。15時31分に停止したホームは駅舎に面した1面のみで、途中駅のような趣である。ソ連時代は本当にただの途中駅だったのだから当然だろう。降り立った下車客も各車両から10人もおらず、片田舎の小駅の風情である。ただ、ホームに国境警備兵が立っている点だけが、ささやかな緊張感を醸し出している。

　これから出国しようとするわけでもないのに、小さな駅舎内でパスポートの提示を求められ、兵士や税関職員の質問攻めに遭う。タジク語かロシア語かわからないが、どちらも通じないので全く意思疎通できず、最終的に先方が根負けして質問を終えた。

　だが、税関職員2人がさらに私を別室へ連れていき、荷物検査を行う。真剣にチェックしている様子がなかったので変だなと思ったら、最後に、「俺たちのウォッカ代を1人5ドル、2人分10ドル出してくれ」と露骨な賄賂の要求をしてきた。さすがは中央アジアの国境駅である。日本語でおそらく最も詳しい中央アジアの旅行ガイドブック『旅行人ノート6　シルクロード』（旅行人、1999年）は、ウズベキスタンやカザフスタンの治安に関する解説ページで「（警官が）さまざまな口実をつけてワイロを要求することがある」「所持金検査と称して金を抜き取る警察官もいるので要注意」などと、現場の警察官の腐敗ぶりを酷評している。実際、私もカザフスタンの列車の中で警官からポケットの中に手を突っ込まれて金を盗られそうになったり、所持金検査と称して米ドル紙幣を要求されたことがある。タジキスタンの治安解説でそのようなことが書かれていないのは、反政府勢力による襲撃の危険などに紙幅を割いていて、それに比べれば警官の賄賂レベルの問題など些細な話に過ぎないからだろう。

　要求を拒んだらどうなるかとも思ったが、彼らもあわよくば……くらいの軽い気持ちで金を要求してみただけだったらしい。相変わらず言葉がわからないふりをし続けていたら、「これじゃ金は取れないな」と諦めの表情になり、荷物検査もおしまいにして駅から出ることを許可された。カニバダム到着から30分以上が過ぎていて、列車から下りた客はもう私しかいなかった。駅前には市街地もなく、ソ連崩壊のせいで無理やり作らざるを得なかった最小限の国境管理村のようであった。

その2日後の朝4時半過ぎ、私は夜明け前のホジャンド駅に来た。薄暗いホームにアンディジャン行きの列車が停車しているが、どの車両も乗降デッキが閉じていて、乗り降りはできない。単に信号待ちをしているように見える。

この列車は、ホジャンドから530キロ西に離れたウズベキスタンの古都ブハラを昨日出発して、フェルガナ盆地を横断してアンディジャンへ向かう週1便だけの夜行列車である。ホジャンド駅に掲示されている発着時刻表にも、その週1回のアンディジャン行きが4時59分に発車すると表示されている。インターネットサービスは充実しつつあったがSNSはまだ普及していなかったこの頃、日本で入手できる海外の鉄道運行情報としてはトーマスクック社が発行する欧州以外の海外版時刻表が有益だったが、この発車時刻の情報は、そのトーマスクック時刻表とも一致する。

ところが、前日にホジャンド駅でこの列車のことを駅員に尋ねたら、サマルカンド駅のときと同じく、この列車は表示の時刻通りに駅に停車はするけれども、乗車券をホジャンド駅で発行することはできないので車掌と直接交渉してほしい、とのことだった。中央アジアの回廊列車は、回廊区間内の停車駅から乗る場合はどこも同じルールで対応しているのかもしれない。

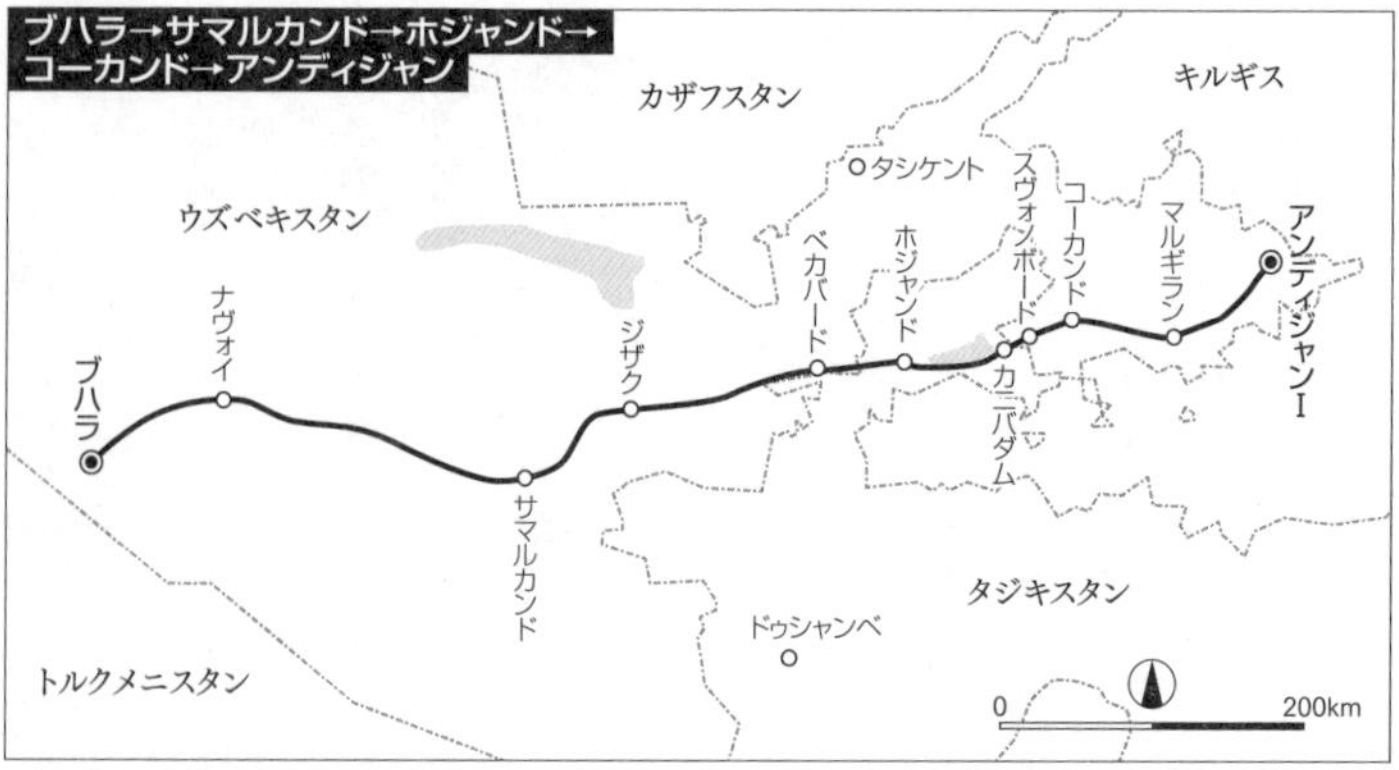

ただ、サマルカンドのときと違って、今日は列車のドアも開けてくれないので、車掌に話しかけることもできない。そこで、ホームにいた駅員と警察官を呼び止めてパスポートを見せて、「この列車でアンディジャンへ行きたいので、客車のドアを開けてほしい」と頼み込んだ。そういう旅客がときどきいるのか、彼らは相談することもなくすぐ手近の3等寝台車のドアを外からノックして車掌を呼び、中からドアを開けて私を乗車させるように指示してくれた。

1人で乗り込んできた私を見た車掌は、アンディジャンまでの運賃を「3等寝台車で1万2000ソム（約1117円）」という。乗車駅はタジキスタン国内なのに、ウズベキスタンの通貨建てで支払いを求められるのは、サマルカンドのときと国が逆になっただけでパターンとしては同じである。金額の妥当性がわからないのも同様だ。ソムの現金をそんなにたくさん持っていないので、米ドルで払うと申し出たら、「では50ドル」といい加減すぎる金額を口にするので、ますます1万2000ソムの妥当性が信用できなくなった。1週間前にタシケントで両

ブハラ発アンディジャン行き時刻表(2006年8月現在)

国名	km	駅名		列車番号 392 ①車内掲示	②トーマスクック		
ウズベキスタン	0	ブハラ	発	1420	1420	《運転日注意》◆【ブハラ発土曜運転】	
	44	クィズィルテパ	〃	1506	＊		
	93	ナヴォイ	〃	1612	1612		
	116	ジョーヴッジン	〃	1638	＊		
	124	No.31	〃	1647	＊		
	143	ジラブラク	〃	1708	＊		
	167	カッタクルガン	〃	1748	＊		
	−	ヌルブラク	〃	1818	＊		
	−	No.24	〃	1835	＊		
	224	ジュマ	〃	1858	＊		
	231	マロカンド	〃	1926	＊		
	249	サマルカンド	着	1949	＊		→③1949
			発	2007	2007		→③2007
	264	ジャムバイ	〃	2026	＊	…	
	280	ブルングル	〃	2043	＊	…	
	337	ガッリャアラル	〃	2130	＊	…	
	362	ジザク	〃	2201	2200	…	
	390	ザルブダル	〃	2236	＊	…	
	405	No.6	〃	2250	＊	…	
	421	ダシュトボド	〃	2306	＊	…	
	451	ハヴァスト	〃	2342	2342	…	
	484	ベカバード	着	027	＊	…	
			発	227	227	…	
タジキスタン	496	ナウ	着	レ	＊	…	
			発	レ	＊	…	
	509	プロレタルスク	〃	レ	＊	…	
	530	ホジャンド	着	レ	＊	…	→③439
			発	レ	＊	…	→③459
	549	カイラックム	〃	2個	＊	…	
	560	カラクチクム	〃	3	＊	…	
	572	マフラム	〃	レ	＊	…	
	581	マダニヤト	〃	レ	＊	…	
	589	カニバダム	着	614	＊	…	
			発	714	＊	…	
ウズベキスタン	−	スヴォノボード	着	728	＊	…	
			発	928	＊	…	
	616	ラプカン	〃	948	＊	…	
	628	ヤイパン	〃	1002	＊	…	
	643	コーカンド	着	1021	＊	…	
			発	1041	1041	…	
	668	フルカト	〃	1107	＊	…	
	694	アルティアルィク	〃	1133	＊	…	
	712	マルギラン	〃	1200	1200	…	
	746	クヴァ	〃	1234	＊	…	
	761	アサカ	〃	1257	＊	…	
	779	アンディジャンI	着	1320	1320	…	

註(1)：距離は車内掲示の時刻表、時刻は①が車内掲示、②はトーマスクック海外版時刻表に基づく。②は抄録だが、発着時刻の情報はジザク駅を除き①と一致している。逆に、②のみの情報として、タジキスタン領内のホジャンド発車時刻が掲載されている

(2)：サマルカンド駅とホジャンド駅に掲示されている駅の発着時刻を③で併記した。サマルカンド駅掲示の発着時刻は①②と、ホジャンド駅掲示の発車時刻は②と一致している

(3)：タジキスタン、ウズベキスタン、トルクメニスタンの3ヵ国間に時差はない。なお、トーマスクック時刻表にはタジキスタンとウズベキスタンの鉄道について「今なおモスクワ時間で運行されている」との注記があったが、現地では両鉄道とも現地時間を採用していた

替した時点では1米ドルが1235ソムだったので、1万2000ソムは約9・7ドルである。

結局、寝台のシーツ使用料が別にかかるので、それを含めて10ドルで交渉成立。ただし、サマルカンドからの列車と異なり乗車券は作ってもらえず、領収書もウズベキスタン入国後に出す、ということになった。切符を作らないというのは、徴収した料金が不当に上増しした額であることを自らほのめかしているようなものだが、こちらはこの列車に何としても乗

りたいので立場が弱く、それで納得せざるを得ない。

4時57分、ホジャンド駅掲出の時刻表より2分早く発車。窓と平行に設けられた1人用寝台の下段を割り当てられ、狭いながらも進行方向を向きながら足を伸ばしてくつろぎながら乗っていけることになった。

2日前に見た綿花畑やカイロックム湖の明け方の景色を静かに眺めて、国境を目指す。早朝のホジャンドでは私以外に旅客の乗降がなかったこともあり、ほとんどの客はまだ寝静まっている。

この列車の通路にも、全区間の発着時刻表が掲示されている。それを書き写す。昨日のドゥシャンベ発の列車と異なり、この時刻表は現在の運行ダイヤと合致していそうだ。

ただ、ウズベキスタン側の西の国境駅であるベカバードの次がタジキスタン国境のカニバダムになっている。ホジャンドをはじめ、その他のタジキスタン国内の駅名も発着時刻も書かれていない。サマルカンド側からアンディジャン側まで、タジキスタン国内を通りつつウズベキスタンの国内列車扱いをする回廊列車としては、これが本来あるべき運行スケジュールと言えるかもしれない。私がホジャンドから乗ったのは、あくまでも時刻表にない例外扱いなのだ。

6時14分、その車内時刻表の時刻通りにカニバダムに到着。ここで60分停車し、列車全体で出国審査が行われる。鄙《ひな》びたローカル線の終着駅のようだった一昨日と雰囲気は一変し、ホームを警備兵が巡回している。あのとき私にウォッカ代をせびった税関職員の顔も見えた。車外に出られる雰囲気ではない。

停車中の車内の通路を、ピロシキやヨーグルトの売り子が行き来する。寝台から起き出した乗客がそれぞれ持参したり売り子から買った朝食を取って、出国手続きを待つ。

6時43分になって、やっと出国審査官が車内に来た。私のパスポートを見て「ジャパン」と国籍欄を英語読みした後、「キターイ（中国人）か？」と訊ねてくる。今、ジャパンと自分で読んだじゃないかと思ったが、それは我ながら日本人的な発想だったと反省する。こちらでは国籍と民族が異なることが珍しくないので「日本国籍の中国人か？」と何気なく聞いただけなのだ。ウズベキスタンの出入国審査官にとって、日本という国の民族構成に対する認識はそういうものなのだろう。

そういうやり取りをして私のパスポートに注目したにもかかわらず、他のページはパラパラと一瞥《いちべつ》するだけで、タジキスタンの出国スタンプは押されなかった。審査官たちが全員下車し、7時14分、今度も定刻通りにカニバダムを発車した。

緑の綿花畑がなおも線路を取り囲むように広がる。とてもその大地の真ん中に国境線が引かれているようには見えないと思ったら、7時27分、小さな川を渡った。これが国境だったようで、その直後、線路の右側にキリル文字で「ウズベキスタン」と書かれた看板が立っているのが見えた。まもなく、右前方に緑のタイルで覆われたドーム型の丸い屋根が目立つモスクのような駅舎が近づいて、7

時28分、スヴォノボードという駅名標が立つ国境駅に停車した。車内掲示の時刻表では、なぜか「ナンバー136駅」というそっけない駅名になっている。ここで2時間停車するらしい。

すぐに入国審査官が乗り込んできた。だが、全員チェックではなく、私の顔を見てこの周辺の国民ではないと思ったらしく、私にだけパスポートを提示させる。だが、ビザのページは確認せず、入国スタンプも押されないで戻される。タジキスタンの出国記録はともかく、ウズベキスタンの再入国記録がないと、日本へ帰るときに面倒なことになりかねない。

次に、少しだけ英語を話す太った男性審査官が登場。これまた、なぜか私にだけ所持金検査を要求し、その場で持っている紙幣を数えられた。前夜のうちに記入していたウズベキスタンの入国書類には、紙幣の枚数も金額も正確に書いていたので、こちらも問題はない。

すると、今度はその場で荷物を開けさせられた。これも私だけ。周囲の乗客は、私が標的にされているのを黙って見ている。もちろん、怪しいものが出てくるはずはなく、荷物検査も無事終了した。

気疲れしたので、出発まで車外へ出ることが許されたのを機に、ホームへ下りてみた。緑のドーム屋根が特徴的な駅舎に入ることも特に咎められなかったので、そのまま駅舎の外、何もない駅前に出てみた。

ところが、そこで駅舎を振り返ったところで、急に駅舎の中から男性の大きな怒声が飛んできた。どうやら私に向かって叫んでいるらしい。何が何だかわからないまま駅舎に戻ると、その怒声の主らしい巨漢の駅員が私を力強く引っ張りこみ、ポケットの中のものを出せと言う。フィルムが入っている撮影中の小さなカメラがポケットに入っているが、駅前ではポケットから出していないし触ってもいない。そういう説明をするのだが、英語が全く通じないし、そもそも巨漢駅員は興奮気味に騒いでいて、聞く耳を持ってくれない。大騒ぎする彼の周りに、駅員や警察官、マシンガンを肩から提げた国境警備兵などが集まってきて、話がどんどん大ごとになっていく。

少しだけ英語ができる若い警察官が通訳に入ってくれたので、彼に言いたいことは言ったものの、多勢に無勢でどうにもならず、ホジャンド滞在時から撮影してきたフィルムの没収には仕方なく応じた。没収して現像したところで、この駅前で撮った写真など1枚も写っていないことがはっきりするだけだから、特に問題はない。

だが、フィルムを渡せば解放してくれるとのもくろみは外れた。このまま列車に乗っていくことを許可してもらえず、私は兵士同伴で車内に戻って、自席に置いてあった自分の荷物を全部持って強制下車させられた。10ドルの乗車運賃を徴収したまま切符を発行しなかったあの男性車掌が、憐みのような目で車外に出る私を見送っていたのが忘れられない。

列車が走り去ってしまうと、もうアンディジャンまで列車で行けないことが確定してしまったので、私ももうどうにでもなれと開き直りの心境になった。しばらく駅事務所に待機させられていたら、10時過ぎになって通訳警官から「〝ボス〟のところへ行く」と言われて、自動車で駅から離れた自動車と歩行者用の通関施設へ移動。このとき、私のパスポートに入国スタンプが押された。ということは、いちおう入国は認められたことになる。

通関施設で取り調べを受け、その質疑応答の内容を、係官が何枚も手書きして調書を作っている。バックパックも全部開けられて細かくチェックされるが、ここでも、特に気になる物はなかったらしい。当然である。

こうしたやり取りを、駅から同伴してくれる通訳警官は落ち着いて丁寧に話を伝えてくれるので助かるのだが、一方で、彼はあくまでも〝あちら側〟の人間だから、彼の言葉を全て鵜《う》呑《の》みにするわけにもいかない。聞けば、タシケントの大学で英語を勉強したという。

午後1時を過ぎて、ようやく解放されるのかと思ったら、今度は市街地にある警察署へパトカーで連行されることになった。私は後部座席の真ん中に座らされて、左右両側に兵士が座ってガードされる。完全に容疑者の扱いだ。自分の人生で警察権力にこんな扱いをされる日が来るとは思わなかった。

警察署に着くと、上職者らしい幹部が落ち着き払った態度で私を自室に招き入れた。「招き入れた」と言っても、そこではまた多数の警官に取り囲まれて、午前中に駅や通関施設でしたのと同じ質疑応答をまた繰り返した。

私のパスポートには、世界各国のビザや出入国スタンプが大量に押してあった。それも彼らの興味(?)の対象になったらしいのだが、数年前のベトナムのモクバイ(Moc Bai)の出国スタンプを指差して、「モスクワ（ロシア語表記ではMосква）へはいつ行ったのか」ととんちんかんな質問を大真面目にしてくる。ソ連崩壊から10年以上経っているのに、この国の警察権力が今なおモスクワを特別視しているらしいことが窺えたのは興味深いが、「いや、それモスクワじゃなくてベトナムのモクバイなんですけど」と淡々と切り返すのも、心理的には結構しんどい。

午後2時頃、私から没収したフィルムが現像されて、取調室へ運び込まれた。取り調べ中の幹部や通訳警官らとともに、私もそれらを見る。ホジャンドの街で撮った記念写真や車窓から撮った景色の写真ばかりで、当たり前だが、先ほどの国境駅で撮った写真など含まれていない。デスクの上に広げた写真を彼らはみんなで見つめながら、無言になってしまった。駅で私を咎めて捕まえたあの巨漢駅員の言い分の方が間違っていたことが明白になり、「この身柄拘束、これ以上続けない方がいいんじゃないか？」という表情で警官相互がお互いに顔を見合わせているのがはっきりと感じ取れた。

その後、尋問は終了し、私は警察署内で沙汰が下りるのを待っていた。トイレに行ったり廊下を歩いたりといった行動は制限されなかった。

スヴォノボード駅で身柄拘束されてから約7時間後の午後3時頃、取り調べを担当していた幹部の1人がニコニコしながら私に近づいてきて、「OK、君は釈放だ。アッラーフ・アクバル（アッラーは偉大なり）」と言って握手してきた。昼食も取らず、水も飲めずに場所を転々として続けられた無実の旅行者への取り調べが、ようやく終わったのであった。ただし、没収したフィルムや写真は返してくれなかった。

さすがに申し訳ないとでも思ったのか、正確な場所がわからない無名の街の警察署をいきなり放り出されるのではなく、朝からずっと付き添ってくれた通訳警官が、市中にあるバスターミナルまで送ってくれた。もはやアンディジャンまで列車で行くことはできなくなったが、濡れ衣を着せられたこの街を一刻も早く立ち去りたかった私は、この近くで最も大きな都市であるコーカンド行きのバスを彼に案内してもらった。

別れ際に彼は私に、「今日のことを怒らないでくれ。このことで、この国を嫌いにならないでほしい。これは自分たちの仕事なんだ」と神妙な面持ちで言った。私の言葉を概ね正確に訳してくれたと思われる彼には感謝しているが、その彼にそう言われても、そのときの私は苦笑いするだけで何も返答しなかった。少なくとも、あのスヴォノボード駅で私に難癖をつけた巨漢駅員には二度と会いたくないが、国境の鉄道駅での緊迫が極端な形で具現化した強烈な体験として、これから世界各国の国境を列車で越えるたびに、私はいつも思い出すことになるのだろう。

第5章

アジア最上の豪華急行でマレー半島を縦断

▼シンガポール→クアラルンプール（マレーシア）→バンコク（タイ）

単なる移動手段としてではなく、乗車自体が目的となる宿泊機能付きの観光列車を、日本ではクルーズトレインという和製英語で一般的に総称するようになったのは、2013（平成25）年にJR九州が運行を始めた「ななつ星 in 九州」がきっかけだったと思う。

各客室にシャワーやトイレを完備し、食堂車やラウンジカーを連結して九州各地を巡る団体専用列車で、1泊2日で最低でも15万円から。3泊4日コースの最上等個室は、運行開始当初、50万円以上の料金設定にもかかわらず半年先まですぐに予約が埋まってしまうほどの人気を集めた。その後、クルーズコースのラインナップが多彩になり、列車の登場から10年が経過した2023（令和5）年時点では3泊4日で1人あたり200万円以上、2人1組で300万円以上のコースも募集されている。

JR九州に続いて、2017（平成29）年にはJR東日本も同様のクルーズトレイン「TRAIN SUITE 四季島《しきしま》」、JR西日本は「TWILIGHT EXPRESS 瑞風《みずかぜ》」を相次いでデビューさせた。日本は新幹線の存在や定時運行率の高さから世界有数の鉄道王国と認知されているのだが、こうした列車内滞在型クルーズトレインの存在は、諸外国に比べるとまだ歴史が浅い。

日本人がよく知る海外のクルーズトレインの筆頭格と言えば、ヨーロッパのオリエント急行であろう。アガサ・クリスティの推理小説で知られるオリエント急行は、現在ではロンドン〜パリ〜ヴェネツィア間を走破する超豪華列車「ヴェニス・シンプロン・オリエント・エクスプレス」（略称「VSO

Ｅ」）として、世界中の旅行者の憧れの的になっている。

そのオリエント急行の運行会社が、ＶＳＯＥと同等の豪華な設備やサービスの提供を売りにして、１９９３年からアジアでもクルーズ列車を運行している。それが「イースタン＆オリエンタル・エクスプレス」、通称「Ｅ＆Ｏ」だ。アジアでの運行区間は残念ながら日本ではなく、マレー半島を縦断するマレー鉄道とタイ鉄道で、シンガポール・マレーシア・タイの３ヵ国縦断を基本コースとする。近年はラオスへの周遊ルートが含まれる場合もある。

アジア最高と言われる贅を尽くした列車の旅は、世界中からわざわざこの列車に乗りに来る大勢の観光客を魅了し続けてきた。シンガポール～バンコク間の乗車料金は最も安い個室（プルマン・キャビン）でも2人1組で約50万円、最上級のプレジデンシャル・スイートなら１００万円以上するにもかかわらず、満席で切符が取れないこともあるという。


そのＥ＆Ｏに、２０１０年8月、取材者として乗車できる幸運に恵まれた。出発駅はマレー鉄道最南端のシンガポール駅。タンジョン・パガー駅、あるいはケッペルロード駅とも呼ばれるこの駅は、アールデコ調の装飾や彫刻を施したアーチ型の正面玄関や高い天井の改札ホールなど、イギリス統治時代に建てられた重厚な駅舎が、マレー鉄道の始発駅としての貫禄を醸し出していた。

ただし、私のＥ＆Ｏ乗車時点で、この駅は近い将来に廃止されることが決まっていた。それは、シンガポール建国以来の国境管理に関する事情が絡んでいた。

シンガポール国内にあるこの駅、及びここからジョホール水道を越えてマレーシア国内に至る線路や鉄道施設は、1965年にシンガポールがマレーシアから分離・独立した後も、マレーシア側が所有していた。このため、マレー鉄道の乗客は長らく、このシンガポール駅構内でマレーシア・シンガポール双方の出入国審査を受けていた。

シンガポールとしては、自国の領土内に他国の鉄道が走り、自国領の中心部にある鉄道駅で隣国の出入国審査まで行われる状況は、できれば解消したかったと思われる。1990年に両国間で、シンガポール国内のマレー鉄道関係施設や線路用地の取扱いに関する合意が成立した。これにより、シンガポール駅の出入国審査場は将来的に国境付近へ移されることになった。

ところが、両国間の合意における移転時期の解釈に齟齬《そご》が生じ、その見解の相違が解消されないま、シンガポールは1998年8月に自国の出入国審査場を国境に近いウッドランズ・チェックポイント駅に移設した。これに対してマレーシアは、シンガポール駅構内にある自国の出入国審査場を残存させた。

その結果、シンガポール駅からマレー鉄道に乗ろうとする旅客は、最初にシンガポール駅でマレーシアの入国手続きを行い、それから列車に乗って国境付近のウッドランズ・チェックポイント駅へ行き、そこでシンガポールの出国審査を受けることになった。シンガポール駅からウッドランズ・チェックポイント駅までは、シンガポールとマレーシアの両国に同時に入国している二重入国状態に置かれるのだ。

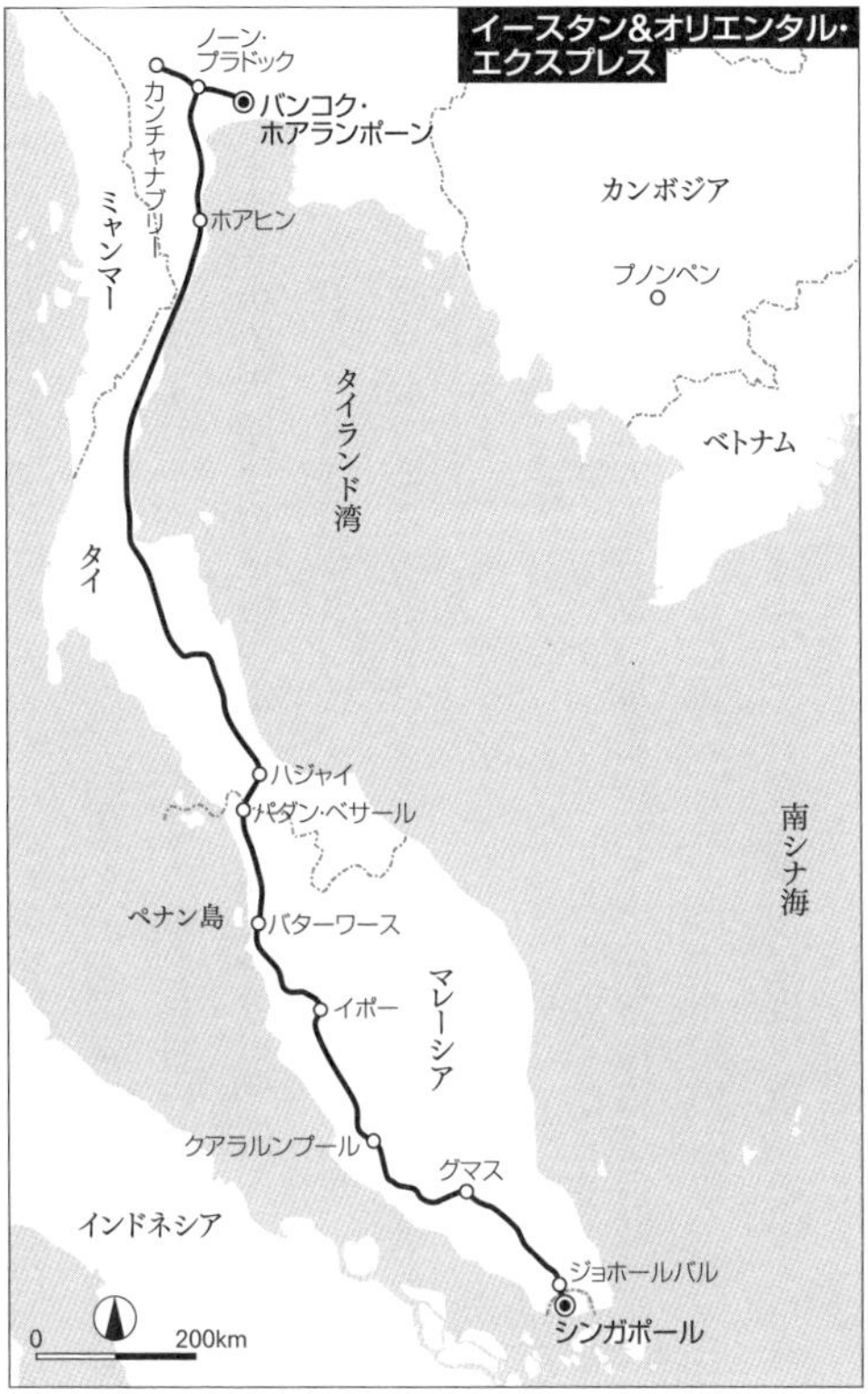

外国人旅行者にとってこの措置が厄介なのは、この場合、シンガポール駅ではマレーシアの入国スタンプがパスポートに押されず（シンガポールの出国スタンプは押される）、パスポート上にマレーシアの入国記録が残らないという点である。この運用が開始された当初は、事情を知らないマレーシア国内の警察官から密入国者と疑われた外国人旅行者もいたという。

私が2000年に初めてここからマレー鉄道に乗ったときは、入国スタンプはないがシンガポールの出国スタンプはあるのでそこからマレーシアの入国日はパスポート上はっきりしており、別の国境からマレーシアを出国したときには、そのシンガポールの出国スタンプと、保存しておいた出国時のマレー鉄道乗車券を出国審査官に提示した。そうしたら、出国スタンプとともに「シンガポールを出国し、列車によってマレーシアに入国した」という英文のスタンプを押された。最初からマレーシアの入国スタンプを押してくれれば何の問題もないのだが、国境を巡る国家の建前に基づく手続きは、合理性のみで良否を判断するものではないということを、私はこのとき初めて体験的に理解した気がする。

このような出入国順序の逆転現象は、両国間で改めて出入国審査場をウッドランズへ移転する合意が成立し、２０１１年７月にシンガポール駅が廃止されるまで続いた。本稿は、３ヵ国を横断する豪華国際列車の乗車記であるとともに、その二重入国状態や伝統あるシンガポール駅が健在だった最後の時期の記録でもある。

午前10時過ぎ、駅舎内のE&O専用待合室で航空機のように乗車チェックイン手続きを済ませてプラットホームに立ち入ると、蒸し暑いシンガポール駅構内に、陽光を浴びて輝く緑とクリーム色の優美なE&O専用客車が15両連なっていた。最後尾は、車体の後ろ半分に窓ガラスがないオープンスタイルの展望車になっている。

実はこの客車、日本製である。もともとはニュージーランド国鉄が日立製作所と日本車輌製造に発注した「シルバースター号」という寝台列車用の専用客車だった。同列車が廃止された後、E&Oの運行開始にあたり同国から輸出され、大幅改造されて今、ここに停車しているのだ。ニュージーランド国鉄の軌間は日本のJR在来線と同じ１０６７ミリで、メーターゲージ（軌間1メートル）のマレー鉄道と規格が近く改造に適していたのだろう。

E&Oの出発ホーム手前にはマレーシアの入国審査ゲートがあるが、反対側のホームにはないので、入国ゲートがあるホームに立ち入る前に、反対ホームから編成の全容を見渡す。先頭のディーゼル機関車が停車している付近には誰もいない。線路を横断して列車にこっそり乗り込んでしまえば、簡単に密出国できそうだ。

自由に出入りできるその反対側ホームの線路の終端部付近で、地元住民らしい女性がE&Oにカメラを向けていた。「この近くに住んでいます。もうすぐなくなってしまうこの駅がずっと好きだったので、最近はときどき写真を撮りに来ているんです」とのことだった。

なお、今回の私の乗車は事前に運行会社の許可を得た正式な取材ということで、鉄道カメラマンの

イースタン&オリエンタル・エクスプレス
時刻表(2010年8月現在)

国名	km	列車名		EOE	
			列車番号	EOE	
				イースタン&オリエンタル・エクスプレス	
シンガポール	0	**シンガポール**	発	1130	(サロンカー連結)
	24	ウッドランズ・トレイン・チェックポイント	〃	*	
マレーシア	27	ジョホールバル	〃	レ	
	222	グマス	〃	レ	
	397	**クアラルンプール**	着	2000	
			発	2125	…
	603	イポー	〃	レ	…
	785	**バターワース**	着	835	…
			発	1040	…
	956	**パダン・ベサール**	着	1430	…
			発	1345	…
タイ	1172	ハジャイ	〃	レ	…
	1888	ホアヒン	〃	420	…
	2036	ノーン・プラドック	〃	レ	…
	2089	カンチャナブリー	〃	レ	…
	2094	**クウェー川鉄橋**	着	845	…
	―	カンチャナブリー	発	1125	…
	2147	ノーン・プラドック	〃	レ	…
	2227	バンコク・ホアランポーン	着	1445	…

註(1):距離はトーマスクック海外版時刻表、時刻は乗客用配付資料に基づく
(2):シンガポールとマレーシアの間に時差はない。マレーシアとタイの時差は1時間(マレーシアが午前0時のとき、タイは午前1時)

櫻井寛さんも同行している。櫻井さんは過去にもE&Oはじめ世界中のクルーズ列車に乗っているが、「ゲストとして恭しく迎えられるヨーロッパのオリエント急行に比べて、アジアを走るE&Oはどことなくホームグラウンドに近い雰囲気の中で豪華さを堪能できる」ため、お気に入りの列車の一つだという。

マレーシアの入国審査場を通過して指定の客車に乗り込む。私の個室はランクが一番下のプルマン・キャビン。もっとも、「下」と言っても、内壁は寄木細工、床にはゴブラン織の絨毯《じゅうたん》。窓辺の小テーブルには木目が美しいチーク材が、壁灯などの金具には鈍く光る真鍮《しんちゅう》が用いられているなど、狭いながらも客室のインテリアは細部まで徹底的に凝っている。シャワーやトイレ、洗面台も各部屋に完備している。備え付けのアメニティーグッズのブランドはブルガリだ。

取材者という立場上、列車長や他の主要スタッフにもあらかじめ挨拶した。列車長はエブリンというスイス人女性で、E&Oの乗務歴は9年だという。

全ての客車にそれぞれ担当スチュワードが乗務しており、室内からボタン一つで呼び出せる。今日の乗客はやや少なめの42名で、国籍の内訳はイギリス、アメリカ、スイス、スペイン、日本（私たち2人だけ）、そして地元マレーシアとのこと。これを迎えるE&O専属のクルーは食堂車の厨房スタッフなども含めて総勢35人。食堂車のシェフはフランス人と中国系マレーシア人だが、その他の大半のクルーはタイ人で、外国人向け五つ星ホテルでの勤務経験が豊富な者などが採用されるという。

我が車両の担当も、サラワットというタイ人男性であった。彼も乗客の名を事前に把握していて、私に対しても常に「ミスター・コムタ……」と恭しく、かつ笑顔で接してくる。乗車当初の入室時に室内に置いてあったメッセージカードの宛名は、英文で「Komuta san」となっていた。その部屋の乗客の名が印字されたウェルカムカードなのだが、日本人乗客に対しては「ミスター」「ミズ」ではなく「さん」付けにしているらしい。

サラワット乗務員が持ってきてくれた冷たいウェルカムドリンクを自室で飲んでいたら、先頭の機関車から伝わってきた軽い衝撃が客車を静かに揺らした。それとほぼ同時に、列車は定刻よりちょうど10分遅れの11時40分、およそ2000キロ離れたタイの首都バンコクへ向けて、シンガポール駅をゆっくりと離れ始めた。

賑やかな街の中心部はすぐに抜けて、高層マンションを間近に見ながら、緑に覆われた単線の線路上を進む。シンガポール国内の区間にはブキッティマという中間駅があり、反対列車とすれ違ったが、出入国管理設備がないため旅客は乗降できない。

12時09分、戦前製のシンガポール駅舎より遥かに巨大なウッドランズ・チェックポイント駅に到着。ここで乗客全員がパスポートを持って駅舎内へ足を運び、出国審査を受ける。出国は入国よりも審査が緩やかなせいか、荷物は列車内の自室に置いたまま検査されなかった。

乗客・乗務員全員の出国審査は滞りなく終わり、12時33分発車。3分ほどで、ジョホール海峡（水道）を跨ぐ人道橋コーズウェイを悠然と横断する。最後尾の展望車に立つと、海の上の築堤に単線の線路が後方へと続いているのがよく見える。無事に海を渡り終えると、すぐにユーラシア大陸最南端駅であるジョホールバルを通過する。ここからマレーシアだ。

ほぼ同時刻から、最初のランチが食堂車で始まる。バンコク到着前の昼食まで、食事は全て乗車料金に含まれている。今日のE&Oには「アディソーン」「マラヤ」2種類の食堂車が連結されており、毎日の昼食・夕食の前に、あらかじめどちらかの車両を指定される。乗客が多いときは食事時間を2回に分けるが、今回はありがたいことに、旅客が少ないため全て時間制限なしの1回制だった。

E&Oの食堂車で供されるのは、アジア風のアレンジを加えたフランス料理。昼は流れゆく広大なアブラヤシのプランテーションを、夜は闇夜に煌《きらめ》く星を眺めながら、豪華なランチとディナーコースに毎日ここで舌鼓を打つことになる。

ランチの最後に出てきたコーヒーが、列車の振動で少しこぼれてしまった。すると食堂長が出てきて、「運転士に『乗客の食事時間中は特に運転に気を付けて、列車を揺らさないように』と指示を出しします」と言ってきた。列車の揺れは運転士の技術だけでなく線路状況にも影響されるはずなのに、そんな指示を出したり受けたりできるのか、と思ったが、E&Oならやるかもしれない。そう思わせる雰囲気が、この車内にはある。

最後尾の展望車は、スコールに見舞われる短時間を除いて、いつも誰かが窓辺に立つ車内の人気スポットになっている。サロンルームが併設されていて、立ち続けるのに疲れた先客がそこで腰掛けている。ボーイが常駐していて、コーヒーは無料で淹れてくれる。ソフトドリンクやアルコール類を注文した場合は部屋番号を申告して、下車前に車内で使った費用を全額精算する仕組みだ。乗客に車内でいちいち小銭を払わせないように、という配慮だという。

編成の中間に連結されている食堂車の隣がサロンカー。さらにその隣の車両には、車内売店や共用個室が設けられている。E&Oオリジナルグッズなどを販売する売店の女性は、シンガポール出発時点ではチャイナドレスを着ていたが、マレーシアに入った今はバジュ・クルンというマレー系の民族服姿になっている。この後、タイに入るとタイの民族衣装に着替えるという。

談話室のような広めの共用個室には、世界各国の鉄道に関する写真集や書籍などが並ぶ書棚があって自由に読めるが、時間帯によっては「占い師」を自称する男が座っていることがある。もちろん勝手に乗っているのではなく、乗客向けアトラクション（?）の一員である。

一緒に車内を見て回っていた櫻井さんが「話のタネに」と占い師に自分の運勢を見てもらった。すると占い師は、「あなたはこれから向こう3ヵ月、全てにおいて困難が待ち受けている」と縁起でもないことを真面目な表情で口にする。暗黒の近未来を宣告された櫻井さんは苦笑いし、横で聞いていた私も思わず笑ってしまう。2泊3日の長い乗車時間の中では、ときに汽車旅に飽きてしまい、暇つぶしに話してみた占い師にこんなことを言われても、余裕で笑い飛ばす乗客が多いのだろう。

そうして車内探検をしたり自室に戻ってのんびり過ごすうちに17時を過ぎ、サラワット乗務員が個室に来て、「アフタヌーンティーにしますか?」と尋ねてきた。紅茶をカップに入れて持ってきてくれるのかと思ったら、大きなトレイに多くのお茶菓子と紅茶のポットを載せた本格的な英国式アフタヌーンティーが自室内に用意された。私はアールグレイを選んだが、お茶の選択肢に日本の煎茶も入っていた。

ティータイムで小腹が膨れたばかりだが、18時を過ぎると少しずつ暗くなり始めて、車内でもディナータイムに向けた準備が始まる。食堂車でのディナーは「フォーマル」とのドレスコードがあり、乗客も着替えて準備する必要がある。男性は最低でもジャケットとタイ、女性はパーティードレスなどでドレスアップすることが求められている。私と櫻井カメラマンは、ともにタキシードに蝶ネクタイで臨んだ。

ところが、ディナーが始まる前、19時37分、予定より23分も早くクアラルンプール駅に到着。ここで約1時間停車するとのことで、ドレスアップした乗客たちがホームに出てきた。イギリス統治時代に建てられた白亜のイスラム寺院風駅舎に面した1番線ホームが、華やかに着飾った乗客たちでガーデンパーティー会場のようになる。熱帯のクアラルンプールは、夜でもタキシード姿はやや暑いのだが、車内限定だと思っていたドレスアップを短時間とはいえ屋外で開放的に楽しめるとあって、車外に出てくる紳士淑女が少なくなかった。私にとっては、豪華ディナーの前に、アフタヌーンティーでの満腹感をいくらか緩和する効果もあった。

食堂車でのディナーが22時過ぎに終わり、私は隣に連結されているバー・カーへ移動した。ピアノの生演奏が流れるソファーに腰を沈めつつ、着慣れぬタキシード姿で、ほのかにミントの香りがする「E&O」という名のオリジナルカクテルを傾けた。

昼は鉄道員の制服姿で颯爽《さっそう》と乗務していたエブリン列車長が、この時間はドレスに着替えて接客に当たっている。私が「E&O」カクテルを注文したのを見て、「これ、日本人のお客様はみんな大好きね」と話しかけてきた。

いい機会なので、私はエブリン列車長に、この列車の乗務に関することを尋ねてみた。話してくれたのは、だいたい、次のようなことであった。

E&Oのクルーはシンガポールを起点としてバンコクで折り返し、往復併せて6泊7日が1回の基本的な勤務サイクルになっている。スタッフを採用するときは、一度実際に全行程を体験乗務させて、揺れる列車の中で適切な接客ができるか、閉じられた車内での生活が続く中で他のクルーとのコミュニケーションがうまくとれるか、を重視している。クルーの平均勤続年数は長いので、ここ4年ほどはスタッフの新規採用はしていない。いったん採用されれば、良い職場と認識されているのだと思う。自分は現在勤続9年だが、今日の副列車長はE&Oが運行開始した1993年当初から17年間勤務し続けている。

自分がスイスからはるばるマレー半島まで来てE&OのスタッフになったのはヨーロッパのVS

OEは古くからの伝統に基づきクルーは全員男性と決まっているから。女性の自分がオリエント急行クラスのクルーズトレインに乗務するには、E&Oがベストだと思った……。

いつのまにか23時半を過ぎて、少しずつバー・カーの客が減っていた。バー・カーの営業時間は「最後の客が自分の部屋に戻るまで」とのこと。いつまでも過ごしていてもいい気もしたが、それではエブリン列車長やピアノ奏者、カクテルを作ってくれるバーテンダーたちの勤務が終了せず、申し訳ない。日付が変わる前に、私もバー・カーを辞去して自室へ戻った。「こんな列車が日本にもあればいいのに」という気持ちが、初日の夜にして早くも私の中で膨れ上がっていた。

2日目の朝は、まだ外が薄暗い6時過ぎに目が覚めた。自室でシャワーを浴びてから最後尾の展望車へ行くと、もう櫻井カメラマンがいて、列車からの撮影に余念がない。東の空が朝焼けでほんのり赤く染まり、遠方にヤシの木のシルエットが整然と並んでいるのが見える。

自室に戻ると、7時30分になってサラワット乗務員が朝食を運んできた。ポットに入ったコーヒーだけでなく、クロワッサンがちゃんと温かい。現在、列車はほぼ定刻通りに運行中で、今日の観光スケジュールなどの説明を受ける。

朝食を片付けてもらった後、8時半を過ぎると、ずっとヤシの木ばかりに囲まれていた列車が、久しぶりに大きな都市へと入っていく。海が近くなり、左の車窓にコンテナが並ぶ埠頭が流れ去る。住宅密集地の先でコンテナ基地の横にあったバターワース駅に、8時55分、静かに停車した。先頭の機関車のすぐ目の前で線路が途切れている。

ここからさらに北へ行くには、機関車の前後を付け替えて列車の進行方向を逆にしなければならない。E&Oの乗客はこのスイッチバックの時間を利用して、駅近くの港から船で渡った対岸のペナン島観光へと案内される。ペナン島は、ジョージタウンという旧市街が世界遺産に登録されているマレーシアの代表的な観光地である。

というわけで、私もそのペナン島観光ツアーへと案内された。E&Oではタイ入国後の3日目にも、第2次世界大戦中に日本軍がビルマへ向けて建設した泰緬《たいめん》鉄道へ立ち寄り途中のカンチャナブリーで下車し、映画『戦場にかける橋』の舞台となったクウェー川鉄橋や泰緬鉄道の博物館などを見学するミニツアーが用意されている。

だが、列車を下りて巡るコロニアルな世界遺産の街並みの魅力や戦跡巡りの意義深さを語るのは、本書の主たる目的ではない。よって、ここではそうした車外ツアーの様子は全て省略し、方向転換したE&Oが戻ってきた私たちを乗せて11時11分にバターワースを出発するところまで、話を一気に進めることとする。

食堂車で正午から1時間半ほどのランチタイムを過ごした後は、自室でタイへの越境を待つ。今日の午後のメインイベント（?）と言ってよい。列車はマレーシア北部の稲作地帯を国境へ向かってひた走る。

やがて前方に、広い敷地と巨大な駅舎の停車場が近づいてきて、15時15分、国境手前のパダン・ベサールに着いた。ここでマレーシアの出国手続きとタイの入国手続きが同時に行われるのだが、E&Oの乗客は冷房が効いた車内で自由に過ごしていてよいことになっている。暑いホームに出る必要も、自室にこもって出入国審査官の来室を待つ必要もない。パスポートは前日、ウッドランズでシンガポールの出国手続きを終えた直後に、各車両のクルーが乗客全員から回収して預かっている。

その大量のパスポートが、食堂車の一隅に集められていた。そして、マレーシアとタイの出入国審査官が、テーブル上に並ぶそれらのパスポートに、片っ端から出国スタンプと入国スタンプを押していく。マレーシアの出国もタイの入国も、私たち乗客には一切質問が行われないし、何の書類も書かなくてよいことになる。

しかも、私と櫻井さんがその様子を見ていたら、撮影が許可された。取材とはいえ、日本を含め、世界中のほとんどの国境や空港で、出入国審査の様子を撮影してよいという場所は聞いたことがない。何もかもが特別待遇のE&Oならではの対応だろう。

停車時間はわずか14分。タイに入国したので時計を1時間戻し、14時29分にパダン・ベサールを出発。午後のメインイベントは、出入国スタンプの乱れ押し（?）を見ていた私たち以外には何らのアクションもないまま、想像以上にあっさりと終わってしまった。

それから約10分後に、サラワット乗務員から私のパスポートが返却された。マレーシアの出国スタンプは、「イースタン・アンド・オリエンタル・エクスプレス」という英文表記が入った、この列車の乗客にだけ用いられるオリジナルのものだった。

タイに入った途端、走行中の列車の揺れが大きくなった。線路状態がマレーシアより良くないのだろうか。車窓は越境前とさして変わらず、水田とヤシの木がどこまでも広がる単調な景色が続く。タイは仏教国だが、マレーシアに近い南部地方にはイスラム教徒も多く、仏教寺院だけでなくモスクもあちこちの集落で目にする。15時29分、タイの東海岸線を分岐するハジャイに到着すると、クアラルンプール以来久しぶりに賑やかな都市部のターミナルの光景に接する。

車内ではその少し前から、バー・カーでフルーツバーが催される。客車内の2ヵ所に切り分けたフルーツが並べられて、自由に食べていいのだが、欧米人乗客たちは、毛のような柔らかい棘と赤い皮に包まれたランブータンはなじみがないらしく、皮の内側にある甘い果肉が美味しいのだが、最初は誰も手を出さない。私1人が皮をむいて食べているのを見ていた他の乗客が、少しずつ手を伸ばすようになった。確かに、欧米でも日本でも見かけない熱帯のフルーツではあるが、未知のフルーツに対して保守的な人たちが多いんだな、と思う。

部屋に戻ると、今度はサラワット乗務員がアフタヌーンティーを用意してくれる。ランチタイム以降、車内では食べてばかりだ。フルーツとお茶とお菓子で腹が膨れると、程よく揺れる車内で眠くなる。これを優雅な汽車旅と言ってよいのかどうか、よくわからない。

18時過ぎから、再びバー・カーに乗客が集まって、タイダンスのショーが行われる。踊り子はハジャイから乗ってきたらしい。ほとんどの乗客が、昨夜と同じくドレスアップして参加し、終演後はそのまま隣の食堂車でのディナータイムへと移行した。ディナーとその後の夜のバータイムは、全員がドレスアップしているせいか、フルーツバーやアフタヌーンティーでの間食がさほど気にならず、いわゆる別腹の感覚で楽しめた。

バータイムでは、前夜と同じくドレス姿のエブリン列車長自ら接客に当たっていた。タキシード姿の私と一緒に写真を撮らせてもらい、デジカメの画像をその場で見せたらとても喜んでくれた。そして、「御礼に、列車長からカクテル1杯サービスするわね。味の好みはある？」と言って、バーテンダーに「ジェイド・フォレスト（ヒスイの森）」という緑色のカクテルを作らせて、私にご馳走してくれた。

星空の下を走るナイトサロンは、ドレスコードやピアノの生演奏によって特別な夜のムードを作り出している。だが私には、列車内の最高責任者としての彼女の立ち居振る舞いやクルー全体に対するリーダーシップもまた、E&Oの車内全体を昼も夜も明るく華やかな空間にしている大きな要因なのではないかと感じられた。「ななつ星 in 九州」のデビューより3年以上前のこの夜の時点では、彼女が率いる今夜のE&Oに日本を走る豪華列車のホスピタリティーが追いつくには、悔しいけど、相当に時間がかかるのではないかと思わざるを得なかった。

第6章

東ベンガル鉄道栄枯盛衰
——名茶ダージリンはここから世界へ運ばれた

▼ニュー・ジャルパイグリ(インド)→ラジシャヒ(バングラデシュ)→コルカタ(インド)

「英国の王冠に輝く最大の宝石」

19世紀から20世紀前半まで、イギリスが統治したインドは、そう呼ばれた。広大なインド帝国の存在は、帝国主義時代における大英帝国の栄光の象徴だった。

ところがそのイギリス人、インドの暑さが苦手だった。夏になると気温50度に達する苛酷な気候は、寒冷な本国からやってきた彼らには堪《こた》えたに違いない。宝石の輝きを維持するのも楽ではなかったのだ。

彼らは山に登り、避暑地を開発することで暑さを克服しようとした。夏の間、そうした避暑地に政府機関が移されたりもした。そして、本来の都とそれらの避暑地を結ぶ交通手段としてイギリス人が敷設したのが、イギリス発祥の鉄道であった。インドには、イギリス人が避暑地へのアクセスのために建設した鉄道が各地にある。

中でも抜群の知名度を誇るのは、世界最古の登山鉄道、ダージリン・ヒマラヤン鉄道である。

1881年、イギリスの植民地支配が始まってからわずか4年後に開業。標高2000メートル以上の終点ダージリンは、カルカッタ（現・コルカタ）にあった英領インドの当初の総督府、1911年のデリー遷都後はベンガル州政府の、「夏の首都」だった。

避暑目的だけではない。紅茶の輸送も、同鉄道の重要な使命だった。世界にその名を知られるダージリンの紅茶は、かつてこの鉄道によってカルカッタへと運ばれていったのである。

時は流れ、インドはイギリスの支配下を離れて独立し、紅茶輸送の主体も自動車に切り替わってしまったが、ダージリンは今なお、ヒマラヤを展望する国際的観光避暑地として栄えている。そして、移りゆく世の流れに翻弄されず、19世紀末の登山鉄道の姿のままで坦々と走り続けたダージリン・ヒマラヤン鉄道は、1999年にユネスコの世界遺産に登録されている。

一方、そのダージリン・ヒマラヤン鉄道とかつてのカルカッタ、現在のコルカタを結ぶ路線の運命は、インド現代史の荒波に翻弄されてきた。

現在、ダージリン・ヒマラヤン鉄道と接続してコルカタへと直通するインド国鉄の急行列車は、インドの西ベンガル州をやや東側へ弓反りとなって走る路線を経由している。だが、かつてカルカッタから避暑地へ向かい、ダージリンから紅茶を運んだ列車は、現在のバングラデシュ領内を経由していた。

当時、カルカッタを出た列車は北北東に進路を取り、ガンジス川を渡ると方向を真北に変え、さらに一直線にダージリンを目指した。東ベンガル鉄道と呼ばれたこのルートは、軽便方式で敷設されたダージリン・ヒマラヤン鉄道に接続するまでの全区間が、幹線級の広軌(軌間1676ミリ)路線である。

ところが、もともと一つの国だったベンガル地方は、イギリスからの独立時に東パキスタンとインドに分裂した。イスラムとヒンディーの宗教的対立、さらに東パキスタン内部の独立運動などさまざまな要素が絡み合い、第3次印パ戦争と内戦を経て、1971年に東パキスタンはバングラデシュとして独立している。

そうした分割、対立の歴史の中で、現バングラデシュ領内を通過していたダージリンへの東ベンガル鉄道は衰退した。コルカタからニュー・ジャルパイグリへ至る路線は、インドとバングラデシュの国境線に沿うようにインド国内を走る現行ルートが定着し、インド・バングラデシュ・インドと3分割されたかつての幹線ルートは、それぞれの区間でもっぱら地元輸送に従事するローカル線に転落した。その栄光と転落の歴史は、まるで丹那《たんな》トンネルの開通によって東海道の主役から転げ落ちた御殿場線を思わせる。


その旧東ベンガル鉄道とダージリン・ヒマラヤン鉄道の乗換え駅だったのが、インド北東部でブータンとバングラデシュとの国境線に囲まれた細い回廊地帯の入口付近に位置するニュー・ジャルパイグリという交通の要衝である。北はダージリン、西はコルカタやデリーへの直通列車が走るほか、東はミャンマーに近い山岳地帯への重要な幹線鉄道となっている。

もっとも、もともと何もなかった荒蕪地《こうぶち》に鉄道連絡のために設けられた駅なので、市街地からは遠く離れ、四方は原野に囲まれている。世界に名声を轟かすダージリン・ヒマラヤン鉄道の始発駅にしては、寒々とした光景が何とも侘《わび》しい。

ここから東西南北の四方へ分岐する路線のうち、南へ向かう路線だけが極端に存在感が薄い。57キ

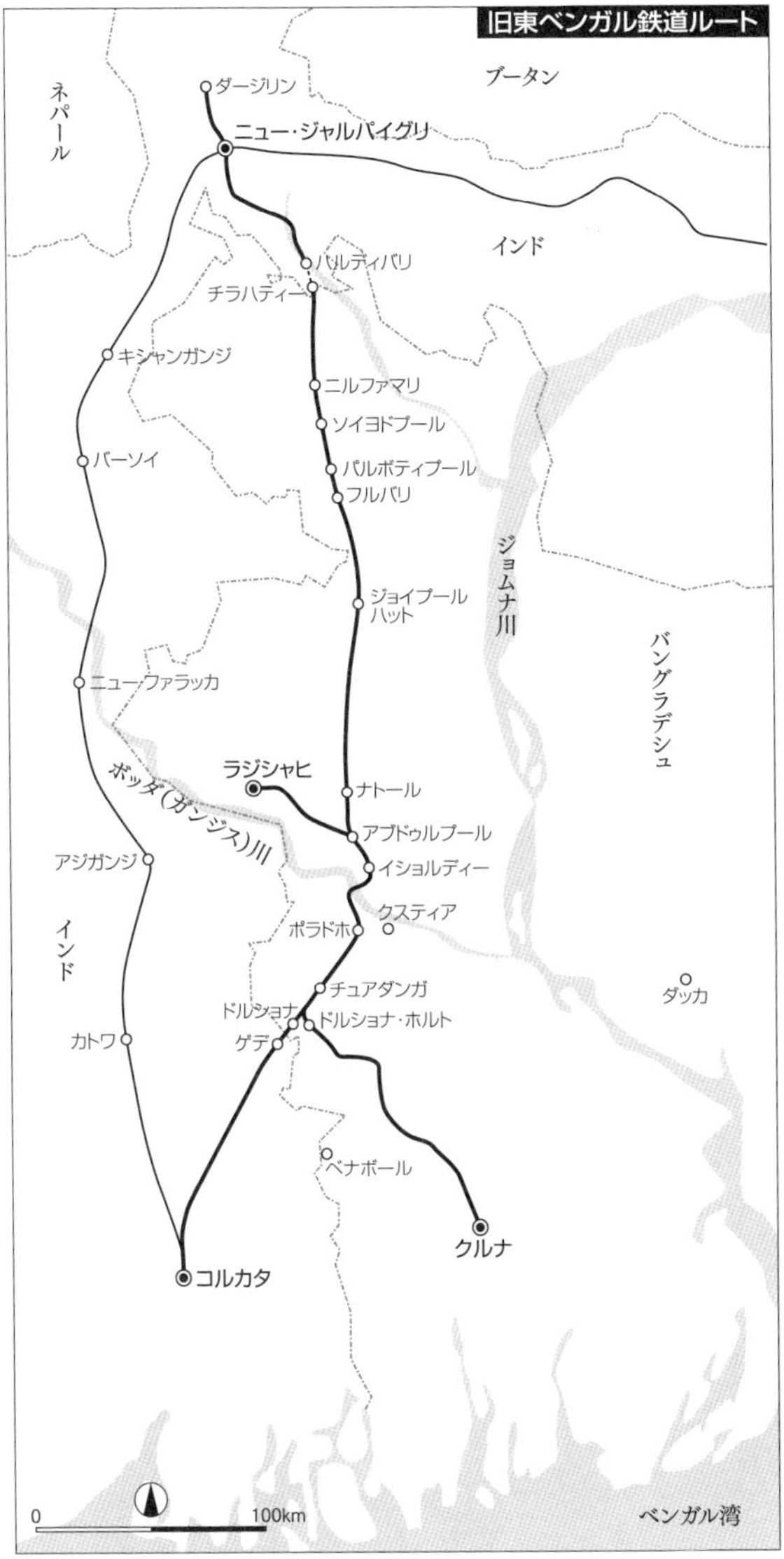

ロ離れたハルディバリというバングラデシュ国境に近い小さな町まで、2001年の時点で1日3往復の鈍行列車が走っていただけのローカル線が、かつての東ベンガル鉄道である。コルカタへ行くなら、西行きの直通急行に乗って約12時間で到達できるが、東ベンガル鉄道の面影を偲《しの》びたい私は、ほ

とんどの外国人観光客が見向きもしないこの没落本線でバングラデシュを経由して、コルカタへ向かうことにした。

ニュー・ジャルパイグリ発ハルディバリ行き時刻表(2001年8月現在)

国名	km	列車番号	615
		駅　名	
インド	0	ニュー・ジャルパイグリ 発	910
	36	ジャルパイグリ 〃	1008
	58	ハルディバリ 着	1105

ハルディバリ行きの鈍行列車は、東西南北へ向かう4路線の中で最も重要度が低い路線であるせいか、駅舎から最も遠方に離れたホームに停車していた。赤茶色の2等客車が7両、ディーゼル機関車に連なっている。これが、旧東ベンガル鉄道ルートを辿る旅の第1走者だ。全車自由席で、運賃は11ルピー(約30円)。

客車は寝台車のお下がりで、上段が網棚代わりの荷物置き場。国際標準軌よりも幅の広い線路を走る車両らしく、もとは下段寝台であった板張りの座席には4人ずつ、向かい合わせで8人掛けになり、さらに通路を挟んで反対側にも1人掛けの椅子が付いている。

窓にガラスは入っておらず、代わりに鉄の棒が窓の外側に4本も渡してある。これでは、非常時にも窓から車外へ脱出することは不可能だ。インドではときどき大規模な列車事故が起こるが、狭いドア以外から外へ出られないために死傷者が多くなるケースがあるという。

雨が強くなり始めた9時38分、28分遅れで唐突に発車した。乗車率は5割弱。

走り出すと、窓から雨風が吹き込んでくる。他の乗客の手前、鎧戸を閉めないとまずいかと思ったが、二つある窓のうち、私の目の前の窓は鎧戸が壊れていて、幸か不幸か閉まらない。雨の侵入を許すほかないが、おかげで大っぴらに外を見ていられることになった。

雨はどんどん激しくなり、私の顔や体に打ちつける雨も多量になる。濡れねずみになっても窓際から離れようとしない私を、近くの乗客が不思議そうに見る。

窓の外は大穀倉地帯だが、増水し、畦道《あぜみち》まで水没して稲が見えなくなっている場所が多い。いわゆる浮稲《うきいね》というやつであろうが、田圃《たんぼ》だか沼地だか判然としない。大変な洪水ではないかと思うのだが、誰もそんな眺めを気にしていないところを見ると、これが普通の状態らしい。雨季の熱帯における気候の厳しさは、通りすがりの日本人旅行者には理解し難い。

停車する駅のそばにだけ散見できる人家の周りも、膝上程度まで浸水している。民家の造りもそうした事態に備えてか、高床式になっている。


土砂降りの洪水地帯をほとんど一直線に走り抜けた列車は、11時14分、赤煉瓦の小さな駅舎が建つ片面ホームのハルディバリに到着した。線路やホームは行止り式になっておらず、途中駅のような雰囲気だ。駅舎の中へとぞろぞろ歩く人の流れに逆らい、私はホームの端から線路の真横に下りてその終端を目指して歩く。

駅から500メートルほど離れた所で、2本にまとまった線路は断ち切られていた。その先は、ちょうど単線鉄道が通れるくらいの幅の小径が、木立の中へまっすぐ延びている。

その線路の断絶地点に立って周りを眺めていると、近所の老人たちが集まってきた。その1人に、この線路はバングラデシュへ続いていたのかと尋ねる。すると、他の老人までが口々にそうだそうだと答える。そして、問わず語りに、鉄道があった頃の話をする。

駅の外れで、長いプラットホームが深い草叢《くさむら》に埋もれている。「東パキスタンへの列車が発着していたのだ」と言う。第2次世界大戦直後に印パが分離独立した後も、バングラデシュ独立の1971年以前は、この小径を11キロ先のチラハティー駅まで国際列車が駆け抜けていたのである。そんな話をするときに彼らの口から出てくる隣国の名前は、「バングラデシュ」ではなく「東パキスタン」であった。

駅のそばの出入国管理所で早々に出国手続を済ませ、リキシャに揺られてのんびりと農道を走る。小さな集落を抜け、半水没状態の田圃の中で、何度か家畜の群れを率いた村人を追い越していく。沼のような水田の真ん中に、長細く盛り上がった島が浮いている。その中央に、煉瓦造りの小さな橋脚が五つ、橋台の間に等間隔に立っているのが見えた。ハルディバリ駅から延びていた、バングラデシュへの廃線跡だ。築堤も橋脚もしっかり残っている。

その築堤跡とリキシャが走る農道が交差する。交差の際に眺めたハルディバリ方面は、線路跡の小径が橋脚の向こうへ直進している。一方、バングラデシュ側は農道と強固な鉄柵で隔てられていたが、インド側よりも築堤がよりはっきり残っていて、鉄柵の向こうの繁みの中へと消えていった。

その鉄柵に沿った農道の途上に、茅葺《かやぶ》きの小さな小屋が建っていた。若い兵士が詰めている。鉄柵はその詰所の裏側で、大きな鉄扉となっている。扉の向こうは満々と水をたたえた、沼とも川ともつかぬ水面が広がるのみだ。兵士はその対岸を指差して、「あれがバングラデシュだ」と言う。イヤな予感がする。

対岸までは100メートルほどありそうだ。日本なら、小意気な渡し舟でも似合いそうな感じである。だが、農道を隔てて鉄柵と反対側の沼（田圃）を見れば、村人が腰まで浸かってザブザブと泳ぐように歩いている。

恐る恐る、どうやってここを渡るのかとその兵士に尋ねてみる。彼は、当たり前のことを聞くなといった表情で、「そのズボンをまくり上げて水の中を歩いて行くのだ」と答えた。

農道上から見ただけでは、水深がどのくらいなのか想像もつかない。途中で足を取られて転倒したり沈んだりするかもしれない。歩くはずが、それなりに重いバックパックを抱えて泳がなければならないかもしれない。泳いで渡る国境など前代未聞だ。本当にここを渡ってバングラデシュへ行こうか、すでに雨に濡れている私は農道から対岸を見つめたまま、真剣に悩んだ。

詰所の中で荷物をあらためた兵士は、「扉を開けるぞ」と私に宣告した。もはや賽《さい》は投げられ、退却は許されない状況になってしまった。覚悟を決めた私は裸足になってサンダルに履き替え、長ズボンを目一杯まくり上げ、重い鉄扉の向こうに出た。

兵士が鉄扉をガチャンと閉めて施錠すると、もう爪先《つまさき》は水の中だ。水中を見れば確かにそこは田圃。畦があり、緑色の浮稲が海草のようにヒラヒラ揺れている。

少しでも水深の浅い所を、と思って、細い畦道の上を歩く。それでも、前進するにつれてだんだん私の両足が水中に没していく。重い荷物を抱えて水没していく姿は、自殺志願者のように見えるかもしれない。

「川」の中央付近まで来ると、恒常的に水没している畦の土がぬかるんでくる。立ち止まるとズブズブと足がめり込む。畦道の上でこうなのだから、うっかり左右の田の中へ足を突っ込んだら、水深が深くなるどころか、底無し沼のように吸い込まれてしまう気がする。

正直言って怖くなった。立ち止まれない。だが慌てれば転倒して悲惨な目に遭う。でももう戻れない。私はただ国境を徒歩で越えて楽しく旅行したかっただけなのに、なぜ雨の中、こんな所で歩兵の渡河作戦みたいな真似をしているのだろう。

しかも、いつのまにか対岸の盛り土の上にはバングラデシュの住民が10数人、単身水を掻いてやってくる見慣れぬ異邦人を待っている。ここでびびって退却しては日本人の名誉（?）にも関わるから、ますます戻るわけにはいかない。

たかだか100メートル足らずの道のりが、こんなに長く感じられたことはなかった。一歩一歩、心臓の音が聞こえるくらい神経を集中させて、沈まぬよう転ばぬよう、深みへ進んだ私は、太腿《ふともも》の辺りまで沈んだ状態で何とか対岸に到達した。盛り土の上にいる迎えの村人が差し出してくれた手に摑まって、心細くて堪らなかった歩兵は無事水中から引き上げられた。

「上陸」地点に、ゴザを敷いた荷車を牽くサイクルリキシャが待っていた。その荷台に乗って、洪水の後のようにあちこちで水浸しになっている農村部を50分近く走ると、街の中に入ってすぐ単線の鉄道線路にぶつかる。その踏切のすぐ右側がチラハティー駅であった。リキシャから北方、ハルディバリ方面へ延びる線路をちらりと眺めたが、深緑の森の中へ消えていく線路は住民の生活道路となっていて人が多く、線路の終端部分を確認することはできなかった。

チラハティー駅はハルディバリ同様片面ホームの終着駅で、白と空色の明るい色調の客車が停車している。ホームには緑地に日の丸という、日章旗そっくりのバングラデシュ国旗がはためいている。

チハラティー発ラジシャヒ行き時刻表
(2001年8月現在)

国名	km	列車番号	734
		列車名	急行 ティトゥミール
バングラデシュ	0	チラハティー 発	1455
		ドマール 〃	レ
		ニルファマリ 〃	レ
		ソイヨドプール 〃	1648
	78	パルボティプール 〃	1745
		フルバリ 〃	1812
		ビランプール 〃	レ
		パーチビビ 〃	*
		ジョイプールハット 〃	1913
		アッケルプール 〃	レ
	100	シャンタハル 〃	2015
		アホサンゴンジ 〃	2049
		ナトール 〃	2117
	238	アブドゥルプール 〃	2200
		ショルドホ・ロード 〃	レ
	282	ラジシャヒ 着	2310

*パーチビビは時刻表上は通過扱いだが、実際には停車する

その国旗掲揚ポールのそばにバングラデシュの入管事務所が建っている。インド側もそうだったが、国境に接した出入国地点から入管施設までこんなに離れていては密入国も密出国もやり放題だと思うのだが。

入国手続き中の私に対し、駅員が「もう列車が出るから早くしろ」とせかす。停車中の列車は14時55分発のインターシティー(急

行）ラジシャヒ行きとのこと。私の腕時計は14時50分を指している。だが、私に「早くしろ」と言われても困る。審査を行っているのは貴国の係官殿であります。

審査が完了すると、駅員が80タカ（約183円）を徴収して切符をよこし、私を前方の客車へ案内する。ガラガラの客車内で私の指定席を指し示してから彼が車外に出ると、ほとんど時間をおかずに客車がガタンと動き出した。14時57分、なかなか正確だ。

チラハティーを出発した列車は、ハルディバリ支線の続きのように、ほとんどカーブがない一直線の単線線路を坦々と走る。優等列車らしく小さな駅は通過する。人家は駅の周囲にだけ点在する。列車を見送る人々の服装はルンギと呼ばれる南アジア伝統の腰巻き姿ばかりで、上半身裸の男も多い。

国境地帯の雨は嘘のように晴れ上がり、緑の絨毯《じゅうたん》のような水田地帯が続く。インド側や国境付近と異なり、水没した田圃はほとんど見られない。雨上がりの緑の平野は陽光を反射させてキラキラ光る。そんな景色が地平線まで広がる。

左に4人、右に6人掛けのクロスシートは、厚いビニールカバーがクッションとなって座り心地は悪くない。窓にはきちんとガラスが入り、開閉もスムーズだ。発車後まもなく、車内には軽快な音楽が流れ始めた。もとはひとつながりの路線であったのに、オンボロ客車のハルディバリ支線とは何たる格差であることか。

チラハティーを出て約2時間半、17時22分にパルボティプール到着。東西南北の四方に線路が延びる、バングラデシュ北西部の交通の要衝である。

ここで先頭のディーゼル機関車を付け替える。チラハティーでは列車を観察する時間がなかったので、ここで初めて自分の乗っている列車を前から後ろまで眺めて歩く。空色の地にクリーム色のラインというバングラデシュ国鉄の標準塗装の急行客車が9両。1676ミリの広軌ゆえ、車体が大きい。

車内に戻ると、ここから乗ってきた男性が私の所へ来て、その席は自分の席だと主張する。私の切符を見せると、これは隣の車両だと言う。念のため周囲の客にも見せて確かめるが、異口同音に隣だと言われる。

ペラペラの黄色い乗車券は数字までベンガル語のみで表記されていて、指定された座席番号すら私は読めない。日本でさえ数字はアラビア数字なのに、と思いながら渋々席を譲る。

だいたい、チラハティー駅の駅名標を除いて、出発以来、ローマ字を併記した駅名標は通過駅を含め皆無である。チラハティーやパルボティプール駅の発着時刻表も、数字を含めて全部ベンガル文字だった。これでは列車の発着時刻はもとより、そもそもそこが何という名の駅なのかさえ容易にはわからない。外国人の利用はほとんど想定していないらしい。

だが、車内サービスは外国人を遇するに十分で、レベルは決して低くない。

食堂車のボーイが小皿に軽食を盛って混雑した車内を売り歩く。注文すると、トーストやフライドチキンなどを盛った小洒落た小皿に、フォークとスプーンを添えて渡される。持参したミネラルウォーターを飲もうとしたら、何も言わずにコップを無料で貸してくれた。食事が終わると同じボーイが皿を片付けに来る。接客態度は終始慇懃《いんぎん》で、それがインドから入ってきた私にいっそうの好印象を与える。

日没近い18時25分、室内灯が灯された。それとほぼ時を同じくして、車内に流れていた音楽が中断し、アザーンが放送される。

アザーンとはイスラム教の礼拝を告げる声のこと。私の向かいに座るおじさんが座席の上に正座し、右の窓、すなわち西のメッカへ向かって礼拝を始めた。見れば、あちこちの座席で男性が正座し、一様に西を向いて礼拝をしている。

回教国であるバングラデシュの列車には礼拝室を設けた車両が連結されている。この列車にも最後尾に礼拝室があるはずなのだが、自分の席で済ませてしまう人の方が多いようだ。

夜の帳《とばり》が下りつつある18時56分、パーチビビに停車して対向列車との待合せが行われる。駅のホームは市場のように賑やかで、特にチャイ店の周りは人垣ができている。

チャイとは、バングラデシュのみならずインド、パキスタンを含むかつての英領インド世界ならどこでも飲める、熱々のミルクティーだ。これでもか、というくらい砂糖をたっぷり入れる大甘の味が特徴で、安価な飲物として広く庶民に親しまれている。カレーと並び、インド世界を代表する飲食物と言ってよい。

とにかくその甘さに最初はたまげるが、どういうわけか、この辺りの暑い気候にこの熱くて甘い紅茶はとても合っており、気がつけばコーヒー党の私も毎日チャイばかり飲んでいる。

そのチャイ屋の人だかりの中に、車内で近くの席に座っていた少年がいた。私を見つけると近寄ってきて、「一緒にチャイを飲もうよ」と誘われた。しかも、自分が奢《おご》ると言って、私の分までチャイ代3タカ（約7円）を支払ってしまった。

間違いなく私の方が金を持っているのに、少年にお茶を奢らせたことになってしまい、かなり気が引けた。だが、彼は自分の奢りを受けてくれたことを喜んだようだった。

ここで下りるという少年の見送りを受け、19時14分発車。日は落ち切って、車窓は黒一色となる。満員だった車内は次第に空席が目立ち始め、21時29分到着のナトールで半数以上の客がいなくなった。チラハティー出発時のような貸切状態に戻った車内で、私は6人掛けのシートに横になって熟睡した。

目が覚めたとき、列車はちょうど終点のラジシャヒに進入しようとしていた。ラジシャヒはバングラデシュ北西部最大の都市だが、旧東ベンガル鉄道ルート上からは若干離れた所に位置している。23時42分、チラハティーから約9時間の、予想以上に快適な急行列車の旅を終えてラジシャヒ駅に下りた私は、駅長室に直行した。バングラデシュの鉄道に関する情報をほとんど持っていなかったため、時刻表を見て詳しいダイヤなどを確認したかった。

深夜に突然現れて時刻表を見せてほしいと頼む外国人に、駅長は快く青い表紙の業務用時刻表を見せてくれた。が、これまた数字まで全てベンガル語なので、全然わからない。英語版はないとのこと。この先必要な最低限の情報だけは何とか聞き出し、謝意を述べて駅を出た。

ダージリンからコルカタへと続く〝没落幹線〟のほぼ中間点に近いラジシャヒの暑さは、清涼な北部の避暑地から南下してきた身にはかなり堪える。

日中は肌が痛くなるほど暑く、コンクリートの照り返しがきつい街の中を歩くだけで疲れる。朝も昼も、ホテルの中で水シャワーを何度も浴びた。

そんな灼熱のラジシャヒをクルナ行きインターシティーが出発するのは、昼下がりの15時15分。目指すは、ラジシャヒから174キロ先のドルショナという国境の町である。チラハティーとクルナを結ぶ幹線鉄道の途上にあるこの小さな町を知る外国人旅行者は少ない。かろうじて、トーマスクックの時刻表にその名が登場するのみだ。

もっとも、切符の行先はドルショナではない。ドルショナはインドのコルカタ方面へと続く旧東ベンガル鉄道と、クルナ方面へのバングラデシュ国内路線の分岐駅で、バングラデシュがまだ東パキスタンだった1965年の第2次印パ戦争の時期に旅客列車の直通運転は中止された。2008年になって、両国間を直結する国際急行「マイトリー・エクスプレス」（友情急行）が43年ぶりにこのドルショナ経由で運行を再開したが、この2001年の時点では、コルカタへと通じる旧東ベンガル鉄道上を走るのは貨物列車のみで、ドルショナ経由でインドへ行くならドルショナ・ホルトという駅から自力で国境を越えなければならなかった。ドルショナ・ホルトまでの所要時間は3時間35分、運賃は55タカ（約126円）。

冷房のない出発前の客車内も、ギラギラと太陽が容赦なく照りつけるホームの真ん中も暑くてとても耐えられず、木陰に避難して出発を待つ。駅のホームの水汲み場には人が群がり、私も頭から水をかぶった。

ラジシャヒ発クルナ行き時刻表（2001年8月現在）

国名	km	列車番号		716	
		列車名		急行 コポタッコ	《運転日注意》◆
バングラデシュ	0	ラジシャヒ	発	1515	【水曜運休】
		ショルドホ・ロード	〃	レ	
	44	アブドゥルプール	〃	レ	
	59	イショルディー	〃	1655	
		ベラマラ	〃	1721	…
	132	ポラドホ	〃	1747	…
		アロムダンガ	〃	1808	…
	162	チュアダンガ	〃	1834	…
	174	ドルショナ・ホルト	着	1850	…
			発	1853	…
		コッチャドプール	〃	1922	…
	247	ジョソール	〃	2024	…
		ノアパラ		2112	…
	304	クルナ	着	2200	…

その水汲み場のそばには礼拝室があり、中で老人が1人、メッカへ向かって昼の祈りを捧げていた。暑さに閉口する俗人をよそに、1人で静かに礼拝の所作を繰り返す老人の姿は聖者を思わせる。

強烈な陽光に見送られ、第716急行は定刻通りラジシャヒを発車。全席指定の車内は盛況である。

ラジシャヒの街はすぐに尽き、緑豊かな平原に出る。水田だけでなく、サトウキビやマンゴー、バナナの木などが所狭しと植生している。畑なのか、自生しているのか。ヤシの雑木林が点在し、車窓は熱帯の賑々しさに彩られる。

16時24分、チラハティーからの本線に合流。没落本線紀行の再開だ。ここから線路は往年の大幹線らしく堂々とした複線となり、サトウキビ畑の中を一直線にひた走る。広軌の複線は貫録がある。向かいに座っているおじさんが、駅の売店で買い込んだリンゴやバナナを、私にも食べろと言ってわけてくれる。聞けばこのおじさん、同じくドルショナ・ホルトまで行くとか。


最初の停車駅イショルディーを出てしばらく経った17時08分、おそらくこの路線最大の見所に差しかかる。ガンジス川の渡河である。

古びた巨大なトラス鉄橋を、轟音を響かせて悠然と横断する。それまで車窓になど興味を示さなかった乗客までもが窓外に注目する。さすがはガンジスだ。

茶色く濁った川の両岸には果てしない熱帯雨林が広がっている。川面にはヨットのような船が無数に浮かんでいる。漁船には見えないし、何だろう。今日はイスラム国家の休日である金曜日なので、休日の船遊びを楽しんでいるのだろうか。

3分ほどで渡り終えると、あとはまた洪水よけと思われる高い築堤から、両側の熱帯雨林やサトウキビ畑を見下ろしつつ走る。空が少しずつ赤くなり始めた。

この付近の駅では、ホーム進入直前の線路脇に煤《すす》けた赤煉瓦の建物がある。信号手の詰所のようなその建物の側面をじっと見ると、かすれてはいるが、駅名を記したローマ字が読み取れる。この国に来て初めて目にする英語表記だ。コロニアルな赤煉瓦駅舎に英語併記の駅名標を掲げる駅も現れた。

これらはいずれもイギリス統治時代に建てられ、その当時とほとんど変わらぬ姿を留めているのではなかろうか。バングラデシュ国鉄では地方の施設改良があまり進んでおらず、半世紀以上前の英領時代に建設された鉄道施設を現在もそのまま使用している場合が少なくないという。


上空に三日月が出現し、薄暮となった緑の平原の真ん中で、インド国境のドルショナへと向かう直線線路から我が急行は左へ分かれる。あちらの線路に入って行きたいが、それはかなわない。せめて線路がどこまで続いているか確認したかったが、すでにかすかな赤みが残るだけの空の下ではほとんど何も見えなかった。下車駅のドルショナ・ホルトに着いたのはその3分後、18時53分。

一緒に下りた向かい席のおじさんが、これからどうするのかと尋ねてくる。「国境を越えてインドへ行きたい」と言うと、「よしわかった、俺に任せろ」と、駅前にいたリキシャに乗せられ、街中の細い路地の中にある安宿兼業の食堂へ連れて行かれた。「今夜はここに泊まって、明日の朝に国境を越えなさい」というのが彼の助言であった。

その食堂で夕食を取っていると、どこからともなく大人子供が私を見にやってくる。話しかけてくるわけではなく、ただ好奇心一杯の眼で一挙手一投足を注目されるのだ。

今や世界中どんな所にも日本人を含め外国人旅行者がいる。それなのに、この国では入国以来、ただの1人も外国人に出会わなかった。それほどにこの国で外国人は目立つ存在である。たまに英語を話す者がいようものなら、溢れる好奇心そのままに質問攻めに遭う。

観光客がほとんど存在せず、それゆえツーリスト産業も発達しておらず、したがって私たち外国人観光客から隙あらば金品を巻き上げようとする不逞《ふてい》の輩もいない。その点では、インドから来た私などは彼らの人の良さに感激するほどだが、1人で落ち着けるのがホテルの部屋の中だけという、超人気スターのような日々には若干の疲れも感じざるを得ない。

食事を終えたスターは、食堂の裏はどうなっているのかと思い、ファンを引き連れて裏口へ出た。そこは、思いもよらぬ場所だった。先刻見送った「本線」の先に存在していたはずのドルショナ駅である。未練を残していたドルショナ駅が投宿先に隣接しているとはさすがに予想できなかった。構内は赤煉瓦の駅舎が建つ1番線と島式ホームの2・3番線まであり、今にも旅客列車がやってきそうな雰囲気が漂う。

駅長室を訪ねると、職員らしき男性が数人談笑していた。私を見ると、よく来たなと言って笑顔で中に招き入れ、チャイを御馳走してくれた。

そのうちに、「日本人が駅長室にいる」という情報が瞬く間に近所を駆け巡ったのか、開け放たれた駅長室の入口に近隣住民が続々と押し寄せてくる。何をするでもなくただ私を見ているだけ。室内にいる警官が時折木刀を振り回して「シッシッ」と彼らを追い払うが、すぐにまた集まってきて元の木阿弥。相当に日本人が珍しいらしい。

唐突に、駅長室にいた若い男の1人が、「自分は歌のサークルをやっているのだが、一緒に来ないか」と言い出した。よくわからないが、このままここに滞在して客寄せパンダを続けるのも辟易するので、彼の誘いに乗ってみる。

「サークル」は彼の家かその近くと思ったら、連れて行かれたのは、2・3番線用島式ホーム上に建っている倉庫のような小屋だった。中には、20~30代の男性ばかりが10人ほど待機しており、ゴザの上には蛇腹の付いた小さな鍵盤楽器と、2対になった小鼓が置いてある。鍵盤を前に座ったやや年長の男性は「歌の先生」だという。

最初は「先生」が自分で演奏しながら、朗々と歌い上げる。やや哀調を伴ったその曲はバングラデシュの民謡だという。続いて他の男たちに順番が回り、テンポの速い祭りの歌などが次々に披露される。鼓の調子も軽やかになる。甘いチャイが持ち込まれ、それをいただきながら、私は黙って聴いている。イスラム世界の男たちは酒を飲まないので、こうして男同士で集まって甘いチャイをすすりながら歌を歌ったりすることを楽しみとするのだろうか。

ひとしきりお披露目が終わると、「一緒に歌おうぜ」と言って、楽譜を見せてくれる。だが、譜面はともかくベンガル語の歌詞が読めない。すると今度は「何か、日本の歌を歌ってくれないか」。

初めは聴くだけのつもりで来たが、こうなると断れる雰囲気ではない。英語混じりの歌謡曲を避けて日本語だけの歌を選択したが、ゆったりとしたテンポのものが多くなって、即興で合わせてくれるハイテンポの鼓を苦労させた。最も難しそうだったのは、「日本の国歌を歌ってくれ」と言われて歌った君が代だった。

君が代の返礼に、彼らはバングラデシュの国歌を合唱してくれた。1913年、アジアで初めてノーベル文学賞を受賞したタゴールによる「ショナル・バングラ（黄金のベンガル）」という名の国歌を、彼らは高らかに歌った。部屋の外、ドルショナ駅いっぱいに響き渡るような、楽しげで、力強い歌声だった。それが、私のバングラデシュ最後の夜であった。

翌朝は5時半に目が覚めた。宿の裏手にあるドルショナ駅にも、早朝ゆえ住民の姿はない。明るくなったドルショナ駅の構内を、初めてじっくり観察する。

ラジシャヒ側に貨物列車が1編成停車している。ホームの外れに赤煉瓦造りの古びた信号事務所が建っていて、ドルショナというローマ字がかすれながらも残存していた。

旅客列車がやってこない1番線ホームに立って、インド方面を遠望してみる。非電化の広軌複線が森の中へまっすぐ延びていて、その彼方は霞んで見える。

駅長室には、駅長が昨日と同じ格好でまだ勤務していた。インド国境へのアクセスルートを聞き、別れの挨拶をして辞去。

予定通り、6時に宿を出て、駅裏の路地市場からリキシャに乗り、国境を目指す。町を離れて細い農道をガタガタと走っていると、自転車をこぐ車夫が道端を指差して、「その道の線から向こうがインドだ」などと言う。標識も目印もないのに、本当だろうか。

約30分で辿り着いた国境事務所は、ドルショナ駅から直進してきた線路のそばにポツンと建っていた。そばに雑貨屋が1軒あるだけの寂しい場所である。

トーマスクックの時刻表には「この地点を通過する外国籍保有者には制限が課される可能性がある」との記述があった。だが、暇そうな係官はにこやかに応対してくれて、出国審査は何の問題もなく完了。備え付けの出国者名簿に自分で氏名等を記入するよう指示されたため、台帳に記されている過去の出国者を一瞥したところ、私の氏名の前は、1ヵ月以上前に出国したフィンランド人男性だった。それから誰もここから出国していなかったのだ。トーマスクックの時刻表の注記が曖昧なのも頷ける。

雑貨屋でチャイを1杯飲んでから、複線になっている線路の上を国境へ向かって歩き出す。自分の足で枕木を踏みしめながら歩くと、広軌の線路の幅広さを改めて実感する。線路の両側には広葉樹が立ち並んでいて、広い線路内は木陰の並木道だ。まっすぐ進むその並木道の遥か前方に、小さな駅らしき場所が視認できる。

並木が途絶えた所に、小川を渡る小さな鉄道橋が架かっていた。その橋の手前に「インディア」と書かれた白い看板が立っている。反対の線路には、逆側から「バングラデシュ」と読めるように表示された立札がある。列車で通過したならば見逃してしまいそうなこの小川が、インドとバングラデシュを隔てる国境なのであった。

立札の前でひなたぼっこをしている数人の男たちに会釈して、長さ10メートルほどのその鉄道橋を渡る。人が歩くためのスペースはないので、枕木の間に足を突っ込んで踏み外さないように注意しながら線路の真ん中をゆっくりと歩き、橋の中央で立ち止まって四方を見渡してみた。小川の両岸は、何の変哲もない草叢が広がるばかりで、とても国境には見えない。

北のチラハティーで何ゆえにあのような不自然な鉄柵まで設けて水田を両断しているのか、この小川を見るとわからなくなる。橋の周囲で私をジロジロと見る男たちがどちらの国の住人なのか知らないが、特別な意識のないまま、毎日何度もこの橋を往来してインドとバングラデシュの両国を行ったり来たりしているのだろう。


小川を渡り終えて数日ぶりにインドに再入国した私は、前方に見える鉄道駅を目指してなおも線路上を歩き続けた。インド領内に入ると線路の枕木が木製からコンクリート製に変わり、架線柱が登場して電化区間になった。

バングラデシュの国境事務所から1キロほど歩いて、インド側国境駅であるゲデ駅の手前の踏切で検問を受ける。前にバングラデシュ人が10人くらい並んでいる。荷物のチェックはかなり厳重で、10分近く待たされた。

しかも、この検問後にゲデ駅のホームに隣接する入管事務所を訪れて、改めて入国審査と税関検査を受けなければならない。その審査がやたらに厳しく、コルカタで宿泊するホテルの名前、住所だけでなく電話番号まで申告を求められ、検問を受けたばかりの荷物は全部開けられて再点検された。それでいて、入国書類の記入にダラダラと時間をかけ、私1人の入国手続きに1時間も要した。何とかして私の入国を阻もうとしているかのようにさえ感じた。

ようやく入国手続きを終えて駅のホームに出ると、片面ホームに、コルカタ行きの折返し電車が到着していた。ゲデを8時28分に出発する、今日の1番電車である。

濃緑色とクリーム色の2色に塗り分けられた9両編成の電車の車内は、中央の通路を挟んで8人掛けのクロスシートが左右に並んでいる。日本のJR在来線では左右4人掛けずつの配置が通常だから、いかにも広軌用車両らしい。ただ、座席は合板を張り合わせただけの硬い長椅子で、長時間座り続けるのは難しそうだ。窓にはガラスが入っておらず、鉄格子のように外側に鉄の棒が渡してある。移動監獄のような車両だが、これはインドの旅客車両の標準スタイルで、国境を越えてインドに戻ってきたことを実感させられる。

車内の空席に荷物を置いて、ホームでチャイを飲んで出発を待っていたが、予定時刻の8時28分になっても出発する気配がない。インドの鉄道らしいなと高をくくっていたら、8時29分、駅員や車掌の出発合図などが全くなく、ドアも開けっ放しのまま、いきなり電車が動き始めた。

慌ててホーム上を走り、電車に追いつこうとした。ところが、今までずっと乗ってきた機関車牽引の客車列車と異なり、電車は加速力が大きい。瞬間的に「このままだと追いつけない！」と感じた私は、荷物を置いた車両まで走るのを諦め、ひとまず手近の車両のドアに手をかけて何とか飛び乗った。かなり危ないところだった。

日本の電車と異なり、9両の車両はそれぞれ独立していて、車両間を車内で移動することができない。そのため、次の駅に停車したところでホームに下り、また小走りで前方の車両に移った。幸い、私の荷物は座席に置かれたままで、荷物を置いて1駅間帰ってこなかった私の姿を見て、近くの席に座っていた行商のおばちゃんたちが笑っていた。

車窓は水田と森林が広がるばかりで、バングラデシュ側とあまり変わらない。ただ、1駅停車するごとに、乗客が頻繁に入れ替わる。しかも、旅客車両は荷物車も兼ねているようで、停車駅ごとに積み込まれる荷物が増えていき、自分の方が貨車に便乗しているような気分になる。

走行中に何度かスコールに見舞われたが、そのたびに、かえって蒸し暑さが増してきた。薄暗い車内の乗客の多くも、暑さをこらえるように黙っている。乗客の服装は、男性はポロシャツにズボン、女性はサリーばかりとなる。バングラデシュ側の列車内にいた、ルンギを腰に巻いた男や顔を隠した女はいない。国は変わった。

広い側線に、野良牛がのそのそ歩いている。イスラム教国のバングラデシュ内では見られなかった光景だ。車窓からも牛を多く見かけるようになってきたが、どれも痩せていて骨格が浮き出ている。

日が高くなり、11時を過ぎると、車窓は広漠とした緑の大地から人家の密集地帯に変わった。駅の付近では線路際まで人家がひしめいている。左の後方から複線の線路が何度も合流し、走行中の線路の敷地がだんだん広がって操車場のようになっていく。都市部に入って、煤けた通勤駅に停車するたびに、客の乗降がいっそう激しく流動するようになった。

やがて都会の真ん中でスピードを落とした電車は、広い運河を渡る。その先に広がる大きなターミナルが、コルカタに複数ある鉄道ターミナルの一つ、シアルダー駅であった。11時47分、その広大な終着駅の一番端っこの目立たないホームに、電車は滑り込んだ。

ニュー・ジャルパイグリからの直通急行の大半は、このシアルダー駅から3キロほど西に離れたハウラー駅に発着する。シアルダー駅はゲデをはじめ、コルカタから東部方面へのローカル列車が主に発着するターミナルで、外国人旅行者にはあまり縁のない地味な駅である。

地元客で賑わうホームから駅前に出ると、リキシャの車夫が客待ちをしていた。リキシャの語源は日本語の人力車だそうだが、自転車や単車ではなく車夫が人力で牽くリキシャは、全インドでもコルカタにしかいない。ベテラン車夫がリキシャを牽いて、野良牛が寝そべる街路を往来する光景は、近代インドの都市部の原風景と言える。それはまた、ダージリンへと通じる東ベンガル鉄道の長距離列車が発着していた頃の、カルカッタの駅前の情景なのかもしれない。

第7章

印パの〝和解〟を演出する時速4キロの国際急行

▼アムリトサル（インド）→ラホール（パキスタン）

アラビア海からカシミールに至るまで、数千キロに及ぶ国境と停戦ラインで接しているインドとパキスタン。この長大なライン上で現在開放されている陸上国境は、わずか2ヵ所に過ぎない。

その2ヵ所では、いずれも両国を直結する国際列車が運行されている。特に、北インドのアターリーとパキスタン側のワガの間に開かれた国境は、1965年の第2次印パ戦争から閉鎖されていた南インドの国境が41年後の2006年に再開されるまで、両国を陸路で往来する唯一の出入国地点だった。

旅行者の大半は徒歩で越境するこの場所は、印パ両国を結ぶ国際列車の運行区間でもある。その名はサムジャウタ・エクスプレス。「サムジャウタ」とはインドの公用語であるヒンディー語、パキスタンの公用語であるウルドゥー語のいずれでも「和解」とか「調和」といった意味があるという。「和解急行」「調和急行」といった列車名からは、この区間に旅客列車を走らせることに、経済的な旅客需要とは別の政治的な意味があることが推察できる。

そのことは、両国間の政治関係次第で列車の運行が大きく左右されてきた歴史からも窺える。第3次印パ戦争後の1972年に運行をスタートしたこの国際急行は、2001年12月にニューデリーで発生した武装集団によるインド国会議事堂襲撃事件がパキスタン側のテロリストの犯行であるとして、インド政府が抗議のため、両国を往来するバス・列車の運行を全面ストップさせた。列車の運行が再開されたのは2004年1月で、2年以上を要している。その後も、両国間で政治的な対立関係

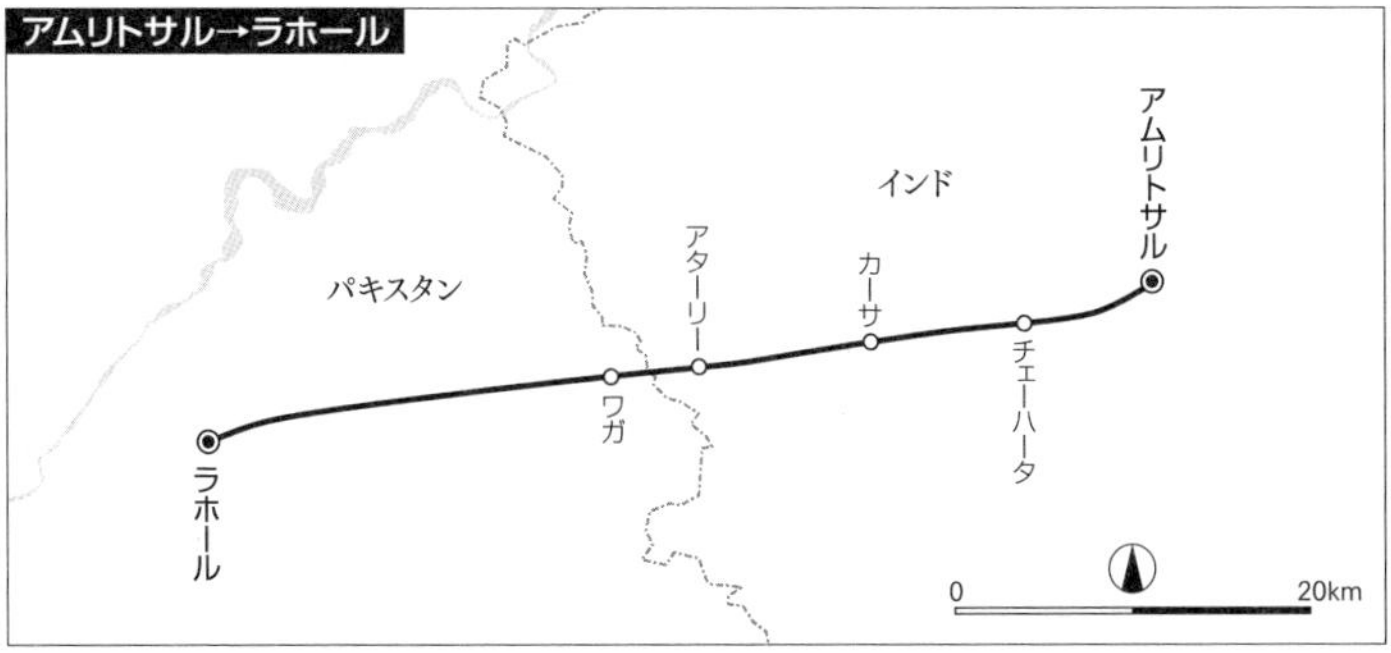

が高まったり要人が暗殺されるなどの問題が発生するたびに、「和解急行」は運転を見合わせる。同列車が正常に運行されているかどうかが、印パ両国間の友好関係を図るバロメーターになっているのだ。

私は2001年末の運行中止の約4ヵ月前、インドからパキスタンへ越境する際に、この列車に乗車する機会があった。インド側の始発駅はシーク教の総本山があるパンジャーブ州の一〇〇万都市・アムリトサル駅である。

朝6時、私はラホール行きの切符を買うため、駅舎の外にある切符売場へ足を運んだ。

そこで並んでいる人や窓口の職員に尋ねるが、「ナンバー・ツーへ行け」と言われるだけ。だが、2番窓口に行っても誰もいない。そのうち7時の発車時刻が迫ってきた。

駅の中に入ると、2番線に貨物列車が入線していた。駅の時刻表ではラホール行きは2番線から出るとされているのに、出発直前にこんな貨物列車が停車しているとはどうしたことか。しかも、その

2番線ホームには旅客列車に乗るような利用客の姿も見えない。本当にラホール行きが今日あるのか、疑わしく思えてきた。

ところが、その2番線ホームの真ん中に建つ小さなコンクリートの部屋、最初は駅職員の詰所か倉庫だと思っていたのだが、よく見ると、外壁にパキスタン行き列車の専用切符売場と書かれているのに気がついた。「ナンバー・ツー」とは窓口の番号ではなく、プラットホームの番号なのであった。

それにしても、駅構内に何の案内表示もなく、こんなに目立たない切符売場では、利用客に冷たい気がする。それとも、列車でラホールへ行く人間は勝手を知った者ばかりで、私のような何も知らない旅行者など初めから想定していないのかもしれない。

その粗末な切符売場に、6時55分になってやっと、サリー姿の若い女性が現れた。しかし、相変わらず他の利用客の姿は1人も見えない。

ラホールまでの切符を求めると、2枚の硬券を渡された。1枚はアムリトサルからインド側の国境駅・アターリーまで、もう1枚はパキスタン側の国境駅・ワガからラホールまでの乗車券で、運賃は合わせて50ルピー（約137円）。インド側の切符はヒンディー語と英語、パキスタン側の切符はウルドゥー語と英語で併記されている。なぜか、両国の国境部分であるアターリー〜ワガ間の運賃が含まれていない。

切符売りの彼女に、いったいラホール行きはどこから出るのかと聞くと、目の前の貨物列車を指差した。その編成の最後尾に客車が1両だけ連結されていて、遥か数百メートルの彼方、ホームの先端で乗客が何人か乗り込んでいるではないか。私は重い荷物をかついで、長いプラットホームの端から端へと息を切らせながら走った。

たった1両の客車は、赤茶色のインド国鉄標準客車である。前に20両以上連なる貨車と色が似ているので、遠くから一瞥しただけでは客車とわかりにくい。車体側面に「SLEEPER CLASS」と記されているように、車内は3段式寝台になっている。

インドの幹線鉄道の大部分は軌間1676ミリの広軌で、これは世界一の広さだ。したがって車両も大きく、寝台のスペースは日本のそれよりかなり広い。私は体が大きく、日本のB寝台は窮屈なので、広さだけなら羨ましく思う。

もっとも、肝心の寝台は、鉄枠と板を組んだ硬い棚が下段の座席兼用部分を含めて3段あるだけで、寝具その他余計なものは一切ない。こんな寝台で一晩寝たら体中痛くなるに違いない。

出発時刻が迫っていたので慌てて客車に乗り込んだが、なかなか出発しないまま時が流れ、7時34分、何の合図もなく唐突に動き出した。乗客は私を含め12名。客車に乗務員はいない。客貨混合列車ではあるが、1両きりの我が客車は貨物列車のおまけのごとき扱いである。

広大な構内のアムリトサル駅を出ると、砂埃の舞う住宅密集地の中を突き抜け、サトウキビ畑や水田の広がる郊外に出る。沿線には赤煉瓦を積み上げた住居が目につく。

車窓から見える住民には、パキスタンの民族服であるシャルワルカミースを着た男性が少なくない。インドの他の地域にはない光景だ。

一方で、頭にターバンを巻いたインド人も多く見られる。日本人には、インド人の男性というとターバンを頭に巻いた姿をイメージする人が多いが、ターバンを巻くのはシーク教徒の習慣だ。総本山というべき黄金寺院があるアムリトサルの始発列車らしい乗客構成である。

インド側の国境駅・アターリーまで、インド国鉄北管理局版時刻表によれば26キロ。全国版時刻表には36キロとあるが、トーマスクック時刻表は26キロとしている。

もともと、昔からこの国境を利用する旅行者は多い。アジアとヨーロッパの間を陸路横断する旅人は、印パ間を移動するときは必ずここを通らないといけないからだ。『深夜特急』の沢木耕太郎も、この国境を通過している。

ただ、それらの旅行者のほぼ全てが車と徒歩によって国境を越えているらしい。鉄道はよほど使い勝手が悪いのか、日本ではほとんど情報が手に入らない。断片的な情報も内容が錯綜《さくそう》していて、運行日や時刻もはっきりしない。日本で発行されている旅行案内書にいちおうの記述はあるが、執筆者が自ら列車に乗って確認したと思われる内容ではない。出版物でもインターネットでも情報に乏しいというのは、今の世の中では稀有《けう》なことだ。

この国際列車については、走行距離のみならず、運行ダイヤも複数の時刻表で記述が分かれている。日本での事前調査結果も含めて比較すると、アムリトサル発は7時と9時半のいずれかで、ラホール着は13時35分、16時15分、16時35分のいずれか。運転日は月・木曜の週2回とするものと、何の注釈も付いていないものとがある。

私は当初、インド国鉄の地方支局の一つである北管理局が独自に発行する時刻表の9時30分発13時35分着（月・木曜の週2回運転）とする情報が正しいと思っていた。北海道の時刻表は全国版より道内版の方が詳しいのと同じ理由である。

ところが、実際にはインドの全国版主要列車時刻表の7時発16時15分着という記載が正しかった。地域限定版より抄録の全国版の方が正確とは、いったい何のための地域版時刻表だろうか。

走行距離については、トーマスク

印パ国際列車に関する時刻表の差異

①インド国鉄全国版時刻表

国名	km	列車名		4607 サムジャウタ・エクスプレス	《運転注意日》◆【月・木曜運転】
インド	0	アムリトサル	発	700	
	36	アターリー	着	740	
			発	1130	
パキスタン		※ワガ駅未記載			
	–	ラホール	着	1615	

②インド国鉄北管理局版時刻表

国名	km	列車名		4607 サムジャウタ・エクスプレス
インド	0	アムリトサル	発	930
	7	チェーハータ	〃	レ
	14	カーサ	〃	レ
	26	アターリー	着	1010
			発	1245
パキスタン		※ワガ駅未記載		
	–	ラホール	着	1335

＊本文には運転日に関する記載なし
＊目次の列車番号索引では、運転日は月・木曜日、アムリトサル出発時刻は700でラホール到着は1615と表記

③トーマスクック海外版時刻表

国名	km	列車名		4607 サムジャウタ・エクスプレス	《運転注意日》◆【月・木曜運転】
インド	0	アムリトサル	発	700	
	26	アターリー	〃	1130	
パキスタン		※ワガ駅未記載			…
	46	ラホール	着	1635	…

⑴パキスタン側国境駅・ワガ駅についてはいずれも存在自体が無視されている
⑵インドとパキスタンの時差は30分（インドが午前0時のとき、パキスタンは午前0時30分）

ック時刻表を含め3者を比較すると、アムリトサルの発車時刻は全国版とトーマスクック時刻表が一致し、距離表示は北版とトーマスクックが一致している。他に資料のない私としてはひとまず多数決によるしかない。

かように何かと頼りにならないインドの時刻表だが、こうした印パ直通列車に関する不安定な記述は、インド国鉄におけるこの列車の存在価値の程度を、そのまま体現しているようにも思える。

いちおうは急行列車らしく、アムリトサルを出てから20分足らずのうちに、小さな駅を二つ通過した。シーク教徒の駅長がホーム中央に直立し、我が国際急行を見送っている姿が車窓後方に流れ去る。北版時刻表によれば、インド側ではこの列車とは別に、アターリーまでの普通列車が毎日1往復運行されているらしい。

次第に人家が見当たらなくなってきた8時10分、緑の大平原に囲まれたアターリー駅に到着。幅広の島式ホームは金網で仕切られ、ホームの真ん中で税関検査が行われている。

ホームの最東端ギリギリに停車した国際急行の乗客御一行は、荷物を全て持って砂塵《さじん》にまみれた客車から下り、ホームの先頭までてくてく歩いた。

ホームを二分する金網の柵はパキスタン寄りのホーム先端で途切れ、そこで出国審査。小さな机を前に座っていた係官は暇そうで、日本のパスポートを見ると珍しそうにパラパラとめくった後、ゆっくりとした手つきで出国印を押した。

私の腕時計を見て、「それは日本製か」などと尋ねてくる。彼の腕時計には「MADE IN JAPAN」と彫られていた。自分の時計を日本人に見せたかったのかもしれない。あいにく私のは韓国製の安物で、手首から外して裏蓋の刻銘を彼に見せた。すると彼はますます珍しいものを見る眼をして、自分の腕時計と私のを交互に指差しながら、「お前は本当に日本人か」と笑った。それで出国審査はおしまいになった。

ホーム中央は税関審査場となっていて、このアターリーからパキスタンへ向かう人が大勢いた。第三国人の姿は私のほかに見えず、手荷物検査はすぐに終了。検査を終えた私のバッグの表面に、検査官が検査終了の印を油性マジックで直接書き込んだのにはたまげた。これからこの国境を列車で越えようとする人は、使い捨てのバッグを使用することをお勧めする。

全ての検査を終え、金網柵の扉を通って再びラホール行きの停車する側に戻ると、アムリトサルから乗ってきた最後尾の1両客車はどこかへ消え、代わりに編成の先頭から同形式の別の客車が9両、新たに連結されていた。牽引する機関車の姿はまだない。

駅員に列車の発車時刻を尋ねると、11時との返事。2時間以上も待たなければならない。しかも、ホーム上の全乗客の税関検査が終わらない限り列車は動かない。まもなく客車内には入れたが、蒸し暑くて不快なので、日陰のホーム上に避難して、柱の片隅に転がって少し眠った。周囲には出発を待つ乗客のほか、ジュースや菓子の売り子や巨軀の野良犬などがうろうろしている。

11時40分、パキスタン側から、先頭に立つディーゼル機関車がやってきた。今度はパキスタン国鉄の機関車だ。

パキスタン国鉄のディーゼル機関車がアターリー始発のインド国鉄客車9両とガッチリ手を結び、アムリトサルから来た貨車のうちわずかに残った5両を従えるという印パ混合編成に変身。ようやく「普通の」客貨混合列車らしくなった。

ホーム上の乗客が客車内に乗り込み始める。ただでさえ蒸し暑い車内に乗客の熱気が加わり、硬い椅子に座っているだけで額から汗がにじみ出る。

私の周りの乗客はシャルワルカミース姿のパキスタン人ばかり。人前で肌を出すことを嫌うイスラム教国に入るため、我慢して長袖長ズボンの洋服を着ている私より、彼らの方が涼しそうに見える。

そのパキスタン人たちは売り子から冷たいジュースを買って飲んでいるが、インドルピーを使い切ってしまっていた私は、ここでは何も買うことができない。あらかじめ持参していたペットボトルのミネラルウォーターも残り少なくなってきたため、ホームにある「DRINKING WATER」と書かれた水飲み場の水を飲んだ。

インド各地にあるこの種の水飲み場の水、もとよりインド人は平気で飲んでいるが、日本人が飲むと腹をこわすなどと言われる。だから私もこれまでは飲まずにきたが、インド出国間際になってついに喉の渇きと暑さに負けてしまった。死にやしまいと考えれば、後先考えずに開き直ってがぶがぶ飲めた。死にやしまい。

12時05分、3時間55分の停車を終えて、サムジャウタ・エクスプレスはしずしずと歩み始めた。アムリトサル出発時とはうってかわって、パキスタン人がどの車両にも大勢乗って大混雑だ。どの客も、荷物がとても多い。徒歩や車で運びきれない大荷物を運ぶ人が、この列車のお得意様ということなのだろうか。

最低速で徐行しながら、金網に囲まれた線路敷の中を慎重に移動していく。柵の内部で放牧している人もいるが、多くの人が金網の外から国際急行の重々しい行進を眺めている。柵の内側には、明らかに外側とは違った一種独特の緊張感が漂っている。

国境警備の騎馬隊員が馬を駆って、列車のすぐ脇を颯爽《さっそう》と往来する。車内にはマシンガンを携えた兵士が乗り込んでいる。

12時14分、印パ国境線前で列車はいったん停止。緊張感は最高潮に達する。見通しの良い広々とした水田地帯の情景の穏やかさと、緊迫した空気とのギャップが、必要以上に国境の緊張を盛り上げているように思う。

車内の警備兵が下車し、12時17分、再び列車始動。〝微動〟とでも表現すべき足取りで前進すると、まもなく、その水田地帯を無造作に東西に分断した金網のフェンスが車窓の真ん中を横切った。自然の地形を無視して平野の真ん中に無理やり引いた国境線であることが一目瞭然である。フェンスの両側は無人地帯になっていて、まるでベルリンの壁のようだ。

地平線に向かって一直線に延びるこのフェンスを越えてしばらくすると、水田地帯は原野に変わった。線路際に立つ国境警備兵の服装も、洋服スタイルのインドの軍服とは全く異なる、シャルワルカミースのスタイルを採り入れた独特の格好になった。

広大な緑の原野の真ん中の、陸の孤島のような駅に進入する。側線には大量の貨車が並んでいる。インド国鉄の貨車だ。アターリー駅と同様、島式ホームの向かって左側に私たちの編成は入線した。鉄道の左側通行は日本と同じ、つまり日本の鉄道敷設を創始したイギリスの方式と同じである。パキスタン側の国境駅・ワガの到着時刻はインド時間で12時22分、パキスタン時間で11時52分。

大量の荷物を抱えたパキスタン人に交じって、私も再び客車を下りた。ホーム前方の入口から、乗客が先を争って建物内部に入ろうとする。入口前には荷物運搬用の手押し車（カート）が置いてあって、パキスタン人のおばちゃん同士が怒声と悲鳴を上げながら、凄まじい形相でカートの奪い合いをしている。取っ組み合いの喧嘩まで発生し、殺気立っている。

そのカート争奪戦を横目に、さっさと建物の中へ入る。パキスタンの入国審査である。ここでも私は誰もいない特別の通路に通され、あっさり通過できた。インド人とパキスタン人の審査窓口は大行列だ。数百人の乗客の中にいたそれ以外の第三国人は、私とインド系イギリス人の中年男性の2人だけ。パキスタンに入国し、時計を30分戻す。

その先の税関検査では荷物を開けさせられた。問われたのはもっぱらアルコールの有無。イスラム教を国教とするパキスタンは、外国人旅行者が酒を飲むにも飲酒許可証を役所で取得しなければならないお国柄である。

税関検査を終えると、ホーム中央の待合空間に出た。ここでしばらく待機させられる。外を見ると、全ての客と荷物を吐き出したカラの列車は到着ホームからいったん離れ、島式ホームの反対側の乗場に移動していた。

やがてホームに立入る扉が開かれ、再び客車に乗り込んで荷物を置いて場所を取る。だが、サウナのような車内で待つのはつらいので、日陰になっているホーム中央の待合空間に戻る。ベンチに腰掛けて、時が流れるのをひたすら待つのだ。

駅員に列車の出発時刻を聞く。16時だという。また4時間も待つのか。もう、インドで買った2冊の時刻表は完全に無意味なものになった。

見るからに異邦人なのは私1人であるせいか、暇を持て余す乗客がしばしば話しかけてくる。あのインド系イギリス人のオヤジさんは、マンチェスターでインド料理店をやっていたが、倒産してしまったので店をたたんで遊びに来たとのこと。そのオヤジさんと意気投合して歓談していた、白のシャルワルカミースを着た40歳くらいのパキスタン紳士は、仕事を終えてラホールへ帰るところだという。

3人でしばらく雑談に興じていると、そのパキスタン紳士が、3人でここからタクシーをチャーターしてラホールへ行かないかと提案した。イギリス人のオヤジさんは直ちに同意し、私に意見を求めた。

私はラホールからすぐにイスラマバード方面へ向かう予定なので、早めにラホールまで行ってしまいたい気持ちはある。ただ、せっかく週2回の国際列車に乗れたので、このままラホールまで列車に乗って行きたいという希望もすぐには捨て難い。

少し迷った私は、列車は16時に出るというが、それよりどのくらい早くラホールへ行けるのかと2人に聞き返した。すると紳士は、

「午後4時に出発するという予定で、本当に4時に出ると思うのか。彼らが4時と言ったら、6時過ぎになると考えるべきだ」

と、諭すように私に言った。パキスタン人自身からそんなふうに言われては反論の余地はない。

それに、言われなくたって、定刻通り16時に列車が出発するなどとは私も思っていない。2人がすでにその気なこともあり、結局私は誘いに乗った。

私が了解すると、紳士が税関職員の所へ行って何やら交渉を始めた。ここからラホールまでタクシーをチャーターするための許可を得るにはどうすればよいか、ということらしい。パキスタン国民が帯同するのに、国内の移動に許可がいるのだろうか。

だが、その後も紳士が駅の中を聞いて回った結果、結局この案は実現しなかった。ラホール行き急行の乗客が駅の外に出ること自体が認められないということらしい。よくわからないが、私たちはじ

っと列車の出発を待つしかないのである。残念なような、ほっとしたような。

残念がる2人と一緒にホーム上の喫茶室へ行き、茶飲み話をして過ごす。大甘のチャイの味は、インドもパキスタンも変わらない。

私たちの席のすぐ隣に、イスラム教徒の礼拝所が併設されていた。チャイを飲む私のすぐ目の前で、ムスリムが入れ替わり立ち替わりやってきては、メッカへ向かって祈りを捧げる。

旅行者がこういう光景に間近に接する機会は少ない。礼拝の場所は神聖なものとされ、非イスラム教徒の立入りを禁じている所が少なくないからだ。

ティータイムの後は、1人になってホームをぶらぶら歩く。そのうち列車の編成最後尾に近づき、さらにホーム外れの線路上に立ち、アターリー方面を遠望した。

国境へ向かう線路脇に、ウルドゥー語で大書された看板が立っている。何と書いてあるのかわからないが、そんな様子をぼんやり眺めているうち、ほどなく鉄道職員と国境警備兵が私のそばにやってきて、「何をしているのか」と詰問した。散歩だと答えると、ホームに戻るようにやんわりと指示した。穏やかな物言いではあったが、カメラなど手にしていたら、問答無用で取り上げられそうな雰囲気だった。やはり、かなりピリピリした国境である。

時計の針は悠然と時を刻む。案の定、午後4時を過ぎても、乗客全員の入国・税関検査は依然として続いている。いつしか太陽が西日になると、礼拝所へ行かずにホームのベンチの上でお祈りをする人も現れた。イスラム教徒の礼拝は早朝、正午、遅い午後、日没後、就寝前の1日5回である。

ホームにいた駅員に、いったいこの列車はいつ出発するのかと尋ねると、「インシュ・アラー」との答えが帰ってきた。パキスタンでは列車の出発時刻さえも神の御心のままなのか。もっとも、イスラムの聖典・コーランには、将来のことを約束するときには必ず最後に「インシュ・アラー（神の御心のままに）」と付け加えよ、と書かれている（第18章23〜24節）から、彼は別におかしなことを言っているわけではない。

大量の荷物を抱える印パ両国民の税関検査が、午後5時半過ぎにやっと終了。ようやく発車だということで乗客が車内に戻ったと思ったら、入管職員がホームに出てきて、インドのパスポート保有者はもう一度パスポートをチェックするから下りろと指示し、さらに出発が遅れた。

じっと日光浴を続けた印パ国際急行は、日没が近づいた18時05分、6時間ぶりに走り始めた。ワガ駅を後にして、夕日を浴びつつ四方に広がる水田地帯の中を徐行する。線路はひたすら一直線で、カーブが全くない。乾燥した大地を走る列車の足元から砂埃が立ち、ガラスのない窓から吹き込む。

アムリトサル近郊と似た赤煉瓦造りの民家が目立つ。住居の造りは国境を越えても変わらない。ただ、沿道を歩く男の服装は一様にシャルワルカミースばかりで、洋服姿は1人も見ない。線路のそばで水牛の群れを追って歩く人や羊飼いを、ゆっくりと追い越していく。

ワガから40分ほどで、車窓が農村から街へと変じる。線路の敷地内はゴミ捨て場のようになっていて、スラムの様相すら呈している。日没直後の紅い残照の街頭は、家路を急いだり屋台で夕食を楽しむ人などで賑わっている。

街の中心に建つ古めかしい巨大モスクから、日没後の礼拝を告げるアザーンが聞こえる。スピーカーを通して街全体に響き渡る低い声が、列車の振動と一体となって全身に伝わってくる。イスラムの世界に来たなと思う。

いくつか小駅を通過し、18時48分、最初の停車駅モガル・プラに到着。側線に貨車が大量に留置されている大きな駅だ。大通り沿いに立派な駅舎を構えていて、若干の下車客がある。駅のホームに「ラホールから4・9キロ」の表示が見える。

人の服装だけでなく、車も国境を越えて変わった。インド製の自動車はどこにも見えず、走っているのは日本車ばかり。インドはもちろん、バングラデシュやネパールなどの周辺国でもインド製の自動車が主流なので、インド風の街並みの中に日本車が氾濫する図は新鮮である。

19時を回り、周囲の乗客が下車の準備を始めた。と、まばゆい光を夜空に放っている大きな駅を目の前にして、車両基地のそばで停車。信号待ちらしいが、一向に動く気配がない。線路に下りた乗客たちが前方を窺う。荷物が少ない客の中には、隣の線路上を歩いて行ってしまう人もいる。待つことに慣れた乗客は線路上で立ち話を始めたり、線路脇にしゃがみこんで用を足したりしている。この国では、大小に関係なく男性も座って用を足す。

そんな私たちを横目に、隣の線路を国内列車が追い抜いていく。初めて見るパキスタン国鉄の客車は、クリーム色と青色に塗り分けられていて、赤茶一色のこちらインド国鉄標準客車より随分と垢抜けて見えた。

終着駅の目前で30分以上停車し続けた我がサムジャウタ・エクスプレスは、ようやく重い腰を上げると、ノロノロと線路の上を這うようにして、夜空の下に明るく浮かび上がっていた前方のラホール・ジャンクション駅に辿り着いた。私の安物腕時計は19時41分を指していた。表定速度は時速3・8キロ、12時間余りの印パ国際急行の旅は終わった。長い長い、46キロであった。

広々としたエントランスの駅舎を出ると、駅前には人が溢れていた。その9割以上はシャルワルカミースに身を包んだ男性ばかりだ。洋服姿の私はかなり浮いた存在で、道行く人の注目を集める。服装も宗教も多種多様だったインドとは、そこは明らかに異なる国であった。

あの46キロは本当に長いのだな、と私は思った。

第8章

「世界一短い国際列車」と称された南米の孤立路線

▼タクナ（ペルー）→アリカ（チリ）

南米大陸では、20世紀後半以降、鉄道の衰退化が急速に進んだ。その縮小のスピードや規模は、日本の赤字ローカル線廃止事業の比ではない。

南米の鉄道はヨーロッパ大陸のそれと異なり、大陸内相互における都市間輸送ではなく、内陸から港湾への貨物輸送を目的とした路線が多い。このため、南米大陸全体をカバーする統一的な鉄道ネットワークは存在せず、各国がそれぞれ独立した路線を独自に運営している。

そして、各国とも道路網の整備と民間バス会社間の激しいサービス競争によって、国内鉄道、とりわけ長距離旅客列車は年を追うごとに削減されていった。そうなると、他国へ車両を直通させる国際列車は、国内列車よりも運行に手間がかかる。国内の長距離移動の主役の座がバスや航空機へ移ったのに、国境を跨ぐ区間にだけ旅客列車が残る理由はない。かくして、21世紀初頭の時点で、南米大陸の2国間移動の手段から国際列車という選択肢はほぼ姿を消した。

ところが、そんな鉄道不毛の地で、国境線を跨ぐ1区間だけ、長年にわたって旅客列車が運行され続けている地域がある。ペルー南部のタクナと、チリ北部の港町・アリカとを結ぶ61・2キロの路線がそれで、両国の発着駅で他の鉄道と接続することもない。ペルーとチリ、双方の国内鉄道網から隔絶された、異色の短距離国際路線である。

同路線の歴史は長い。開業したのは1855年で、日本ではペリーの浦賀来航の2年後にあたる江戸時代末期だった。ペルーでも、首都のリマから山岳地帯へ通じるアンデス中央鉄道に次いで2番目に古い。

実は同路線の開業当時は、アリカはペルー領だった。その後、19世紀末に鉱物資源を巡ってチリはペルー・ボリビア両国と戦争になり（太平洋戦争）、勝利したチリはタクナ、アリカ両地方を獲得する。このうちタクナが1929年になってペルーに返還されたことから、それまで全区間が同一国内に帰属していた同路線が、国境を跨ぐ国際路線に変わったのだ。

その後、1972年にペルーの国内鉄道が国有化されると、同路線は首都のリマやマチュピチュ地方を走る路線と一緒に、ペルー国鉄南鉄道管理局の管理下に入った。1999年の国鉄分割・再民営化後は「タクナ～アリカ鉄道」という独立会社になっている。開業当時からの歴史的な経緯ゆえか、国境からチリ側の路線も含めて、全線がペルー側によって運営されている。

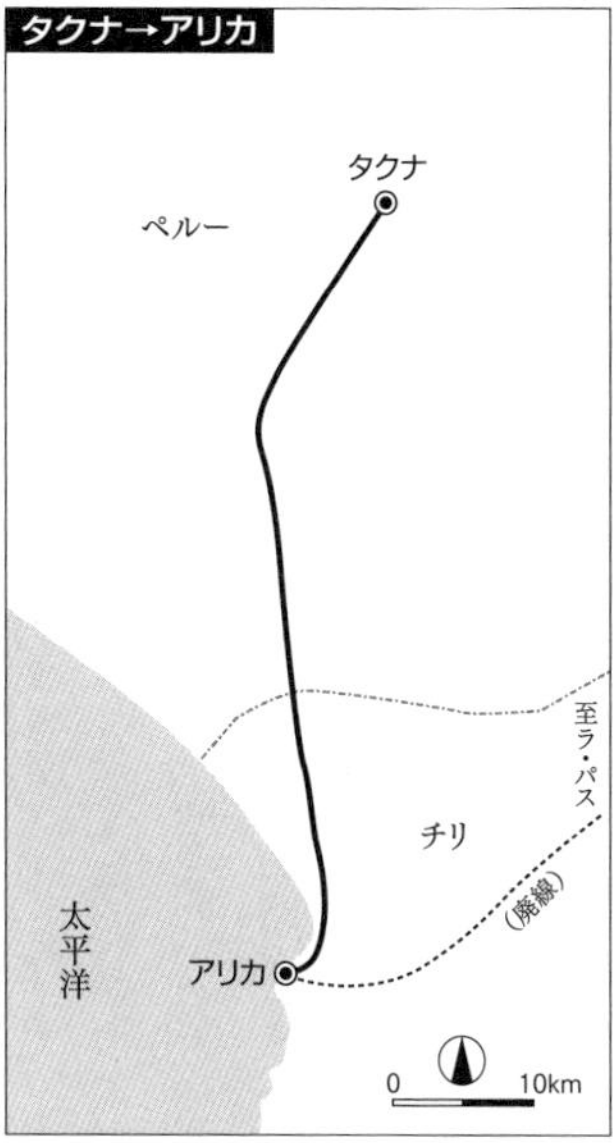

かように長い歴史を持つ同路線なのだが、港湾への貨物輸送を目的とした鉄道らしく旅客営業はおまけのような存在なのか、海外旅行情報としては、21世紀に入っても同路線の運行状況は日本ではわからないことが多かっ

た。トーマスクック海外版時刻表の2005年7・8月号には、「列車の運行は中止されている可能性があるので事前に確認せよ」という注記があった。世界中の旅行者が愛用する英文ガイドブック『ロンリー・プラネット』のペルー編を開いても、2004年1月改訂版に「2000年の時点で同線は数年間営業休止中。2003年末の時点では再開の予定」という頼りない短文があるだけ。両記事とも、注記の最後は「最新の事情は現地で確認されたし」と結んでいた。詳しいことがわからないときの常套句である。日本語ガイドブックの一つ『地球の歩き方』のアルゼンチン・チリ編でも、この列車は運休中である旨記される時期が長く続いていた。

だが、開業150周年にあたる2005年夏の時点では、この小さな国際鉄道は静かに復活していた。その後、2012年になって施設の老朽化を理由に運休してしまったが、4年以上経った2016年になって運行を再開している。本稿は、「旅客列車は運休中」という情報ばかりの中で「最新の事情は現地で確認」せよとのアドバイスに従い、正確な事前情報なしで現地を訪ねて運行中の列車に出合えた2005年8月当時の記録である。

タクナのバスターミナルは、街の中心部から2キロほど離れている。正午過ぎ、各地からの長距離バスが到着すると、タクシーの運転手たちが下車客たちに「チリ？　アリカ？」と声をかける。タクナに来る旅行者の多くは、チリに抜けるのが目的なのだ。その大半は彼らタクシードライバーの手を借り、あるいはバスを乗り換えて行く。せっかくタクシーに乗ったのに、チリへ直行せず、街の中心部にある鉄道駅へ向かう私のような者は少ない。

ちなみに、並行するバスやタクシーで気軽に移動できてしまうこのタクナ～アリカ鉄道は、「世界一短い国際列車」と称されることがある。旅行ガイドブックでもそういう紹介がなされているケースがあるのだが、この2005年時点でも、世界には他にもっと短い距離だけを走る国際列車が存在している。どうしてそういう修飾語が冠せられるようになったのかは、よくわからない。

タクナ駅は横長の木造駅舎が細い車道に面して一直線に続いており、外からは壁ばかりで構内の様子が窺いにくい。駅の看板が掲げられたドアには列車の運行時刻を示す貼紙があるが、そのドアは閉ざされており中に入れない。

どうしたものかとうろうろしていたら、近くを歩いていたおじさんが私を呼び止め、回廊のような駅舎の壁の端っこにある通用門へ案内してくれた。駅に併設された鉄道博物館とのこと。幸い、すぐに中から管理人の男性がカギを開けてくれて、人けのない構内に入ることができた。

タクナ駅は、駅の外へ通じる線路が車道との併用軌道、つまり路面電車のようになっていた。駅の中とは頑丈な扉で仕切られていて、列車の通行時だけこれを開くらしい。このような、駅構内に部外者をむやみに立ち入らせない管理方式は、ペルー全土で採用されている。タクナ駅の扉は頭上が時計台になっていて、歴史ある鉄道駅としての風格を醸し出している。

駅構内は1日2往復の旅客列車が発着するだけとは思えないほど広く、ホームは長距離列車にも対応可能な長さだ。そこにオレンジ色のディーゼルカーが1両、ポツンと鎮座している。これが16時発のアリカ行きだという。「国際列車」という名の響きが持つエキゾチックな雰囲気はまるでなく、どこから見てもペルーの片田舎を走るローカル線の鈍行列車である。

ディーゼルカーの車内は中央の乗降扉を境にして、前後が半室構造になっている。ソフトシートの4人掛けボックス席が並ぶ客室は薄暗く、埃っぽい。木製の窓枠に煤けた板張りの床が車齢を感じさせる。座席定員は61名。

構内にはこのディーゼルカーのほかに、別の単行ディーゼルカーが1両、そしてディーゼル機関車と客車が車庫に眠っている。日本の鉄道車両より大きく感じるのは、タクナ～アリカ線の線路の幅が国際標準軌である1435ミリを採用しているからだろう。

通常はこの2両の単行ディーゼルカーがタクナ～アリカ間を往復し、客車列車の登場機会は最近では少ないようだ。ディーゼルカーの出自は不明だったが、客車は英国シェフィールド生まれ、1958年製造との銘板が見えた。

駅自体が「鉄道博物館」を名乗るだけあって、構内には営業運行中のディーゼルカー以外にも蒸気機関車や旧式の木造客車、正体不明のレールバスなど珍車がズラリと並んでいる。発車時刻より3時間以上早くタクナ駅に着いたおかげで、見物客がほとんどいないこの屋外博物館を長時間ほぼ独占し続けた。

出発時刻1時間前の15時になって、閉ざされていた駅舎正面のドアが開けられ、小さな待合室が旅客に開放された。アリカ行き列車は月曜から土曜までの毎日、朝6時と夕方16時の2回出発。アリカ発列車の到着は10時半と19時半。それ以外の時間帯は、旅客は駅舎に立ち入ることはできない。

警備員詰所のような狭い事務室でチリの入国カードが配られ、代わりにパスポートを預ける。係員がパスポートを見ながら、ペラペラの薄い乗車券に氏名等をペンで記入していく。1人で全旅客の切符にそれぞれ必要事項を記入し、それを乗客名簿台帳に転記しているので、乗客が多かったら大変な時間がかかるはずだが、幸か不幸か旅客数が少ないので発券作業が停滞したりはしない。係員も急いで作業をするふうでもなく、何とものんびりした前時代的な国境審査だ。切符はアリカまで片道5ソル（約180円）。バスやタクシーよりも安い、庶民の国際列車なのである。

タクナ〜アリカ鉄道時刻表(2005年8月現在)

1	3		km	列車番号	2	4
600	1600	↓ 発	0	タクナ 着 ↑	1030	1930
715	1715	着	61	アリカ 発	900	1800

註(1)：全列車月〜土曜運転
(2)：表示はいずれもペルー時間。ただし、チリとペルーの時差は1時間（ペルーが午前0時のとき、チリは午前1時）

もっとも、主たる利用者である地元客は、「よその国へ行く列車」ということに対して、日本人ほどの大仰な感覚を持っていないのかもしれない。というのも、切符を買うのにパスポートなど用意しているのは第三国人の私くらいで、ペルーやチリの地元客たちはそれぞれ自国で発行される日本の運転免許証サイズの身分証明カードを所持している。隣国との往来は、このカードがあれば足りるのである。

おまけに、ペルー人だろうがチリ人だろうが、話す言語はともにスペイン語。中南米ではほとんどの国でスペイン語が公用語となっており、国境を越えると言語が異なる……という状況は滅多に生じないのだ。したがって、待合室内に飛ぶ会話も各種案内掲示もスペイン語のみ。案内掲示に国境を挟む両国の言語を併記する、といった配慮も一切不要である。両国で異なるのは通貨くらいだろうか。

およそ国際列車の出発前とは思えぬのどかな時間を待機すること30分、15時半になって、改札の前で乗客名簿台帳が読み上げられ、出国審査が行われる。最初に呼ばれたのは私であった。

ローカルムード満点のこの鉄道乗車で、この出国審査だけが唯一、例外的に厳しかった。荷物検査は1人ずつ、衆人環視の中でカバンを開き、係官が中をかき回してチェックする。私は何も言われずにパスしたが、おそらく、ペルーでは合法だがチリへの持ち込みが禁止されているコカの葉（コカインの原料。ペルーではお茶の葉として親しまれているが、チリや日本では麻薬として規制されている）を持っていないかを確認しているものと思われる。

荷物検査が終わると、パスポートにペルー出国スタンプを貰って手続き完了。書類上はすでにペルーを出国した身体となって、1両きりの国際ディーゼルカーに乗り込む。

乗車券には座席番号が書き込まれているが、車内に入ると実際には自由席と同じで、誰も座席番号など気にせず座っていく。乗客は30人弱で、私は向かい合わせの4人掛け席を独占できた。通路を挟んで反対隣に座る夫婦は、チリの首都であるサンティアゴに住んでいるというドイツ人。第三国人の乗客は私と彼らだけだった。やはり、バスとの接続が不便な列車は、いくら安いとはいえ外国人旅行者には使い勝手が悪すぎるのだろう。

16時03分、ホームの鐘が3回打ち鳴らされると、汽笛と同時に出発進行。時計台の真下の扉を通過し、路面電車のように併用軌道をゆっくりと進んでいく。車道は下り坂となっていて、ディーゼルカーは汽笛を鳴らし続けながら悠然と車道の真ん中を通る。車体が左右に大きく揺れる。5分ほどで専用軌道に入るが、激しい揺れは変わらない。列車の接近を遠方から線路上の人車に知らせるためであろう、けたたましい汽笛を終始鳴らしっ放しで走る。

16時14分、タクナの町外れまで来ると、右前方になだらかな砂丘が太平洋の方向へ続いているのが視界に入る。ディーゼルカーは不毛の砂漠地帯に入り、足元から土煙を吹き上げて西日に向かって疾走する。ようやく、車内で車掌が検札に来る。座席番号が切符の指定場所と違っているが、何も言われない。

タクナの町を離れても、トウモロコシ畑や教会、あるいは発電所のような施設が時折現れる。だが、ほとんどの区間では左にうねる砂丘、右は砂礫《されき》の荒野の彼方に地平線が続く。線路際に台車を外した木製客車の残骸が転がっていたりして、渺茫《びょうぼう》とした地の果てのごとき光景が展開する。

周辺に何もないその荒野の真ん中で、線路からやや離れた進行方向右手に、墓標のような塔がポツンと建っているのが見えた。その直後の16時54分、唐突に出現した駅の廃墟のような場所を一瞬で通過する。不思議な場所だと思ったら、どうやらそこが国境地点だったらしい。何の前触れもなく、減速もしなかったので、右の車窓を眺めていなかったらチリ入国に気がつかなかったに違いない。両国の領土限界を示す柵や検問所もなく、物々しさなど微塵も感じられないのどかな国境である。

17時を回ると、車窓は無人の砂漠から雑木林や人家が集まるオアシスへと転じる。線路が延びる遥か先には高層ビルの姿や太平洋、そして海に向かって突き出る高さ110メートルの岩山がそびえており、頂上にチリ国旗が海風を受けてはためいているのがよく見える。

住宅地に入ると、線路の右手に巨大な船ドックが迫る。巨大な船体が所狭しと並ぶ様子を横目にしつつ、17時17分、その船ドックに隣接したアリカに到着した。タクナから一度も停車せず、ノンストップのままだった。アリカ駅はなおペルー側の管理下にあるが、ペルーより1時間早いチリ時間に腕時計を修正する。

駅のホームでチリの入国審査を受ける。ペルーの出国審査に比べれば形式的で、女性の審査官は無言でパスポートに入国スタンプを押した。

続く荷物検査もX線検査機に通すだけ。だが、私が手早く荷物を機械に入れると、係官の男性は笑って「アリガトウ!」と日本語で答えた。それが、私が初めて聞いたチリ人の言葉であった。

チリ側の国境駅であるアリカは、今でこそ他線との接続がないが、以前はもう一つの国際列車が発着する国際ターミナルだった。

タクナからの列車が発着するアリカ駅は正式名称を「マキシモ・リラ」駅という。駅前を走る大通りから取った名だが、ここから200メートルほどその大通りを南下したところに、もう一つのアリカ駅、「ベインティーウノ・デ・マヨ」駅が建っている。「5月21日」という意味で、マキシモ・リラ通りと交差する5月21日通りに面していることから付けられた名である。

この5月21日駅は、アリカから標高4000メートル級の高地を越えてボリビアのラ・パスまで続く457キロの国際路線の始発駅だった。内陸国ボリビアの貿易の便宜を図るため、1913年に開通した伝統ある路線だったが、並行する道路が舗装化されたことで、国際列車は1997年に廃止。その後もアリカ近郊までの観光列車が不定期に運行されていたが、その列車が姿を消した後の5月21日駅は、鉄道駅としての機能を完全に失っていた。

マキシモ・リラ駅から歩いて訪れてみた5月21日駅は駅舎こそ健在だが、列車の出入りは全くない。2面あるホームの一方には客車が静態保存されているが、その線路は駅の出口付近で断ち切られている。もう一方の線路はかろうじて港湾部へと続く線路と繋がっているものの、レールの踏面は錆びつき、長らく使用されていない様子が窺える。

ただ、その5月21日駅から繋がっている港湾への専用線は現役で、港湾部付近の短距離のみではあるが、貨物列車が往来している。こちらは国際標準軌のタクナ〜アリカ鉄道と異なり、軌間1メートルのメーターゲージなので、タクナ方面への路線と相互乗入れすることはできない。車両もメーターゲージ用のものが専用で使用される。

そのためこの港湾線では、廃止されたラ・パスまでの路線で活躍していた機関車や貨車が、当時の姿のまま活用されている。「アリカ〜ラ・パス鉄道」という名称と同鉄道のロゴが入った貨車も停留していた。ボリビアは同路線の運行停止によって自国領から海へ出る鉄道路線を失ってしまったのだが、ボリビアへ行けなくなってしまったその鉄道の生き残り車両が、チリの港でひっそりと余生を送っているのだ。かつて、この港から国境を越えて遠くアンデス高地のラ・パスまで鉄道が通じていたことを示す、数少ない生きた面影である。

第9章

中国によるアフリカ支援の先駆的国際路線・タンザン鉄道

▼ダルエスサラーム（タンザニア）→ニュー・カピリ・ムポシ（ザンビア）

小学6年生のとき、通っていた学習塾の社会科のテストで、アフリカ南部の内陸国であるザンビアから鉱物資源を港湾へと運ぶために、東アフリカのタンザニアまで建設された国際鉄道の名を答えさせる問題が出たことがある。タンザン鉄道という正解を、当時の私は答えられなかった。

小学校低学年の頃から、暇さえあれば時刻表や地図を開いて眺めていた私は、出来の悪いテストの点数よりも、自分がテストで正答できない鉄道路線名があったという事実にショックを受けた。日本の時刻表にも日本地図にもタンザン鉄道が載っているはずはないので、社会科の参考書できちんと学習していなければ正解できないのは当たり前なのだが、このとき以来、他にもっと覚えなければいけない重要事項はちっとも頭に入らなくても、タンザン鉄道という路線名は私の脳裏に深く刻み込まれた。

それから20余年の歳月が流れ、2011年12月になって、私はタンザニアを訪れる機会を得た。小学生時代のテストの誤答から一度もその名を忘れることがなかったタンザン鉄道をこの目で実際に見てみたくて、ダルエスサラームからの全区間を乗車するスケジュールを捻出した。

タンザニア最大の都市・ダルエスサラームには、鉄道駅が二つある。タンザニア西部のダルエスサラームから首都のドドマ方面へ通じるタンザニア鉄道の始発駅は、市街地がある港の近くにある。一方、タンザン鉄道の国際列車が発着するターミナルは、街の中心部から6キロほど離れている。タンザニア鉄道は、イギリス統治時代に先立つドイツの植民地だった約100年前に建設された古い歴史があるのに対して、タンザン鉄道の開通は1976年と比較的新しく、しかもタンザニア鉄道とは運営主体が異なるからであろう。

郊外に建つタンザン鉄道のダルエスサラーム駅舎は、市街地にあるタンザニア鉄道の駅舎より遥かに大きい。その正面には「タザラ　ダルエスサラーム」と駅名が掲げられている。「タザラ」とは「Tanzania Zambia Railway」の三つの単語から「Ta」「Za」「Ra」をとって組み合わせた造語で、地元では「タンザン鉄道」より「タザラ」の方が理解してもらいやすい。

その駅舎の中に足を踏み入れると、1階から2階へと上がる階段の途中の壁面に、中国語のキャプションが付けられた写真が大量に貼られている。タンザン鉄道の全線を俯瞰《ふかん》する図面には、「坦贊鉄路全線鳥瞰図」という漢字のタイトルが付けられている。ここで列車を待って過ごしているだけで、この鉄道が中国と深い関係にあることは一目瞭然で理解できるだろう。

タンザン鉄道は、1964年にイギリスから独立したザンビアが、自国内で産出する銅鉱石をダルエスサラームの港から輸出することを目的として建設された国際貨物鉄道である。ザンビアの南側に隣接する南ローデシア（現・ジンバブエ）は、白人優位の人種隔離政策（アパルトヘイト）を実施していたことから、国際社会から経済制裁を受けた。この経済制裁にザンビアも参加したのだが、その影響で、産出した銅鉱石を自国から南ローデシア経由で南アフリカの港湾まで鉄道で運ぶことができなくなってしまった。このため、東に隣接するタンザニア経由で銅鉱石を輸出する新たな鉄道を建設する

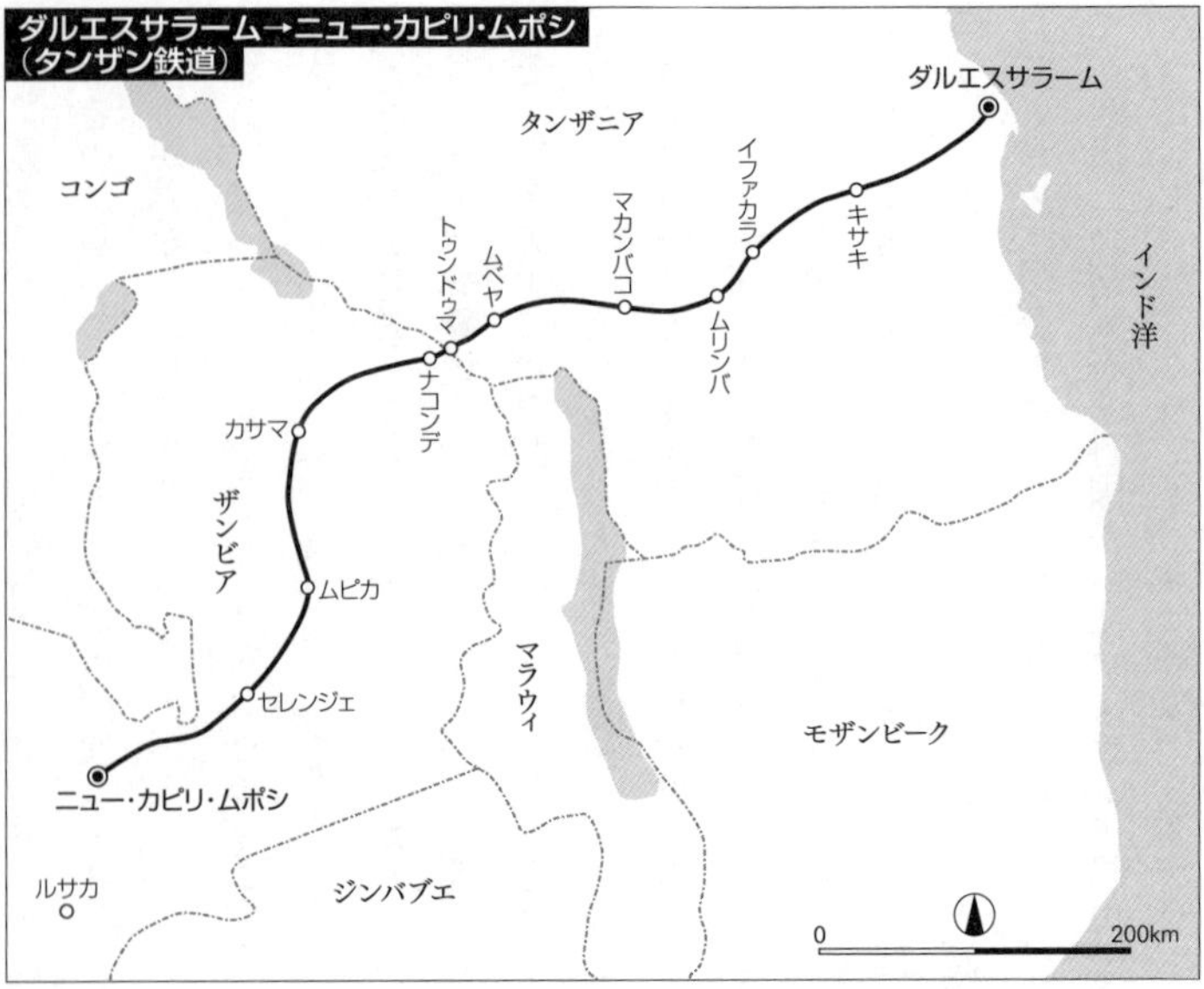

ダルエスサラーム→ニュー・カピリ・ムポシ（タンザン鉄道）

ことは、ザンビアにとっては国全体の経済事情を大きく左右する重要な課題であった。

その新たな鉄道の建設を支援したのが、文化大革命の真っ最中だった中国である。当時、タンザニアとザンビアは社会主義政策を採っていたため、中国との関係を強化していた。

中国、タンザニア、ザンビアの3ヵ国によるタンザン鉄道の建設が合意され、中国は両国に4億ドル以上の借款を無利子で供与するとともに、2万人以上の中国人労働者を現地へ送り込み、3万人以上の現地労働者とともに鉄道建設に従事させた。線路の敷設だけでなく、車両の提供や車両工場の建設も行われた。

こうして1976年、全長1800キロ以上に及ぶタンザン鉄道が完成し、中国からタンザニア、ザンビア両国に引き渡された。ザンビアにとっては、自国の資源を輸出するための新たな大動脈を獲得したことになる。そして、自国が文化大革命のさなかにあり経済事情に余裕がないにもかかわらず莫大な支援をした中国は、東西冷戦の時代に両陣営のいずれにも属さない第三世界、非同盟諸国という枠組みの中で、存在感を高める効果を得た。21世紀の現在でも、アフリカでは中国によるさまざまな形での経済支援が行われているが、タンザン鉄道はその先駆的な存在と言ってよいだろう。

列車はホームに到着しているが、改札口が開かないと旅客はホームに立ち入ることができない。中国の鉄道駅と同じ方式だ。出発予定時刻の1分前になってやっと改札口が開くと、待合室から改札口に詰めかけた乗客が、ホームに入った途端、いっせいに走り出す。寝台の場合、4人用個室は指定されているが、室内のどの寝台を使うかは事実上早い者勝ちになる。座席車では、席が指定されている場合でも荷物を置く場所の確保は先着順なので、大きな荷物を持つ乗客ほど先を急ぐ。

私は1等寝台車のチケットを持っている。4人用の寝台個室は私が1番乗りだったので、下段の使いやすい寝台を確保。その後、私と同じく終点まで行き、ザンビアやジンバブエを旅行するという若い男女のカップルと、明日の午後に到着する予定のムベヤまでの切符を持つ男性が入ってきて、我が個室は満席となった。

我がニュー・カピリ・ムポシ行きの客車は、食堂車及びバーカウンターがあるビュフェ車を含めて全部で21両。1等寝台は4人用個室、2等寝台は6人用個室で、3等は通常の座席車のほかに、「スーパー・シーター」というリクライニングシートの指定席車も1両だけ連結されている。1等寝台車には、水しか出ないもののシャワールームも付いている。

このうち、客の乗り込み競争が修羅場と化しているのは3等座席車で、乗降デッキから無理やり車内に入ろうとする者を、仲間がその背中を押して中に押し込んでいる。その車内がどのように混み合っているのか、車外からは想像が難しい。

21両の客車を率いるのは、2両の中国製ディーゼル機関車。1両は機関車の正面に「東方紅」と漢字で書かれているのでわかりやすい。東方紅は文化大革命当時の中国で流行した歌であり、同名のミュージカルとしても知られているが、中国国鉄のディーゼル機関車の形式名の一つでもある。

旅客が乗る客車にも、中国国鉄の名残が至る所に見られる。トイレが使用中かどうかを示すドアノブ付随の表示は簡体字で「有人」「無人」のどちらか。圧力計などのメーターには、上海や青島《チンタオ》の会社名が明示されている。車内の天井に取り付けられている扇風機には、線路の断面をデザイン化した中国国鉄のマークが刻まれている。客車の塗装も、中国で見たことがあるカラーリングばかりだ。そして、車両によっては内壁が剝がれていたり窓ガラスが割れていたり、窓のストッパーが外れて開閉ができなかったりと、傷んでいる箇所があちこちに見受けられる。

ただ、タンザン鉄道の軌間は日本のJR在来線と同じ1067ミリで、中国で一般的な国際標準軌（1435ミリ。日本の新幹線と同じ）より狭い。中国国鉄で狭軌を採用している区間は極めて限られているため、中国の中古車両を持ってきているのか、製造直後からこの路線に投入された車両が経年劣化したのかはよくわからない。

客車の足元から延びる線路の枕木を見ると、コンクリートの枕木の一つ一つに「中華人民共和国製」と漢字で彫られている。枕木にまで、中国の存在感をアピールさせている。しかも、この国名入りのコンクリート製枕木がここから1800キロ以上先のザンビア国内の終着駅まで延々と並んでいるのかと思うと、中国による自国PRへの執念のようなものを感じる。ただ、外国への支援事業では、日本の美徳のような謙虚さより、こうした姿勢の方が重要なのかもしれない。

冷房がない寝台個室でじっと発車を待っていると、14時28分、出発を知らせる構内放送とほぼ同時に、「ガタン！」という大きな衝撃を伴って動き出した。定刻より38分遅れの出発である。

しばらくは粗末な住宅が密集する地域を走り、3分ほどで貨車が並ぶ広い操車場を通る。その先にはもう人家は見当たらず、バオバブの木があちこちに立つサバンナが広がる。走行中の縦揺れが激しく、脱線しやしないかと心配になる。

タンザン鉄道は、ザンビアから銅鉱石をダルエスサラームへ効率的に運ぶことを最大の目的として建設されたため、沿線に点在する人々の生活圏や道路の近くなどを走るなどの配慮が少ないとされる。私が日本から持ってきた携帯電話は、ダルエスサラーム市内ではそのまま通話できたが、さすがにこのサバンナの中では圏外になっている。

タンザン鉄道時刻表(2011年12月現在)

国名	km ①／km ②	列車名	着発	M11	
		列車番号		M11	
				急行 ムクバ・エクスプレス 1個 2個	《運転日注意》◆【ダルエスサラーム発金曜運転】
タンザニア	0／0	ダルエスサラーム	発	1350	
		ヨンボ	〃	1355	
		ムワカンガ	〃	1418	
		ヴィガマ・ハルト	〃	1435	
		キフル・ハルト	〃	1456	
		チャケンゲ	〃	1527	
	70／–	ムゼンガ	〃	1538	…
		(駅名不明)	〃	1605	…
		グワタ	〃	1625	…
		キドゥンダ	〃	1704	…
		キニャングル・ハルト	〃	1741	…
		フーガ・ハルト	〃	1822	…
		マタンブウェ・ハルト	〃	1837	…
	220／226	キサキ	着	1900	…
			発	1910	…
		ルマンゴ・ハルト	〃	1946	…
		プワガ	〃	2023	…
	–／280	ムソルワ	〃	2100	…
		カトゥルキラ・ハルト	〃	2117	…
	340／321	マングウラ	〃	2130	…
		キベレゲ	〃	2147	…
		シギナリ	〃	2200	…
	360／360	イファカラ	着	2220	…
			発	2230	…
		イデテ	〃	2254	…
		ルイパ	〃	2309	…
	420／–	ムビング	〃	2335	…
	440／–	ムンゲタ	〃	001	…
		イクレ	〃	020	…
	480／–	チタ	〃	039	…
		チサノ	〃	105	…
	500／496	ムリンバ	着	125	…
			発	140	…
		ルムンウェ	〃	208	…
		キムブウェ・ハルト	〃	241	…
		ムパンガ・ハルト	〃	311	…
		キテテ・ハルト	〃	405	…
		ウチンディレ	〃	451	…
		ムゴロロ・ハルト	〃	524	…
		キヨウェラ	〃	553	…
		キタンダリロ・ハルト	〃	648	…
		マホンゴレ・ハルト	〃	722	…
	–／652	マカンバコ	着	753	…
			発	803	…
		ワンギングオンベ・ハルト	〃	837	…
		カンガガ	〃	913	…
	720／–	ルジェワ	〃	939	…
		ムセスレ・ハルト	〃	1007	…
		ギマラ	〃	1056	…
		イグルシ	〃	1131	…
		イロンゴ・ハルト	〃	1156	…
		マランバ	〃	1227	…
		ルンバ	〃	1253	…
		イニャラ	〃	1321	…
		ウヨレ・ハルト	〃	1349	…
	860／849	ムベヤ	着	1410	…
			発	1440	…
		ムバリジ	〃	1504	…
		イディガ	〃	1524	…
		チコラ・ハルト	〃	1632	…
		ムロウォ	〃	1654	…
	930／–	ヴワワ	〃	1713	…
		ムペンバ・ハルト	〃	1809	…
	990／969	トゥンドゥマ	着	1838	…
			発	1853	…
ザンビア	1020／979	ナコンデ	着	1758	…
			発	1818	…
	1050／1036	チョージ	〃	2013	…
	–／1103	マカサ	〃	*	…
	1230／1226	カサマ	着	011	…
			発	031	…
		イシトゥー	〃	*	…
		チャンベシ	〃	*	…
		ムペポ	〃	*	…
		カソンゴ	〃	*	…
		クバカ	〃	*	…
		サブワ	〃	*	…
	1440／1412	ムピカ	着	430	…
			発	445	…
		チロンガ	〃	*	…
		カポコ	〃	*	…
		カロンジェ	〃	*	…
		フィンクリ	〃	*	…
		ルクル	〃	*	…
		ルシワシ	〃	*	…
		カノナ	〃	*	…
		チャンカラモ	〃	*	…
	1680／1652	セレンジェ	着	916	…
			発	941	…
		チサングワ	〃	*	…
		ンダバラ	〃	*	…
		ムクシ・リバー	〃	*	…
		ンコロンガ	〃	*	…
	1770／1761	ムクシ	〃	*	…
	1860／1852	ニュー・カピリ・ムポシ	着	1327	…

註(1)：距離は①がダルエスサラーム駅掲出の時刻表、②がトーマスクック海外版時刻表に基づく。ただし、ザンビア側は現地で確認した停車駅名を追加し、正式な発着時刻はわからないので＊で示している

(2)：時刻はダルエスサラーム駅掲出の時刻表に基づく。ただし発着時刻が記載されていても実際には通過する駅がいくつかある

(3)：タンザニアとザンビアの時差は1時間（ザンビアが午前0時のとき、タンザニアは午前1時）

(4)：複数の駅名にある「ハルト（Halt）」は「停車場」の意味。ただし、現地の駅名標では省略されていることが多い

この列車の詳細な時刻表は、ダルエスサラーム駅に掲示してあったが、発着時刻が明記されていた途中駅の多くを、実際には通過していく。始発から32分後の15時ちょうど、上り坂の途中にあるヴィガマで初めて停車したが、時刻表上はここまでに2駅停車していたはずである。停車する駅ではどこも、車内の客に食べ物を売る近隣住民などで賑やかになる。

内陸部へ進むにつれて、丘陵の上を蛇行したりしながら、少しずつ標高を上げていく。小高い丘の上から原野を見渡すと、密林の遥か向こうに地平線が延びている。ダルエスサラーム駅の標高は海抜36メートルだが、ザンビアとの国境は標高1600メートルの高原地帯にある。

17時08分、キドゥンダという駅に着く。ダルエスサラーム出発時の遅延はここまでにほぼ解消され、ほぼ定時運転になっている。

この駅の前後から、線路の近くに湿地が多く見られるようになった。線路に沿って水が張っていて、小川のようにも見える。水辺になっている地域は、サバンナに生息する野生動物の姿が見られることが多いという。しかも、夕方以降は野生動物の動きが活発になる時間でもある。

国際貨物輸送を第一義とするタンザン鉄道だが、タンザニア側の国内区間は、セルース動物保護区という広大な国立自然公園の中を走っている。このため、タンザニアで「サファリ」と称する野生動物ウォッチングを楽しむ場合、観光客向けのドライブツアーに参加するだけでなく、このタンザン鉄道の定期列車に乗るトレイン・サファリという選択肢がある。旅行ガイドブックでもそのことが紹介されている。乗客の多くも、この区間では車窓から野生動物を見つけやすいことを知っているようで、窓外に注目する乗客が増える。

キドゥンダから西へ進む区間の途中で、線路がセルース動物保護区内に入ったはずだが、標識があるわけではないので、見た目の景色に変化はない。17時40分に到着した次のキニャングルはすでに保護区内にある駅だ。

この付近から、車窓に広がるサバンナのどこかに、野生動物の姿が頻繁に現れるようになった。この日は残念ながらゾウやキリンの大型動物は姿を見せなかったが、ヌーやシマウマが列車の近くで群れをなしていた。インパラの群れはあちこちにいるので、だんだん驚かなくなったのだが、遠方のインパラが草原を飛び跳ねて走るスピードの速いこと！　あんなに軽やかに躍動する動物が、動物園などではどうしておとなしくしているのかと思う。

夕食の時間帯で食堂車が満席なので、調理した鶏肉の照焼とライスの盛合せ、それにビールを自室まで持ってきてもらった。どこかに食堂車の利用方法が書いてあるわけではないが、そういうサービスもしてくれるのである。相部屋の客と一緒に夕食を取りながら、なおも車窓に繰り返し現れては後方へ流れ去るインパラたちと、何度も目を合わせた。

まもなく、19時頃に日没を迎えると、電気がどこにもない大地は漆黒の闇に包まれる。すると、その闇の中を走る列車が、青白い光を明滅させる無数のホタルの大群に取り囲まれた。星の光が目の前まで近づいてゆらゆらと揺れているかのような幻想的な夜景を、20時前に個室内を消灯して車窓の網戸を閉めるまでずっと眺めていた。

翌朝は6時40分頃に目が覚めた。昨夜までの暑さが肌寒さへと一変している。雲が、空の低い位置を流れている。夜のうちに標高が一気に高くなったに違いない。7時12分、ウチンディレ着。昨夜の日没前は定時運転に近い状態だったのに、夜半に何があったのか、また2時間以上遅れている。

7時42分に次のムゴロロで停車すると、昨日の午後からずっと圏外だった手元の携帯電話が通話地域に切り替わり、日本からのショートメッセージが届いた。ムゴロロ駅自体は乗降客がほとんどいない小さな停車場だが、ここから5分ほどで車窓右手に巨大な製紙工場が出現したので、この工場周辺で携帯電話の通話環境が整備されている影響かもしれない。列車から工場が遠ざかると、再び携帯電話も圏外に戻った。

ダルエスサラームから原野ばかりが広がっていた車窓に、少しずつ耕作地が見られるようになってきた。自家用食物を作っている畑だけでなく、綿花などの換金用作物を栽培している様子も見られる。車窓から見る限り、畑仕事をしているのは女性が多いように思われる。線路の周辺に少しずつ人家が集まり始め、ほとんど並行していなかった幹線道路が、初めて列車から見える位置にまで近づいてきた。

9時56分、標高1671メートルのマカンバコに到着。小海線の清里～野辺山間にあるJRの鉄道最高地点は1375メートルなので、日本の鉄道が届かない高地に来ている。ここで前方の3等車4

両が切り離され、先頭にいた機関車も2両から1両になった。海抜がゼロに近いダルエスサラームからこの標高まで勾配を上ってくるため、機関車を2両にしていたようだ。

それらの車両入換え作業のため停車時間が長いせいか、線路上で車内に向かって食事や果物を売る人の姿も他の駅より多い。私は食堂車から運んでもらった朝食を取りながら、自室で出発を待つ。昨日の車内では停車中は風が入らず暑苦しかったが、この高原都市では温かいミルクティーがありがたく感じる。

ようやく出発したのは53分停車後の10時49分。遅延が2時間半以上に拡がっている。トレイン・サファリや高原での避暑を楽しめるのはいいけれど、このままだとザンビアとの国境通過が深夜になる可能性がある。


沿線に農耕地が増えてきたせいか、小さな駅に到着すると、出迎えや物売りだけでなく、列車を見に来る近隣の子供の姿も目立つようになった。裸足の子が多い。

子供が裸足なのは経済的な事情もあるだろうが、駅だけでなくどこの線路の近くにもゴミがほとんど落ちておらず、裸足で歩いてもある程度安全だということも大きいと思う。世界には、都市でも農村でも乗客や乗務員が窓からゴミをポイポイ投げ捨てることが常態化している国もあるのだが、少なくともこのタンザン鉄道の沿線では、そういうことは悪しき習慣になっていないらしい。

14時前に食堂車へ行くと、昼食のピークタイムを過ぎたようで空席があり、乗車以来初めて食堂車内で食事ができた。予約なしでの食堂車の利用は、２０００（平成12）年に東海道・山陽新幹線で最後の食堂車が廃止されて以降、日本の定期列車では体験できなくなっている。

しかも、エアコンがないこの車両は窓を開けて走るのが前提なので、草原の涼風を直接感じながらのランチタイムとなる。日本の食堂車でそんなことができたのはいつの時代のことだろうか。

私はそれだけでも楽しいが、昼間から酒を注文している男が、車内に流れる音楽に合わせて踊っていて、退屈な汽車旅に飽きているらしい他の乗客が喝采している。食堂車滞在中にイグルシ、マランバと小さな駅に相次いで停車し、昨日の始発時刻から24時間が過ぎたが、終着駅のニュー・カピリ・ムポシまではまだ約１０００キロの道のりで、全行程の中間地点にも来ていない。

左右遠方の山並みと、その麓《ふもと》まで広がる鬱蒼とした原生林をひた走り、凸凹の大地を鉄橋やトンネルで通過しながら、さらに勾配を上っていく。

その坂道を登り切ると、列車は久しぶりにスピードを上げる。地勢がいったん落ち着き、山容が車窓から遠ざかった平地の真ん中で、16時18分、小さな農村のウヨレに到着した。標高１７８６メートル、タンザン鉄道の中で最も高所にある駅と思われる。

ここから10分ほど走ると、線路の近くに建つ人家が、藁葺《わらぶ》きの農家からトタン屋根の住宅へと変わっていく。大きな街に入り、16時45分、タンザニア側区間の要衝であるムベヤの広い駅構内に停車した。国内旅客の流動はこの駅までらしく、半数以上の乗客がここで下車した。隣のホームにはダルエスサラーム行きの列車が待機している。

乗客が少なくなった停車中の車内で、両替商の男が「チェンジマネー?」を連呼しながら歩き回る。国境付近の両替商は交換レートが悪いというのが世界共通の現象だが、私はザンビア通貨のクワチャを持っていないので、多少は持っておく必要がある。そこで、自分の寝台個室内に両替商を招き入れて、同室の若いカップルの目の前で交換レートを確認しながら、明日、列車を下りてどこかで宿泊するのに必要な程度のクワチャ紙幣だけ入手した。

マカンバコに続いて、このムベヤでも一部の客車を切り離す。その車両を、隣に停車しているダルエスサラーム行きに付け替える作業などをしていて、出発時刻は4時間15分遅れの18時55分までずれ込む。発車直後に巨大なビール工場のそばを通過するが、すでに日没の時間帯とあってよく見えない。今日は小雨が降っていて雲が厚く、星空も隠れてしまっている。

夜になって、冷え込んだ車内で厚手の毛布をかぶって休んでいたら、22時00分になって、タンザニアの出国審査官が乗客のパスポートをチェックしに来た。何も聞かれずその場で出国スタンプをすぐ押されて、出国手続き終了。審査官は去り際に「このまま、個室のドアは開けておくように」との指示を残したが、ドアのストッパーが緩んでしまっているので、走行中は何度開けてもすぐに閉じてしまう。

長袖を着込んでいても寒さを感じる高原の闇夜の中で、23時02分、かろうじて街の光が遠方に揺れて見える高台のカーブの途中で停車した。タンザニア国境のトゥンドゥマである。駅のホームにも駅舎にも、電灯が一切点いていない。すでに出国審査は終わっているため、車内で20分間じっと待機する。

やがて、先頭のディーゼル機関車が汽笛を2回鳴らして、列車全体が動き出した。暗い窓外に目を凝らしてみたが、国境を示す明確な標識や看板は見つけられなかった。ただ、人家の明かりが消えた後、草木が人為的に刈り取られたと思われる無人地帯が線路を横切ったのは確認できた。

その無人地帯を過ぎると、再び車窓の左右に人家の明かりが見え始めた。ここで時計を1時間戻し、トゥンドゥマから所要5分、ザンビア時間の22時27分、国境を越えて最初の駅・ナコンデに到着。こちらの国境駅はホームが強力な外灯に照らされていて、明るい。

まもなく、女性の入国審査官が車内にやってきた。ザンビアは観光目的の日本人でも入国ビザが必要（2022年11月からビザ免除となった）だが、国境ですぐ取れると聞いていたので、在外公館での事前取得はしていない。

彼女は私のパスポートを開くとすぐに、「滞在期間は何日くらい欲しいか」と訊ねた。制度上は30日までOKらしいが、適当に「2週間」と答えたら、その通りの期間の入国ビザがその場で発給された。上限以内なら、申告者の希望に合わせて審査官がその場で滞在期間を決めて発給するルールらしい。入国後の予定変更や緊急事態の可能性を考えれば、実際のスケジュールよりやや長めに申し出ておいてよかった。

入国審査が一段落すると、ナコンデからのザンビア国内客が乗り込んできた。小さな子供を3人連れた5人一家の父親が、私の寝台個室のベッドが一つ空いているのを見て、3人兄弟の長男らしい男の子にそこで寝るよう言いつけて、他の部屋へさらに空きベッドを探しに行ってしまう。言葉が通じない怪しげなアジア人と同室にさせられて不安そうな少年は、無言で毛布にくるまり、すぐに寝てしまった。

ザンビアでの初めての朝、標高1328メートルのカサマでの停車中に目が覚めて、1等寝台車に設けられている水シャワーを浴びた。標高が下がったせいか気温が高く、水シャワーがちょうど快適な温度に感じる。7時14分発車。遅延は6時間43分に達していて、もはやダルエスサラーム駅で確認した時刻表は意味を成していない。もっとも、同駅の時刻表はタンザニア国内の情報は詳細だが、ザンビア側の停車駅や発着時刻は抄録なので、終着駅までの所要時間以外はもともとあてにしていないが。

国境とともに山岳地帯も越えて、今日の車窓に流れる景色は再び平坦な原野と原生林ばかり。地平線へと続く雄大なパノラマ展望も、3日続くとさすがに見慣れてしまう。初日にトレイン・サファリを体験できたセルースの保護区内と異なり、ザンビア側の原野では野生動物の姿はほとんど見られない。

10時42分、ムピカという比較的大きな駅に着き、30分停車する。客車や貨車が構内の側線に多数留置されているが、反対列車の到着を待つわけではない。ダルエスサラームからすでに1400キロ以上乗っているが、夜間の様子はわからないとしても、出合った反対列車はムベヤに停車していた旅客列車だけで、産業路線のはずなのに貨物列車とは一度もすれ違っていない。もっと頻繁に貨物列車が走り、旅客列車はその合間を縫って細々と走る路線をイメージしていたのだが、想像と違っていた。

ただ、貨車の姿は途中駅の側線以外に、原野の線路脇で無造作に横転している様子を、タンザニア側でもザンビア側でも何度か見かけた。脱線事故を起こした車両を、撤去せずそのまま放置しているらしい。日本で刊行されているアフリカ旅行のガイドブック『旅行人ノート②アフリカ〔改訂版〕』（旅行人、2005年）には、タンザン鉄道の紹介コラムに「他の多くのアフリカの鉄道と同様、この列車もしばしば脱線する。列車に乗ったら気長に旅を楽しみたい」という一文が、さして珍しい情報でもないかのようにさらっと書かれている。

13時頃になると、前方の空に黒い雲が立ち込めているのが見えてきた。その辺りに広がる森の真上は、激しい雨で霞んでいる。

その黒雲に近づくと、列車も一気にスコールの猛襲を受ける。暑いので窓はなるべく閉めないようにしていたが、大雨が個室に吹き込んでくるので、室内の窓ガラスと網戸を閉めた。日中は車内の電気がつかないので、網戸まで閉めると昼でも室内は暗くなる。通路側のドアを全開にして、廊下の窓は風雨の侵入を許容して開けっ放しにすることで、何とか明るさを保って過ごす。

その通路を、食堂車のウェイターがランチの皿を持って何度も行き来する。世界全体でみると、2ヵ国間を直通する国際列車でも、食堂車は国境を跨がず自国内でそれぞれ別の車両を連結するパターンが多いのだが、このタンザン鉄道では同じ食堂車がタンザニアからそのままザンビアでも営業を続けている。ただ、支払いは走行中の区間が属している国の通貨でなければならず、昨日まで使えたタンザニア・シリングは、同じ食堂車でも今は使えない。

30分ほどでスコールが過ぎ去り、14時29分にルシワシという駅を出ると、車窓左手に同名の湖が現れ、線路のすぐ左側まで湖面が接近する。そこからまた原生林が続き、16時04分、大きな地方都市の町外れらしき場所にあるセレンジェで26分も停車。ここが、日没前の最後のターミナル駅となった。

17時半頃、もう一度強い雨の中に入った。地図を開くと、この付近の路線は、進行方向に向かって右手側にコンゴ民主共和国（旧ザイール）との国境線が最接近している。だが、右の車窓には境目などなさそうな森が果てしなく広がっているだけで、国境線の位置など見当もつかない。広い森の中に、遠方の黒雲から稲妻が走るのが見えた。落雷地点はザンビアだろうか、それともコンゴだろうか。

まもなく雨は上がって雲が途切れたが、前方の空は夕焼けに染まりつつ、太陽が山の稜線の向こうへ消えて急速に暗くなっていく。ダルエスサラーム駅掲載の時刻表通りならすでに終着駅に降り立っているはずが、車内で3回目の夜を迎えることになった。

先に暗くなった後方、東の空は満天の星空に覆われている。南半球なので、日本とは星座の見え方が異なるのだろう。星図を持ってくればよかったと思った。

やがて、漆黒の大地の先で、街の光が急に近づいてくると、20時51分、賑やかな巨大ターミナルに到着。ダルエスサラームからの所要時間は54時間23分、最後は定刻より7時間24分遅れで辿り着いた、ニュー・カピリ・ムポシ駅である。

「ニュー」という単語を冠している通り、この終着駅もダルエスサラームと同じく、ザンビア鉄道のカピリ・ムポシ駅からは離れている。両鉄道の旅客列車の接続など考慮されていないので、首都のルサカへ直行するには駅前からバスに乗っていくしかない。乗合バスに乗り遅れると、何もないこの駅前で一晩過ごすはめになりかねない。ニュー・カピリ・ムポシ駅には毛沢東の巨大な肖像画が飾られているとのことだったが、私はそれを目にすることなく、足早に駅前へ出て、ルサカ行きのミニバスに乗り込んだ。

第10章

共産圏の面影を残す
東欧とバルト三国の直結ルート

▼ヴィリニュス（リトアニア）→ワルシャワ（ポーランド）

1991年のソ連崩壊に至る過程で、最も早くソビエト連邦から分離・独立したのは、バルト3国南端のリトアニアだった。ドイツでベルリンの壁が崩壊してから半年足らずの1990年3月にソ連からの独立を宣言。当時のソ連の最高指導者だったゴルバチョフは、日本ではペレストロイカ（改革）を主導した開明的政治家のイメージが強いが、このリトアニアの独立運動に対しては軍事介入でその阻止を図り、多数の死者を出す事態を招いた（血の日曜日事件）。このため、リトアニアではゴルバチョフに対する評価は著しく低いという。

リトアニアを含むバルト3国は、もともと自主的にソ連の構成国となったのではなく、第2次世界大戦中にソ連によって強引に併合された。ナチス・ドイツからの迫害を逃れてきたユダヤ人に対して日本の通過ビザを発給した杉原《すぎはら》千畝《ちうね》は、ソ連とは別の独立国だったリトアニアの承認を受けて駐在する外交官だった。杉原が現地を退去したのは、リトアニアを占領したソ連が同国内にある諸外国の公館閉鎖を求めたことによる。

だから、ソ連崩壊後のバルト3国は、「旧ソ連」という枠組みからの早期脱却を図った。NATO（北太平洋条約機構）やEUへの加盟によって、国家としてかつての西側陣営に属する姿勢を明確にした。

その動きは、これらの国々を訪れる外国人観光客の立場からも感じ取れた。ソ連を中心とする東側諸国に属していたポーランドやチェコが、まだ日本人観光客に対してビザの事前取得を義務付けていた1990年代半ばに、リトアニアとエストニアは他の西欧諸国と同様に、観光ビザの免除を認めていた。21世紀に入ると、3国ともヨーロッパ諸国間で国境検査を相互になくしてしまうシェンゲン協定に参加し、通貨もユーロに切り替えた。

シェンゲン協定に加盟した国同士の間では、空港でも陸上国境でも出入国審査が省略される。協定参加国間を結ぶ国際列車に乗ると、国境での出入国審査や税関検査がないので、いつ国境を越えたのかもわからないことが多い。そのため、近年のヨーロッパ諸国間の国際列車では、越境という感覚を全く伴わないことが多い。

私はシェンゲン協定がスタートする直前の1995年春に、国境での出入国審査が行われていた西欧諸国間の国際列車を何度か体験したことがある。当時はユーロもまだ導入されていなかったので、西ヨーロッパでも国境を越えるたびに通貨の両替が必要だったが、それよりも注意すべきとされていたのは夜行列車での国境越えだった。乗車運賃が低廉な座席車に乗ると、どんな深夜時間帯でも乗車してきた国境審査官に叩き起こされて、パスポートのチェックを受けなければならない。イタリアからオーストリアへの夜行列車に乗ったとき、深夜3時半頃に国境駅に到着すると、制服姿の審査官が乗り込んできて「グッドモーニング！」と大きな声を発して無理やり起こされ、パスポートを提示させられた。

一方、クシェットと呼ばれる簡易寝台車以上のクラスを利用すると、乗車時から下車時まで車掌が乗客のパスポートを預かり、深夜に通過する国境でのパスポートチェックを代行してくれることになっていた。国境を越える夜行列車に乗って安眠を確保するためには、寝台車の事前予約が重要だっ

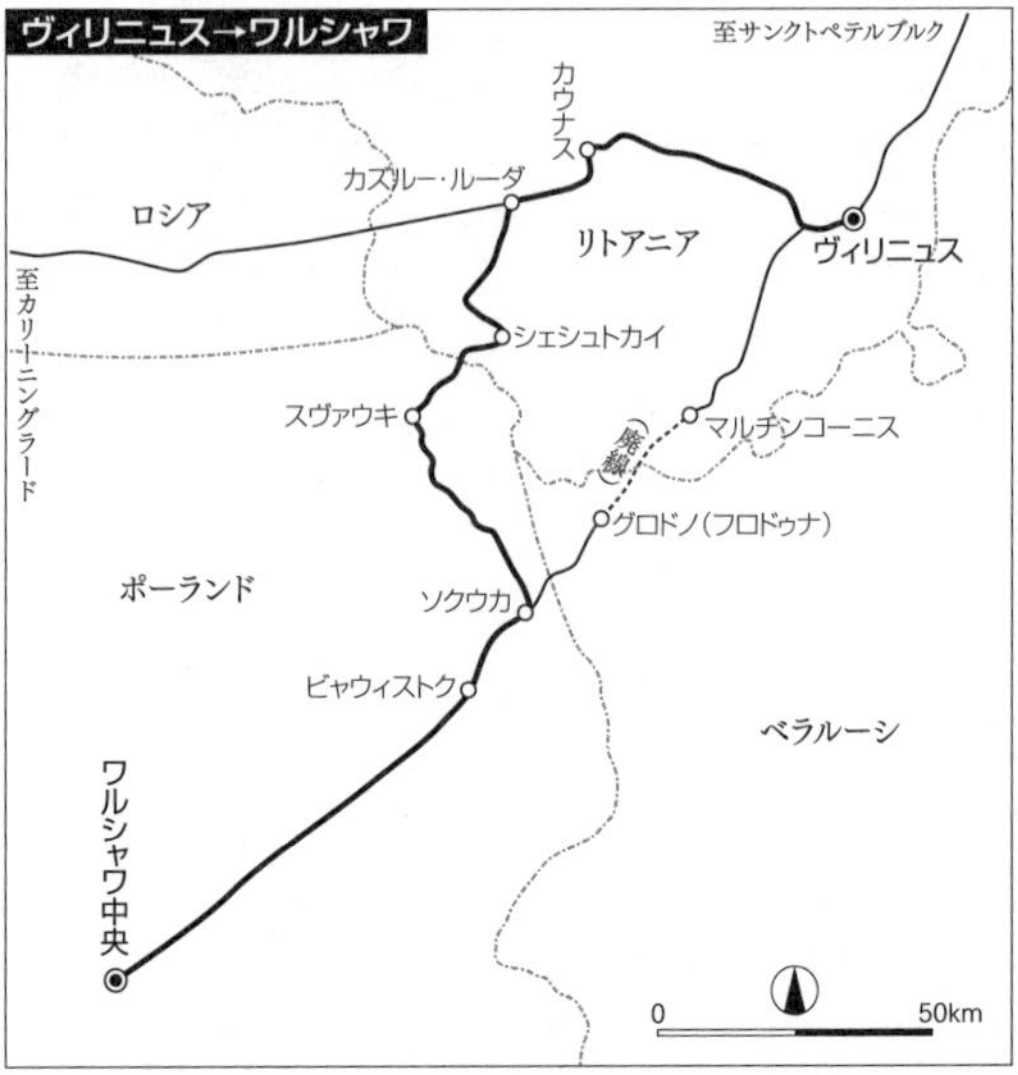

た。

私がリトアニアからポーランドへの国際列車に乗ったのは、両国でシェンゲン協定が実施される直前期だった2007年8月である。まだ両国間の国境で出入国審査が行われており、かつての東側と西側、双方の影響を感じられる珍しい国際列車が走っていた。

なお、この種の名もなき国際列車で諸外国を渡り歩くときはほぼ私1人のことが多いが、このときは珍しく妻が同行していた。彼女にとっては、これが人生初の国際列車の乗車体験でもあった。

リトアニアの首都・ヴィリニュスの長い2番ホームに、客車がわずか3両だけのミニ編成が停車している。ポーランドとの国境に近いシェシュトカイまでの快速列車で、ワルシャワまでの旅客は終点で次の列車に乗り換えることになっている。全車自由席で、国際列車らしい物々しさは全く感じられず、ヴィリニュス近郊へのローカル列車のような趣である。

3両の客車を牽引するえび茶色のディーゼル機関車は1977年ソ連製。武骨な面構えの車体の側面に、製造年や製造場所をキリル文字で示した銘板と、星のマークに「CCCP」(「ソビエト社会主義共和国連邦」の略称)の4文字をあしらったプレートが取り付けられている。車両の図体が大きいのは、軌間が日本の新幹線などと同じ国際標準軌(1435ミリ)よりもさらに広い旧ソ連共通の1520ミリを採用していることによる。国を挙げて〝脱ソ連〟を図っても、国中に張り巡らされた国有鉄道の線路の幅を変えることは事実上不可能だ。その線路の上を走る機関車や客車も、同じ軌間で新車を製造するか、ソ連製の古い車両を流用するしかない。だから、リトアニアの鉄道車両は21世紀になっても、旧ソ連時代から継承された車両が多数派を占めている。

線路の幅が国際標準軌ではないので、西欧だけでなく、かつての東欧圏とも車両が直通できない。隣国のポーランドへの国際列車なのに、この列車の終点が国境手前のシェシュトカイという小さな町になっているのもそのためである。

列車は乗換えを要するが、ヴィリニュス駅で購入した乗車券は、ワルシャワまでの直通切符になっている。予約不要の自由席なので乗車当日の朝に購入できた。リトアニア語と英語の2ヵ国語併記が徹底されているヴィリニュス駅構内で、国際列車の乗車券を販売しているカウンターがある場所だけ唯一、ロシア語の案内表示も掲げられている。

ピンク色の厚紙に挟まれて綴られているチケットの様式には見覚えがあった。中国からベトナムや北朝鮮、あるいはシベリア鉄道経由でロシアへと直通する列車の乗車券に用いられる旧共産圏の国際鉄道運賃協定「国際客慣」が指定している統一様式だ（第1章参照）。

同協定が旧協定の改定によって成立したのは1991年8月。リトアニアはその前年にソ連からの独立を宣言していた。にもかかわらず、その協定に独立後のリトアニアが引き続き参加し、21世紀になってもまだ有効に機能しているとは思わなかった。リトアニア語、ロシア語、ドイツ語の3ヵ国語が併記された乗車券を実際に手にすると、リトアニアもポーランドも確かについ最近まで共産圏の一部だったという史実を実感する。

リクライニング式のシートが半分くらい埋まったところで、定刻通りにヴィリニュスを発車。中央通路の車内を挟んで左右両側に2席ずつ並ぶ座席配置は日本と似ているが、新幹線より広い軌間を走る車体の中で2&2シートなので、座席の幅が新幹線のグリーン車よりもゆったりしている。各車両の乗降デッキ付近にサモワールが設置されていて、旅客が自分でインスタントラーメンを食べたりコーヒーを飲んだりするために熱湯が自由に使えるのも、旧ソ連の客車ならではだ。

ヴィリニュスは首都と言っても小さな都市で、列車は出発して5分もすると、森の中や放牧風景も見られる草原を走る。12時08分、最初の停車駅、レントヴァリスに着くと、ここで下車する客もいる。国際列車としての役割も持っているが、ヴィリニュス近郊のローカル列車の役割も兼ねているらしい。赤煉瓦造りの年季が入った駅舎が、ソ連製の古びた機関車や客車によく似合う。

このレントヴァリスから、南方のベラルーシ国境に近いマルチンコーニスという終着駅への路線が分岐している。今は地元客向けのローカル列車だけが走る支線だが、もともとは、19世紀に帝政ロシアが建設したサンクトペテルブルグ～ワルシャワ鉄道という国際幹線の一部だった歴史を有している。帝政ロシアから同鉄道を引き継いだソ連を通じて、リトアニア発の国際列車は、マルチンコーニスからさらに南下してベラルーシの北西部を掠めるように通過し、ポーランドへと直通していた。

ところが、ソ連が崩壊してバルト3国とベラルーシが独立すると、リトアニアとポーランドにとって、この伝統的な路線は使い勝手が悪くなった。路線のごく一部がベラルーシ国内を通過しているために、旅客は乗降しないベラルーシの通過ビザが必要になり、貨物も積み下ろしを行わないベラルーシの両国境で通関手続きをしなければならなくなったのだ。

このため、リトアニアとポーランドの両国鉄は、直接隣り合うわずか65キロほどの国境線、通称「スヴァウキ回廊」を跨いで、ベラルーシを経由しないシェシュトカイ経由の現ルートを整備した。マルチンコーニスの国境は、2004年に閉鎖されている。両国間を結ぶ新たな国際列車の通り道となったスヴァウキ回廊は、バルト3国と他のヨー

ヴィリニュス→ワルシャワ時刻表
（2007年8月現在）

国名	km	列車番号		193	91002
		列車名			ハンチャ
リトアニア	0	ヴィリニュス	発	1145	（全車自由席）
	ー	レントヴァリス	〃	1205	
	ー	カイシェドリース	〃	1235	
	104	カウナス	着	1301	
			発	1303	
	ー	ユーレ	〃	1325	…
	ー	カズルー・ルーダ	〃	1333	…
	ー	ヴィンチアイ	〃	1346	…
	ー	マリヤンポレ	〃	1401	…
	ー	カルヴァリヤ	〃	1417	…
	198	シェシュトカイ	着	1438	…
			発	（全車自由席）	1508
	ー	モッカヴァ	〃		＊
ポーランド	ー	トラキシュキ	発		＊
	251	スヴァウキ	〃		1526
	350	ソクウカ	〃		1712
	391	ビャウィストク	着	…	1750
			発	…	1805
	570	ワルシャワ東	着	…	2021
	575	ワルシャワ中央	着	…	2030

註(1)：距離はトーマスクック欧州時刻表、時刻はリトアニア側が車内掲示、ポーランド側がトーマスクック時刻表に基づく
(2)：国境のモッカヴァとトラキシュキは時刻表に駅名のみ掲載。距離表示・発着時刻表示なし
(3)：リトアニアとポーランドの時差は1時間（ポーランドが午前0時のとき、リトアニアは午前1時）

ロッパ諸国全体とを繋ぐ唯一の陸上国境として重視されている。ここに鉄道路線を新設することは、平時における旅客や貨物の輸送だけでなく、軍事的にも大きな意義があるのだろう。

ヴィリニュスから104キロ先のカウナスまでは途中に19の駅があるが、近郊電車のみが停車する小さな駅は通過していく。その後の途中駅には蒸気機関車時代の古びた給水塔などが建っていて、この路線の歴史の長さを物語る。

車掌は3両の客車のそれぞれに1人ずつ乗務している。車両ごとに乗務するスタイルは、旧ソ連や中国などと共通している。我が3号車の中年男性車掌は、英語は数を数えるくらいしか理解しないが、リトアニア語以外にロシア語もよくわかるとのこと。ソ連併合時代に基礎教育を受けた世代なのだろう。愛想はあまりよくないが、車内検札や清掃のほか、淹れたての紅茶やコーヒーを乗客に販売したりと、休むことなく車内を動き回っている。

13時03分、リトアニア第2の都市、カウナスに到着。杉原千畝がユダヤ難民にビザを発給した日本領事館は、このカウナスに置かれていた。ソ連に強制併合される前のリトアニアの首都は、ヴィリニュスではなくこのカウナスだったからである。日本で言えば京都のようなポジションの都市だろうか。

この駅から徒歩15分ほどの所にある小さな日本領事館に駐在していた杉原は、ソ連からの国外退去通告により領事館を閉鎖した後は、市内のホテルに滞在してビザの発給業務を続けた。そして、このカウナス駅から出発するベルリン行きの国際列車に乗って、汽車が走り出すまで窓から身を乗り出してビザの書類を書き続けたという（杉原幸子『六千人の命のビザ』大正出版、1993年）。

ただ、杉原を乗せたベルリン行きの国際列車は、これから私たちが乗るシェシュトカイ経由ではなく、リトアニアの西にあるロシアの飛び地、カリーニングラードへのルートを辿ったと思われる。カリーニングラードは、第2次世界大戦までケーニヒスベルクというドイツ領だった。今でもカリーニングラードを経由してポーランドやドイツまで鉄道は通じているものの、リトアニアから行く場合はロシアの通過ビザや通関手続きが必要になる。乗換えなしの直通列車があるわけでもないので、杉原退避ルートを忠実に後追いするにはかなりの手間がかかってしまう。

カウナスから乗ってきた大勢の旅客で車内はほぼ満席となり、定刻より3分遅れて13時06分に発車。すぐに市街地を離れると、青空の下に深緑の雑木林が広がる平野部をまっすぐ走る。ときどき農家や別荘らしき民家が見えるが、並行する幹線道路も車窓からは見当たらず、人口稀薄地帯が続く。

13時27分、ユーレという片面ホームの無人駅に着く。短い編成がやっと収まる程度の短さで、北海道の無人停車場を思わせる簡素な駅だが、20人くらいの乗降客が入れ替わる。カウナスまでは車掌が停車駅ごとにトイレのカギをかけていたが、この先は各駅停車になって停車回数が頻繁になるせいか、停車中もトイレを施錠しなくなった。

次のカズルー・ルーダでも大勢が下車し、賑わうホームを出発する直前に、前方から長大編成の国際旅客列車が姿を現し、スピードを落とさずカウナス方面へと通過していった。客車の側面にロシア語の行先札を掲げていたので、カリーニングラードからモスクワ方面へ直通する国際列車と思われる。

そのカリーニングラード方面への線路から離れて、広々とした農村をのどかに走る。到着する駅ではどこも多くの下車客がホームに降り立って一瞬の賑わいと華やかさを見せるが、車内の客は反比例してどんどん減っていく。

14時ちょうどに到着したマリヤンポレの駅舎は、赤煉瓦を積み重ねたお城のような洋館で、中央に鐘楼のような塔屋がそびえ立っている。ただ、国際列車が発着する路線としては歴史が浅いせいか、まだ建てられてから何年も経っていないような新しさも感じる。

この駅が、沿線最後の大きな街だった。その後は人家が少ない農村を地平線に向かってひた走り、14時35分、広大な操車場の片隅に設けられたようなシェシュトカイ駅の3番ホームに到着。向かい側の2番ホームがワルシャワ行き乗り場と掲示されていて、下車した客のほぼ全員がそのままホームで待機する。ホームにも、少し離れたところにある駅舎にも、そして駅前にも、売店などは一切ない。国境駅なのに両替屋もないので、手元に残ったリトアニアの通貨リタスを使い切ることも、ポーランド通貨のズウォティを入手することもできなかった。

両ホームの線路を見比べると、明らかに、2番線の方が幅が狭い。国際標準軌（１４３５ミリ）は新幹線と同じ幅で、ＪＲの在来線（１０６７ミリ）よりずっと広いはずなのだが、旧ソ連の広軌と比べると狭く見えてしまう。

14時59分、ワルシャワ方面からの列車が2番線に到着。下車客は、私たちが乗ってきたヴィリニュスからの列車に乗り換え、私たちはワルシャワ行きに変身したその到着列車に乗り込む。1日1回だけこの駅で行われる、国際列車相互の乗換え風景である。

ポーランド国鉄の3両の客車は、ヴィリニュスから乗ってきた2＆2並びの座席車ではなく、全ての座席がコンパートメント（個室）になっている。1部屋の定員は8人。自由席なので、後から乗ってくる乗客がいればほぼ相部屋になる。ヨーロッパの鉄道は旅客車両がコンパートメントタイプであることが一般的なので、自由席での相部屋は特段珍しいことではないのだが、同行の妻はヨーロッパの鉄道に乗ること自体が初めてなので、コンパートメントタイプの客車に乗るのは新鮮な感覚らしい。日本の鉄道では個室タイプの車両がそもそも少ないし、個室を自由席扱いにして見知らぬ他の乗客と相部屋にするという扱いは考えにくい。

ヨーロッパの鉄道車両に個室タイプが多いのは、馬車の乗車空間の設計思想をそのまま鉄道車両に持ち込んだからだと言われている。特に、鉄道草創期の客車は、馬車のような小さな個室を細長い客車に櫛状に並べて、それぞれの個室に対して車体側面にドアが付けられていた。この構造では、車内を歩いて移動することはできなかった。やがて、車体の片側に廊下を設けて、その廊下に面した扉を通じて各個室に出入りできるタイプが登場したが、座席が個室の中に設けられる点は変わらなかった。

これに対して、車両中央の通路を挟んで座席が配置されるオープンスタイルの車内構造は、アメリカで発達した。その原型は、仕切りなどがない蒸気船の客室内の構造だったという。日本の鉄道車両はこのアメリカ方式を採り入れたため、現在でも、個室タイプの車両はごく一部の寝台車などに限られている。

お互いに乗換えを済ませた2・3番線の両列車は、15時07分、先ほど乗ってきたリトアニア国鉄の列車がヴィリニュス行きとなって戻っていく。そして15時12分、私たちが乗るワルシャワ行きも、ポーランド国鉄のディーゼル機関車が先頭に立ってゆっくり、ゆっくりと動き出した。私たちが入ったコンパートメントは、ひとまず私たちだけの貸切状態になっている。

緊張感に欠ける農村風景の中を徐行のように悠然と走り、15時25分、リトアニア最後の駅であるモッカヴァに到着。長いホームの前に、白壁と赤茶色の屋根が目立つ小さな駅舎がポツンと建つだけの寂しい国境駅である。乗降客は1人もいないが、出入国審査官らしい制服姿の役人が3名、別の車両に乗り込むのが車内から見えた。

だが、停車中の出国審査を待つことなく、15時27分にすぐ発車。車掌が乗車券をチェックしに来たものの、国境を越えそうな雰囲気が全くないので、妻がトイレに行ってしまい私1人でコンパートメントにいた。

するとタイミング悪く、モッカヴァから乗ってきた出国審査官がパスポートのチェックに来た。私自身は何の問題もなくパスポートに出国スタンプが押されたが、トイレに行ったままの妻はいないものと認識されたのか、さっさと行ってしまった。

審査官と入れ替わるように、コンパートメントに妻が戻ってきた、パスポートチェックを受けたというので、審査官と廊下ですれ違ったのかと尋ねたら、「トイレに入ってカギをかけようとしたら、その前に外からノックもなしにいきなり審査官にドアを開けられて、表情を全く変えずに『パスポートは？』と質問してきたのでびっくりした」と、動揺した様子で報告した。人生初の国際列車での国境越えで、車内トイレのドアをリトアニアの審査官に勝手に開けられて出国審査を受けた体験は強烈なインパクトを伴ったようだが、出入国審査が車内で行われる国境付近の通過中にトイレに行くのは、解釈次第では、トイレに隠れて密出国する行動と受け取られる可能性もある。同行の私が止めるべきであった。

それから10分ほど走り続けていると、今度はポーランドの入国審査官の男女2人がコンパートメントにやってきて、今度は2人揃って待っていた私たちのパスポートに入国スタンプを押した。質問も荷物チェックもない。モッカヴァで乗ったのは両国の審査官で、国境区間の走行中に両国の出入国審査をまとめて終わらせることになっているらしい。乗客としては便利でありがたい。

シェンゲン協定圏内の国々の出入国スタンプはどこの国も同じ共通デザインで、ただ1ヵ所、スタンプの左上に表示されるローマ字が国ごとに異なる。リトアニアの出国スタンプは「LT」、ポーランドの入国スタンプは「PL」となっている。さらに、出入国地点が空港の場合は右上の図柄が飛行機になるが、列車で国境を越えた場合はその図柄が蒸気機関車のデザインになる。私たちのパスポートには、蒸気機関車デザインのLTとPLのスタンプが続けて押された。

そんなふうにコンパートメント内で出入国審査を相次いで受けていたこともあって、車窓の外を見て国境線がどうなっているかをこの目で観察する余裕がなかった。時計を1時間戻して14時50分、モッカヴァから23分でポーランド最初の駅であるトラキシュキに到着した。駅舎の入口にポーランドの国旗が翻《ひるがえ》っている。ここでもモッカヴァと同様、旅客の乗降は皆無だったが、先ほどパスポートチェックをした両国の出入国審査官3名が、一仕事終えたといった表情で仲良く下車していった。

列車は確かにポーランドに入ったが、スヴァウキ回廊と呼ばれる国境地帯の車窓に流れる景色は、リトアニア側と同じような草地ばかりで代わり映えがしない。軍事上も重要な国境地帯ゆえに、見通しのよい草原やなだらかな丘陵のままあえて放置してあるのかもしれないが、線路周辺に警備兵がいるわけでもない。

15時20分、回廊名の由来になっているスヴァウキに着く。ここで6両の客車を増結し、客車9両を機関車が牽引する長大編成になった。国境区間と国内区間の旅客需要の差、ということだろう。

スヴァウキを出た直後に、新顔の車掌が検札に来た。始発駅のシェシュトカイ出発直後に続いて2回目なのだが、それから約2時間半後の18時05分にビャウィストクで大勢の乗客が乗ってきた直後に、3回目の検札もあった。東京から博多行きの新幹線に乗ったら、同じ席に座っているのに新横浜と名古屋と広島で「乗車券を拝見します」と言われているようなものである。

同じ列車で同じ乗車券を何度もチェックするのは非効率的に感じるが、自由席なので、車掌が変われば再改札もやむを得ないのだろう。ヨーロッパでは日本と違って駅に改札口があるわけではなく、乗車券の確認は車掌の業務という認識が一般的にも定着している。それに、列車の発着本数が少ない地方駅に改札業務を担う駅員を配置するより、車掌が改札業務を担当した方が人員の配置上は効率的かもしれない。

車掌の乗務方式も、ポーランドに入って変わった。リトアニア側ではロシアや中国と同じように3両編成の各車両に担当車掌が乗務していたが、ポーランド側では日本や西欧諸国と同様に列車全体を車掌が担当して、車両間を往来している。この車内でポーランドが共産圏の鉄道だったことを感じられるのは、私の手元にあるヴィリニュス駅発行の国際客價標準様式による国際列車乗車券だけである。

3回目の検札があったビャウィストクから、それまで私たち夫婦で独占していたコンパートメントにも地元のおばさん1人と、父娘の2人連れの2組が相次いで入ってきた。8人部屋が、3組5人の相部屋になる。私たちのように国境を越えてきた国際旅客はもはや車内では少数派となり、ポーランドの国内列車として、身軽な姿で乗り込んでくる旅客も多い。

相部屋と言ってもお互いに話をするわけではなく、静かな室内のまま、列車は夕陽を浴びながら地平線に向かって走り続ける。機関車牽引による客車列車は、客車に動力がないので、停車するとモーター音などがせず本当に静まり返る。白樺の雑木林の中で信号停車したときは、他のコンパートメントにいる旅客の話し声や、車外の草叢にいるらしい虫のか細い鳴き声が車内までよく聞こえた。こんな静寂の時間も、電車やディーゼルカー全盛の日本の汽車旅ではなかなか体験できなくなってしまった。

20時を過ぎてようやく日が暮れた頃、列車はワルシャワの市街地に進入。オレンジ色の街灯が並ぶレトロな夜景を眺めながら、最後は地下区間になって20時33分、ワルシャワ中央駅に到着した。仕事帰りなどで家路につくワルシャワっ子の姿が多く、地下鉄の発着ホームのようで、遠方からやってきた旅人の出会いと別れの場面が交錯する長距離列車ターミナルの雰囲気はなかった。

地上にある駅舎内中央ホールでは、まだ両替屋が営業していた。私たちはポーランド通貨のズウォティをまだ持っていないので、シェシュトカイを出てポーランドに入国してからずっと、実質的に無一文の状態が続いていた。水も食料も途中で購入できないので、私たちはヴィリニュスで買ったミネラルウォーターや菓子で、ワルシャワまで空腹をしのいできたのだ。

国境駅や国際空港の常で、両替を必要とする顧客が多いエリアの両替屋の両替レートはあまりよくない。それでも、最低限のズウォティ紙幣を手にして久しぶりに使える現金を携帯したとき、私たちは国境通過から6時間以上経って、ようやくポーランドの入国手続きが完了した気になってきた。

第11章

ユーロスターは西欧唯一の時差&審査付き越境特急

▼ロンドン（イギリス）→パリ（フランス）

1995年に西欧7ヵ国の間でスタートしたシェンゲン協定（第10章参照）は、2023年にクロアチアが加わって27ヵ国にまで増えている。バルト3国最北のエストニアからイベリア半島西端のポルトガルまで、直線距離にして約3000キロ離れている2地点間を陸路移動しても、途中で通過する数多くの国境で一切パスポートチェックがないというのだから、国境という人為的な空間区分概念の意味を改めて考えさせられてしまう。神聖ローマ帝国時代から領土の範囲が変遷を繰り返し、永続的に固定された国境が存在しにくかった歴史を持つヨーロッパならではの移動の自由の保障制度と言えよう。

ところが、西欧諸国の中で、イギリスは、このシェンゲン協定から一貫して距離を置いている。大陸とは海を隔てた島国であり、陸上の国境を持つ大陸諸国に比べればシェンゲン協定による移動の自由の恩恵は限定される。それに、1960年代から30年以上も続いた北アイルランド紛争の影響で、アイルランド領と英国領の北アイルランドとの間では長らく厳重な国境管理が行われていたため、そこを国境審査なしで自由に通行できるルールの導入は考えにくかったと思われる。

その一方で、1994年にはイギリスとフランスを隔てるドーバー海峡の真下に英仏海峡トンネル（ユーロトンネル）が開通し、ロンドン〜パリ間を直通する高速列車が運行されるようになった。「ユーロスター」と名付けられたその直通特急は、イギリスとフランスとの間に、実質的な陸上国境を新たに作り出した。

この結果、シェンゲン協定の拡大によって西欧ではほぼ見られなくなった国際列車利用時の国境審査が、ユーロスターの乗車時には今も行われている。ユーロトンネルには1997年からロンドン〜ブリュッセル（ベルギー）間を走る高速列車も登場しているが、こちらに乗る場合も同様に出入国審査を受ける必要がある。

しかも、フランスやベルギーは、グリニッジ標準時を採用するイギリスとの間に1時間の時差がある。今やシェンゲン協定の適用国の多くはフランスやベルギーと同じ中央ヨーロッパ時間を標準時としているので、その時間帯内で国際列車に乗っても、国境審査も時差もなく、通貨もユーロのまま、というケースが大半になっている。これらの国々の間で列車に乗って国境を越えても、話されている現地の言語が異なる以外にはほとんど実感が湧かない。

これらのさまざまな越境セレモニー（？）をまとめて体験できる西欧の国際列車は、現在、ユーロスター以外に見当たらない。英仏間の便利な交通手段としてすっかり定着したユーロスターは、西欧に残る唯一の正統派国際列車でもあるのだ。

ロンドンには方向別に10以上の鉄道ターミナルがあるが、ユーロスターが発着するのはセント・パンクラスという宮殿のようなネオゴシック建築の駅舎を構える古典ターミナルである。東隣に並び立つキングス・クロス駅は、『ハリー・ポッター』に登場する「9と4分の3（3／4）番線」のモデル

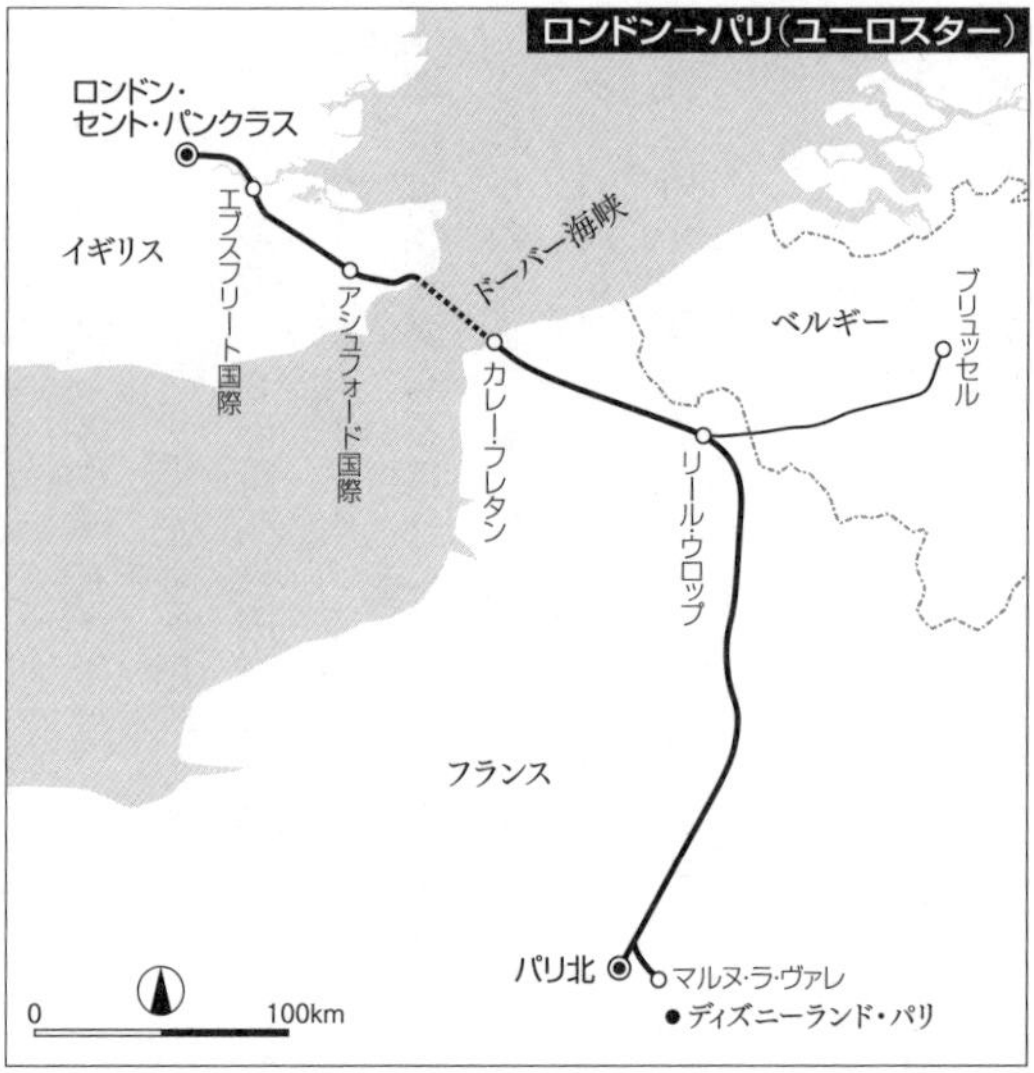

になった駅として、世界中から大勢の観光客が訪れる。

壮麗なセント・パンクラス駅舎の中で、ユーロスターの乗車エリアは国内列車乗り場とは別の一角にある。チケットを持っていれば自由に乗れるわけではなく、航空機の搭乗時のように、出発時刻の30分前までにチェックイン手続きをすることが求められる。乗客の待合エリアはユーロスター専用の乗車ゲートの先にあるので、見送り客がホームで出発間際まで一緒にいることはできない。

乗車ゲートの手前で写真を撮ったら、警備員に呼び止められてデジカメの画像をチェックされ、消去はされなかったものの撮影しないよう注意を受けた。駅の改札が、空港のイミグレーション（出入国審査場）と同じ警備体制になっている。このとき（2016年8月）は、前年（2015年）にパリ市内で起きた連続テロ事件などを受けてフランス全土に緊急事態宣言が発令されていたので、平時よりピリピリしていたのかもしれない。

ユーロスターが発着するホームは他の列車が発着するホームとは高いガラス塀で仕切られている。塀の向こうはすでに別の国のような扱いだ。ヨーロッパ大陸の国際列車は、シェンゲン協定ができる以前も、国内列車と国際列車をこんなに厳格には区別していなかった。出入国管理が厳しいイギリスならではの光景である。

早朝6時、まだ駅構内のほとんどの売店が閉まっている中で出発ゲートへ入ると、最初にセキュリティーチェックを受ける。空港の場合はここで飲み物は全部捨てなければならないが、列車の場合は放棄する必要がない。

その後はイギリスの出国審査。イギリスは入国するときには細かい質問をされることが多いが、出国時はほとんど何も言われない。

その後ろにはフランスの入国審査場がすぐ待ち構えていて、ここでもうフランスの入国手続きをしてしまう。今日は私だけでなく小学生以下の子供や年金世代の義母も一緒なので、入国目的を訊ねられて「みんなでパリのディズニーランドに行く」と言ったら、それで家族全員に対する質問が終わりになった。パスポートには、入国地点が「ロンドン」になっているフランス入国スタンプが押された。

イギリスの鉄道駅構内にいながらフランスに入国している状態となって、ホーム下の待合エリアで乗車開始を待つ。このエリアの売店は営業しているのだが、私たちが持っているユーロスターのチケットは「スタンダード・プレミア」という朝食付きの席なので、ここで間食を買うわけにはいかない。子供たちにも「列車の中で朝食が出るから」と言い聞かせて、ミネラルウォーターを飲ませて我慢させる。

6時36分になって、「7時01分発のパリ行きは9番線で乗車を開始しました」との案内放送が英語、次いでフランス語で流れる。

長いエスカレーターでホームに上がると、ブリュッセル行きと並んで、パリ北行きのユーロスター編成が待っていた。フランス行きの高速列車ではあるが、この編成はドイツのシーメンス社で製造された。フランスのTGVをベースにした初代ユーロスターに対して、ユーロスター第2世代とでも言うべき新型車両で、2015年に英仏間を走り始めたばかりである。

スタンダード・プレミアの2号車に乗ると、中央通路を挟んで2対1の座席配置になっている。線路の幅は日本の新幹線と同じ1435ミリだが、新幹線のグリーン車は左右2席ずつなので、こちらの方が断然ゆったりしている。

しかも、5人で乗る私たちの席は、中央に固定テーブルがある4人掛け席と通路を挟んだ向かい合わせの2人掛け席で、私が座る2人掛け席は向かいに誰もいないため、実質的に6人分まとまった席を5人で広々と使えるようになっている。4人掛け席に収納式ではなく固定テーブルがあるのは、小さな子供連れにとっては食事のとき以外にもいろいろ活用できてありがたい。

7時01分、定刻通りにセント・パンクラス駅を発車した。しばらくロンドンの市街地を走り、すぐトンネルに入ると、スピードがぐんぐん上がっていく。

私は1995年の春に、開業からまだ4ヵ月ほどしか経っていないユーロスターに乗ったことがある。そのときはパリからロンドンまでの旅だったのだが、ロンドンの到着駅はウォータールーという別のターミナルだった。

ウォータールー発着時代のユーロスターは、イギリス国内でのスピードの遅さが課題とされていた。フランス国内ではTGVと同様の専用路線を高速で突っ走ることができたのに、イギリス国内では在来線区間に乗り入れていたため、高速運転ができなかったからである。1995年に私が乗ったときも、ユーロトンネルを抜けてイギリス国内に入った途端に鈍足運転になり、せっかくTGV車両がイギリスまで入れるようになったのに宝の持ち腐れのような印象を受けた記憶がある。このときは、パリ北からロンドン・ウォータールーまでの所要時間は3時間23分だった。

この課題は、ユーロスター誕生から13年後の2007年にイギリス側で高速専用新線が開通したことによって、やっと解決した。ロンドンの発着駅が現在のセント・パンクラス駅に変更されたのもこのと

ロンドン発パリ行き（ユーロスター）時刻表
（2016年8月現在）

国名	km	列車番号		9004
		列車名		ユーロスター 1全 2全
イギリス	0	ロンドン・セント・パンクラス	発	701
	35	エブスフリート国際	〃	レ
	90	アシュフォード国際	〃	レ
フランス	166	カレー・フレタン	発	レ
	267	リール・ウロップ	〃	レ
	−	マルヌ・ラ・ヴァレ	〃	‖
	492	パリ北	着	1017

註⑴：距離はトーマスクック欧州時刻表、列車予約時交付資料の掲載時刻に基づく
⑵：イギリスとフランスの時差は１時間（フランスが午前０時のとき、イギリスは午前１時）

きである。イギリス国内でのスピードアップの実現によって英仏間の所要時間は大幅に短縮された。今回、私が21年ぶりに乗るユーロスターのロンドンからの所要時間はわずか2時間16分で、パリ北駅にはフランス時間で10時17分の到着予定となっている。

7時20分になって、さっそく朝食が配膳された。クロワッサンにマフィン、ヨーグルト、オレンジジュース、食後のコーヒーと、要するに軽食だが、クロワッサンもマフィンも温かい状態で出てくるし、パンや飲み物はおかわりも可能。航空機のエコノミークラスで出される軽食よりはずいぶん上品である。

しかも、4人掛け席は固定テーブルなので、高速で流れる車窓を横目に、まるで食堂車にいるような気分になれる。日本の新幹線では体験できないひとときである。鉄道に格別の関心を持たない妻子と義母が一緒に乗るので、車内の供食サービスには特に気を遣って手配したつもりだったが、皆様ご満悦のようで、我が家の汽車旅手配担当責任者としては一仕事を無事終えたような心境になる。

食事中の7時半過ぎ、車窓がいきなり真っ黒になり、ユーロトンネルに入った。車内モニターに「トンネル・トリビア（豆知識）」と称して、全長が50・45キロであること、海面から75メートル下を走っていることなどが英仏2ヵ国語で解説される。日本の青函トンネルの通過列車と似ている。青函トンネルの全長は53・85キロで、海底トンネルとしてはユーロトンネルよりわずかに長く世界最長だが、海底部分に限ると青函トンネルの23・3キロに対してユーロトンネルは37・9キロもあり、世界一となっている。津軽海峡はドーバー海峡よりずっと深く、青函トンネルの通過列車は海面下240メートルの場所を走っているので、その分、地上に出るまで海底以外の区間が長くなっているからである。

トンネル通過というのは、実際に列車に乗って体験すると大して面白くない。何も見えない闇の中を20分ほど走り続けて、7時54分、ヨーロッパ大陸側の出口を飛び出した。ここからフランス領となり、手元の時計を1時間進めて8時54分に修正する。

フランスに入ると、列車のスピードがさらに上がった。車内モニターには現在の速度も表示され、最高時速表示は284キロまで上昇したが、モニター画面はさまざまな案内表示の一環として現在の時速を表示しているに過ぎない。座っている身体が風圧を受けているのではないかと感じるほど一気にスピードを上げている瞬間がモニター表示のタイミングと一致しないだけで、実際にはもう少しスピードアップしているのではないかと思われる。

他の車両を見物に行ってみた。9号車がビュフェ車になっていて売店が賑わっている以外は、1等車も2等車もみんな静かに過ごしている。1等車は私たちのスタンダード・プレミアの上にビジネス・プレミアという料金プランがあるのだが、これは1等車の旅客に対するサービスのレベルに応じた区別であって、座席自体は同じである。ビジネス・プレミアの旅客はロンドンやパリのターミナルで出発前に専用ラウンジを利用することができるほか、専用レーンでの優先チェックインや車内食の選択肢も多いとのこと。実際に体験したわけではないが、航空機のビジネスクラスに相当する位置付けと思われる。

2等車は左右2列ずつの座席配置で、1等車と同じく座席の向きが固定されている。そのため、日本の特急列車のようにシートを回転させて反対向きにすることができず、車内の座席の半数は後ろ向きのまま乗ることになる。ヨーロッパでは、旅客の座席を常に進行方向に向けるという発想がないのだ。東京駅に新幹線が到着すると、わずかな時間で作業員が車内を清掃して全ての座席をいっせいに前向きに回転させるが、こちらの鉄道ではあのような座席の回転作業は存在しない。

2等車を渡り歩いていくと、編成中央付近の9号車がビュフェ車になっていた。主に2等車の乗客が、ここの売店で飲食物を購入している。16両編成の真ん中にこのビュフェ車が配置されていることと、1等車が編成の前後両端に固められている点は、よく考えられていると思う。特に後者は、2等車の旅客を1等車内にむやみに立ち入らせない効果を発揮している。

1時間ほど平坦な麦畑や野菜畑の中を疾走し、10時07分になってパリの近郊電車と初めて出合った。そこから、近郊電車の線路と並走する埼京線のような区間になり、前方にパリの高層マンション群が近づいてくる。

そこまで来るとパリはもう目の前で、農村風景が急にパリの市街地へと切り替わった。10時11分、「まもなくパリ北駅に着く」との車内放送がまずフランス語で流れて、次に英語で案内される。多方面から線路が集まって併走したその行止りがパリ北駅で、最後は1分遅れの10時18分、ベルギー行きの真っ赤な高速特急タリスの隣のホームで静かに停止した。セント・パンクラス駅と同じように、ユーロスターの発着ホームは白い金網とガラス塀で他のホームと隔絶されている。

すでにロンドンでフランスへの入国手続きを済ませている私たちは、線路が途切れているホームの最先端からガラス塀の外へあっさり出られた。そこは、シェンゲン協定によって国境審査なしでやってくる旅客が混然と集う、全ヨーロッパで最も乗降客数が多い鉄道ターミナルの中でもある。パスポートとユーロスターのチケットがなければ立ち入れないガラス塀の内側より、塀の外にあたる駅構内全体の方が国際色豊かな停車場としての雰囲気を漂わせているこのパリ北駅の中は、国境による移動の制約を取り払ったヨーロッパ大陸を象徴している空間のように感じられた。

第12章

「世界一高い鉄道橋」と国の分離で生まれた新国境を体験する

▼バール（モンテネグロ）→ベオグラード（セルビア）

20世紀初頭に「ヨーロッパの火薬庫」と呼ばれたバルカン半島の西部に、アドリア海に面したバールという港湾都市がある。ここから、かつてのユーゴスラビアという巨大な多民族国家の首都だったベオグラードまで、バール鉄道という山岳路線が通じている。日本語の旅行ガイドブックで紹介されているのを見たことがないのは残念だが、ヨーロッパでは景勝路線として知名度が高く、ユーゴスラビア紛争後に同地の治安が回復して観光旅行ができるようになると、この路線を訪れる外国人旅行者も徐々に増えていった。

完成したのは1973年と歴史が浅く、かつ東西冷戦時代は西欧諸国に比べて旅行しにくかった旧ユーゴスラビアの鉄道路線が知られていたのは、同鉄道の途上にあるマラ・リエカ橋梁の高さが198メートルもあり、世界で最も高い鉄道橋とされていたからである。ベオグラードからアドリア海へ通じる産業上、軍事上の重要路線として当時のユーゴスラビアが国を挙げて建設したため、険しい難所を世界最大級の鉄道橋で克服しようとしたのだろう。

日本で最も高い鉄道橋は、宮崎県の高千穂《たかちほ》鉄道にあった高さ105メートルの高千穂橋梁だった。同鉄道が2005年に台風で被災して廃線に追い込まれた後は、静岡県の大井川鐵道《おおいがわてつどう》にある関の沢橋梁が高さ70・8メートルで日本一となっている。関の沢橋梁だって橋の上を列車で通過する際に真下を見れば、吸い込まれてしまいそうな高さに怖ささえ感じる。それがマラ・リエカ橋梁の半分以下の高さというのだから、いったい世界一高い鉄道橋とはどのようなところを通っているのか、怖いもの見たさの関心をずっと抱いていた。

そのマラ・リエカ橋梁があるバール鉄道を、２００８年12月に訪れる機会があった。その後、インドで鉄道橋の高さ世界一の記録を上回る橋の建設が進められたが、この時点では確かにマラ・リエカ橋梁が世界一だった。

その世界一の鉄道橋やヨーロッパ有数の景勝路線の体験が最大の目的だったが、同鉄道はその2年半前の２００６年6月から国際連絡鉄道になっていた。ユーゴスラビア紛争を経て２００３年に誕生したセルビア・モンテネグロという連邦国家が、セルビアとモンテネグロの二つの国家に分裂したため、この連邦内を走るバール鉄道も両国に分かれて帰属することになったのである。バールとマラ・リエカ橋梁はモンテネグロ国内にあり、ベオグラードはセルビアの首都になっている。


起点のバールへは、「アドリア海の真珠」と呼ばれるクロアチアの世界遺産、ドブロブニクから海岸沿いに自動車で南下してモンテネグロ入りし、港近くでは車ごと渡し船に乗せて辿り着いた。ドブロブニクの旧市街には日本人を含めて世界中から観光客が集まっていたが、バールのホテルにも街にも、アジア人の姿は全く見られなかった。

バール駅は物流幹線の始発駅らしく、貨物列車が同時に多数発着できるよう、多数の側線が並んで広がっている。旅客ホームはその広い駅構内の片隅にあって存在感は大きくないが、石造りの2階建て駅舎はどことなく山荘風で、小さいながらも、中欧の山岳路線の始発駅らしい風格を漂わせている。

駅舎の目の前に停車しているベオグラード行き編成は、ルーマニア製の電気機関車を先頭に7両の客車を繋いでいる。中間の4号車は食堂車で、その隣の5号車だけが1等と2等の半室構造。他の車両は全部2等車で、いずれも自由席だが、食堂車を除き全客車がヨーロッパ特有のコンパートメント

になっている。

駅の時刻表を見ると、バールに発着する旅客列車の大半には列車名が付けられている。私がこれから乗る列車の名は「タラ」で、モンテネグロ北部にある渓谷の名に由来している。全長82キロにも及ぶタラ渓谷は、アメリカのグランド・キャニオンに次いで世界で2番目に大きな渓谷として、ヨーロッパでは広く知られているという。

10時05分、定刻通りにバールを出発。コンパートメント車は車内の他の個室の様子がわかりにくいが、私の部屋にも地元のおばちゃんと老紳士が1人ずつ入っているので、空室はなさそうだ。

しばらくは車窓左にコバルトブルーのアドリア海を見て走る。アドリア海の沿岸は、西のイタリアでは鉄道路線が海岸線に沿っているが、東のバルカン半島では旧ユーゴスラビアから分裂した各国を海岸沿いに結ぶ路線がないので、このバール路線の短い沿岸路線は、朝日が昇る東側からアドリア海を眺めることができる貴重な区

バール発ベオグラード行き時刻表
(2008年12月現在)

国名	km	列車番号		432	896
		列車名		タラ	
モンテネグロ	0	バール	発	1005	…
	–	ストモレ	〃	1020	…
	56	ポドゴリツァ	着	1059	…
			発	1110	…
	–	コラシン	〃	1231	…
	–	モイコヴァツ	〃	1253	…
	186	ビエロ・ポリェ	着	1327	…
			発	1358	…
セルビア	–	ヴルブニツァ	着	1410	…
			発	1430	…
	236	プリエポリェ	着	1458	…
			発	1505	…
	–	プリボイ	〃	1536	…
	339	ウジツェ	〃	1633	…
	365	ポジェガ	着	1708	
			発	1730	1735
	–	コシェリッチ	〃	1750	(ニシュ2320着)
	431	ヴァリェヴォ	〃	1830	
	–	ライコヴァツ	〃	1848	
	–	ラザレヴァツ	〃	1857	
	–	ラコヴィツァ	〃	1945	
	524	ベオグラード	着	1959	

註(1):距離はトーマスクック欧州時刻表、時刻はタラ号車内掲示時刻表、及びセルビア鉄道発行時刻表に基づく
(2):モンテネグロとセルビアの間に時差はない

間でもある。

10時19分、最初の停車駅ストモレに到着。高台のある駅舎の背後に水平線が広がっている。沿岸のバールとは別の港町の玄関駅で、乗客が大勢乗ってきた。ストモレを出るとすぐに長いトンネルに入ってしまい、アドリア海とはここでお別れとなる。

5分ほどでトンネルを出てしばらく荒涼とした盆地を走ると、湿地帯に差しかかり、まもなくシュカダルスコ湖という巨大な湖に遭遇する。湖の中に中州がいくつかあり、その間を結ぶ堰堤《えんてい》が築かれ、列車はその堰堤の上を走っていく。まるで湖面を走っていくような、不思議な区間が20分ほど続く。シュカダルスコ湖はバルカン半島最大の湖で、西半分はモンテネグロ領、東半分はアルバニア領となっている。車窓の右手に広がる湖の遥か先に見える対岸はアルバニア領だろうか。


湖を渡り切り、線路近くの放牧風景やその先に連なる山々を通路に立って眺めていると、同乗している警察官が話しかけてきて、身分証明書の提示を求められた。私がいるコンパートメント内も含め、他の客には声をかけておらず、明らかに異邦人らしい私だけを対象にした職務質問だ。不審者のように見られているのかもしれないが、地元客しか乗らないような外国のローカル線に乗ると、こういうことはときどきある。

ところが、パスポートの表紙に「JAPAN」と刷られているのを見ると、やや仏頂面だった彼の表情が急に笑顔に変わった。そして、「日本人だったのか。日本はいい国だ」と言って右手を差し出され、がっちり握手をしたらそのまま隣の車両へ行ってしまった。提示させたパスポートの表紙だけ見て、私の身元情報が記載されている中身を見ないのでは職務質問の意味がないのではないかと思うが、日本国籍に対する信頼度の高さを改めて実感させられる。

新生・モンテネグロの首都となったポドゴリツァで、さらに大勢の客が乗り込んできて満員となる。私のコンパートメントも満室になり、座り切れない客が通路や乗降デッキに立つほどの混み具合になった。11時14分発車。首都と言っても小さな都市で、5分もすると市街地が尽きて車窓左手に川が寄り添い、徐々に地勢が険しくなって渓谷になる。エメラルドグリーンの川面が眼下に、岩肌が剥き出しになった垂直な崖が対岸に展開する。山脈が連なる前方に、冠雪した高山が霞んで見える。

渓谷に沿った線路の位置がだんだん高くなってきたところで、左前方の渓谷に架かっている巨大な鉄道橋が視界に入った。世界一高い鉄道橋とされるマラ・リエカ橋だ。トンネルの手前からも見えるので、近づくまでに時間がかかるが、「突然その橋に差しかかって観察する余裕がなかった」「いつのまにか通過していた」ということにならないので、遠方から早めに気づけるのはありがたい。この橋を見に来たのにここで見逃したら、日本からもう一度見に来るには往復1週間程度の休みと数十万円の旅行費を要する。

11時24分、トンネルを出たところに、単線用の長いトラス橋が待っていた。橋の全長は498・8メートル、保線作業員用の通行スペースが線路脇にあり、太い鉄骨が菱形になって線路部分を覆っているので、大井川鐵道の関の沢橋梁のような吹きっさらしの橋の上で味わうスリルは小さいが、それでも、窓の下に見えるか細い川の流れまでの高さには目がくらむ。4本の橋脚自体が渓谷の両側の高い位置にある岩盤を基礎にしていて、渓流はそこからさらに深く切り立った谷底にあるので、川底からの高さが橋脚の高さを大きく上回っている。それが、この橋を実際以上に高く見せているのだろう。

およそ1分間で無事に渡り切り、またトンネルに入る。満員の列車の中で、通過する橋の眺めに夢中でパシャパシャ写真を撮っていたのは私くらいだったようで、大多数の地元の乗客は、世界一高い鉄道橋にはほとんど無関心だった。社会主義国だった旧ユーゴスラビア時代だったら、これほど巨大な鉄道橋の写真を撮りまくっていたら警察か警備兵に逮捕されていたかもしれない。

マラ・リエカ橋を渡った後も、我がタラ号はさらに勾配を上っていく。谷底に緑色の川面と車道が並行しているのが見下ろせるが、車道を走る自動車の大きさは豆粒以下だ。線路の真下にそびえる断崖の中腹辺りには、転落した電気機関車が横転したまま放置されているのが見える。谷底が深すぎて、最深部が見えなくなる区間すらある。まさに奈落のようだ。これほど人の生活圏からかけ離れた高い場所にわざわざ線路を敷いたのは、軍事的な意味でもあったのだろうか。

12時08分頃になって上り坂の頂上に達したらしく、列車は下り坂を軽やかに走り始めた。谷の両側にそそり立つ岩壁は上から下まで断層がきれいに浮き上がり、山々を縞模様で覆っている。

峠の頂上前後は雪景色にはなっていないが、12月の高地ゆえ、窓の外はかなり寒い。トンネルに入ると、坑内に巨大なつららがぶら下がっているのが見える。

そこからさらに標高を下げて、久々に人家が点在するエリアに入ると、12時43分、コラシンに到着。構内の線路がうっすらと雪化粧している。峠の頂上までは見られなかった雪景色がしばらく続き、列車は雪煙を立てながら山の中を走り続ける。

13時を回って、空席が目立つ食堂車へ足を運ぶ。食堂車でのランチは日本ではもうほとんど体験できないので、海外で食堂車付きの列車に乗ると、条件反射のようになるべく食堂車で食べようとする自分の習性は自覚している。塩を振っただけのシンプルな分厚い牛肉ステーキとサラダの付け合わせで、食後にホットコーヒーまで頼んで、流れる雪景色を眺めながら至福の時間を過ごした。

一時は糸のように細く見えた並行道路と同じ目線まで山を下りてきて、その道路とともに大きな街へ入ると、13時44分、ビエロ・ポリェに到着した。モンテネグロ最後の停車駅で、ここで大勢の乗客がいっせいに下車。私が滞在しているコンパートメントの乗客も、私以外はここで全員下車し、新しい乗客に入れ替わった。

そのコンパートメントで、各個室を回ってきた警察官からパスポートチェックを受ける。国境審査のようだが、モンテネグロの出国スタンプは押されなかった。私が日本人とわかると、彼は「日本に名古屋という町があるだろう。知っているぞ。ストイコビッチがその町のサッカーチームにいるはずだ」と、私のモンテネグロ出入国事情とは全く関係ない話題を振ってきた。華麗なプレースタイルから「ピクシー（妖精）」と呼ばれ、ユーゴスラビア代表チームでも中心選手として活躍したドラガン・ストイコビッチは、セルビアの出身である。１９９４年から現役引退までの8年間をJリーグの名古屋グランパスエイトでプレーし、この２００８年1月からは監督に就任していた。

先頭の機関車をセルビア国鉄所属の別の機関車に付け替えて、14時08分、ビエロ・ポリェを出発。市街地を離れると岩山に挟まれた狭い峡谷を走り、14時20分、その峡谷の片隅にある小さな修道院のそばのヴルブニツァという駅で停車した。この駅の手前で列車は国境を越えてセルビアに入国しており、駅のすぐ西側を線路に沿って流れるリン川の対岸はモンテネグロ、という場所である。

停車中の車内をセルビアの出入国審査官が巡回し、私のパスポートにもセルビアの入国スタンプが押された。一昨年のモンテネグロ独立によって、この駅がセルビアの新しい出入国地点となったが、実はほとんどの旅客列車はこのヴルブニツァを通過してしまい、次のプリエポリェで出入国審査が行われることになっている。そのせいか、私のパスポートに押された入国スタンプには、入国地点名がキリル文字で「プリエポリェ」と記されている。入国スタンプの図柄がパスポート上でくっきりとしていて、この駅でのスタンプ使用回数がまだそれほど多くないように見受けられた。

乗客、乗務員全員の入国審査が終わり、ヴルブニツァを発車したのは24分後の14時44分。列車の車掌もバールから乗務していた背が低い初老の男性ではなく、体格の立派なスラブ系の中年男性に変わり、バールで一度チェックされた乗車券をもう一度検札に来た。国境を跨いで国鉄が二つに分裂したからだと思われる。
ただ、国境を越えたからといって車窓の様相が急に変化するわけではなく、車窓左手の険しい峡谷はその後もしばらく続く。入国スタンプが表示するプリエポリェに着いたのは15時23分で、ちょっと離れすぎではないかと思った。

セルビアに入ると、各駅の駅名標がキリル文字とラテン文字で併記されるようになった。セルビアとモンテネグロは、言語としてはほとんど同じだが、セルビアは伝統あるキリル文字を重視するのに対し、モンテネグロではキリル文字に対するそこまでのこだわりはなく、駅名標もラテン文字だけのケースが多かった。
私自身は、ロシア語と同じキリル文字自体は何とか発音はわかるので、ゆっくり読めば、地名や駅名を読み取ることはできる。が、ラテン文字よりは解読が遅いので、駅の通過時に駅名を確認しようとして、キリル文字だけだと一瞬で読み取れない危険が高い。そのため、見知らぬ駅ではとりあえず駅名をデジカメで撮影しておいて、あとで駅名を画像で確認する習性が身に付いてしまっている。そんなことをしてどうするのか、と問われても答えようがないのだが。

15時50分にプリボイに到着した頃から、早くも薄暗くなり始めた。セルビアはドイツやフランスと同じ中央ヨーロッパ時間を標準時としているので、全体的に日の出も日没も早い。そのため、12月はこんな時間にもう夕暮れを迎えることになる。

私が滞在するコンパートメントに、プリボイから若い男性が1人入ってきた。すると、車掌がやってきて彼のチケットを確認。その際に、カードタイプの身分証明書も提示させている。同時に、プリエポリェから乗ってきた若い男性2人組に対しても、乗車券と身分証明書をチェックする。私をはじめ、モンテネグロから乗ってきてセルビア国境駅で入国審査を受けた乗客には声をかけない。乗車券はともかく、車掌が地元の旅客に身分証明書まで提示させ、旅客もそれに異存なく従っているところを見ると、セルビア側では長距離列車に乗るのに身分証明書の携帯が義務付けられているのだろうか。

プリボイを出た列車の左手に、モンテネグロとの国境付近からずっと線路沿いに流れるリン川が寄り添う。このプリボイから少し北へ走った辺りから、そのリン川がボスニア・ヘルツェゴビナとの国境になる。地図を見ると川の中央が国境線になっていて、対岸はボスニア・ヘルツェゴビナだ。

もっとも、車窓からは国境線らしい雰囲気が全く感じられない。丘陵地の中腹を走りながら夕闇が迫っているだけでなく、雪が舞う山地は厚い雲に覆われていて、眼下に広がる地形が見えにくい。

大小のトンネルを繰り返し、地形に合わせて右へ左へと蛇行しながら、一時的に線路が東から西へと国境線を跨いでボスニア・ヘルツェゴビナ領に入る。領内にストルプチという駅もあるはずだが、気づかないまま通過していた。バール鉄道の中で唯一のボスニア・ヘルツェゴビナ領内の駅で、出入国審査をしないということは、現在は旅客駅として機能していない可能性もある。このような、国境を少しだけはみ出た駅が存在するのは、旧ソ連と同じように、旧ユーゴスラビアが一つの国家だったときに境界線など意識せず建設したからである。

そこからさらにトンネルを経て北上し、また西から東へ国境を跨いでセルビア領へ戻る。小さなトンネルを出た所が再度のセルビア領の入国地点で、そこにあったヤブラニツァという信号場のような小さな駅を16時11分に通過。ボスニア・ヘルツェゴビナとの国境は、車窓からは全く認識できなかった。

16時53分にウジツェに到着したときには、完全に日が暮れていた。あとはひたすら闇の中を走り、たまに駅に停車するときだけ、周辺に人家の明かりや沿道の街灯が増える。ポジェガで先頭の電気機関車を付け替えたり、ニシュへの支線へ乗り入れる後方の客車2両を切り離したりしたが、時刻表上は20分ほど遅延しているので、長時間停車していてもいつ出発するかわからない。暗いホームに下りて自分の車両を離れてうろうろしていると、車掌に気づかれずに置き去りにされる危険があるので、ホームの先端や最後尾まで見に行くことができず、暗い窓外を自分のコンパートメントから眺めているしかない。

星空も雲に覆われてしまい、大自然が広がっているであろう沿線のその後の様子はほとんど何もわからないまま、終点のベオグラードが近づいてくる。広い大通りを行き交う車のヘッドライトの放列は、バールを出てから10時間後に初めて目にする大都市の活況である。

高層ビルが林立する街の中心部付近に、櫛型の頭端式ホームが並んでいる。線路はそこで行止りになっていて、20時35分、停止して今日の運転を終えた。旧ユーゴスラビア連邦時代からセルビアとなった後も、首都の玄関駅としての長い歴史を刻んできたベオグラード本駅である。

19世紀末にオープンした殿堂のような駅舎がライトアップされているのを見ると、タラ号が午前中に停車したモンテネグロの首都・ポドゴリツァ駅とは、首都の玄関駅としての風格や存在感において段違いの格差がある。セルビアとモンテネグロが分裂してからまだ2年半しか経っていないが、バール鉄道が、首都同士を結ぶ対等な国際連絡鉄道として広く認識されるようになるのは、まだ当分先のことであるように思われる。

第13章

バルカン半島から往年のオリエント急行ルートを辿る

▼ベオグラード（セルビア）→イスタンブール（トルコ）

ベオグラード本駅が開業したのは1884年、まだこの地がセルビア王国と呼ばれていた時代だった。日本では明治17年にあたり、上野を起点とする日本鉄道が高崎、前橋まで開業したばかりで、鉄道網の発達はまだ黎明期だった。パリとイスタンブールを結ぶオリエント急行は、1885年からベオグラードに発着するようになった。

オーストリアの建築家によって建てられた駅舎は、第2次世界大戦中にナチス・ドイツ軍の空爆によって損傷を受けたものの、戦後に修復されて使用され続け、東欧中で最も重要な鉄道のジャンクションの玄関であり続けた。2018年に全ての発着列車が新しいベオグラード中央駅に移行して鉄道駅としての機能を終えた後も、駅舎はヨーロッパの鉄道史の生き証人として、ベオグラード市内の中心部に残されている。

そのベオグラード本駅がまだ現役だった2008年12月、私はこの駅からイスタンブールまで直通急行に乗ってみた。セルビア、ブルガリア、トルコの3ヵ国を横断するこの国際列車の名は「バルカン・エクスプレス」。途中でマケドニア（2019年に北マケドニアに改称）とギリシャへ向かう列車を分割し、ブルガリア国内の途中駅でルーマニアからやってきた別の列車を併合する。バルカン半島各地とを結ぶ列車が離合集散しながら、オリエント急行以来の伝統あるコースを辿ってイスタンブールへ向かう、賑やかな国際列車である。

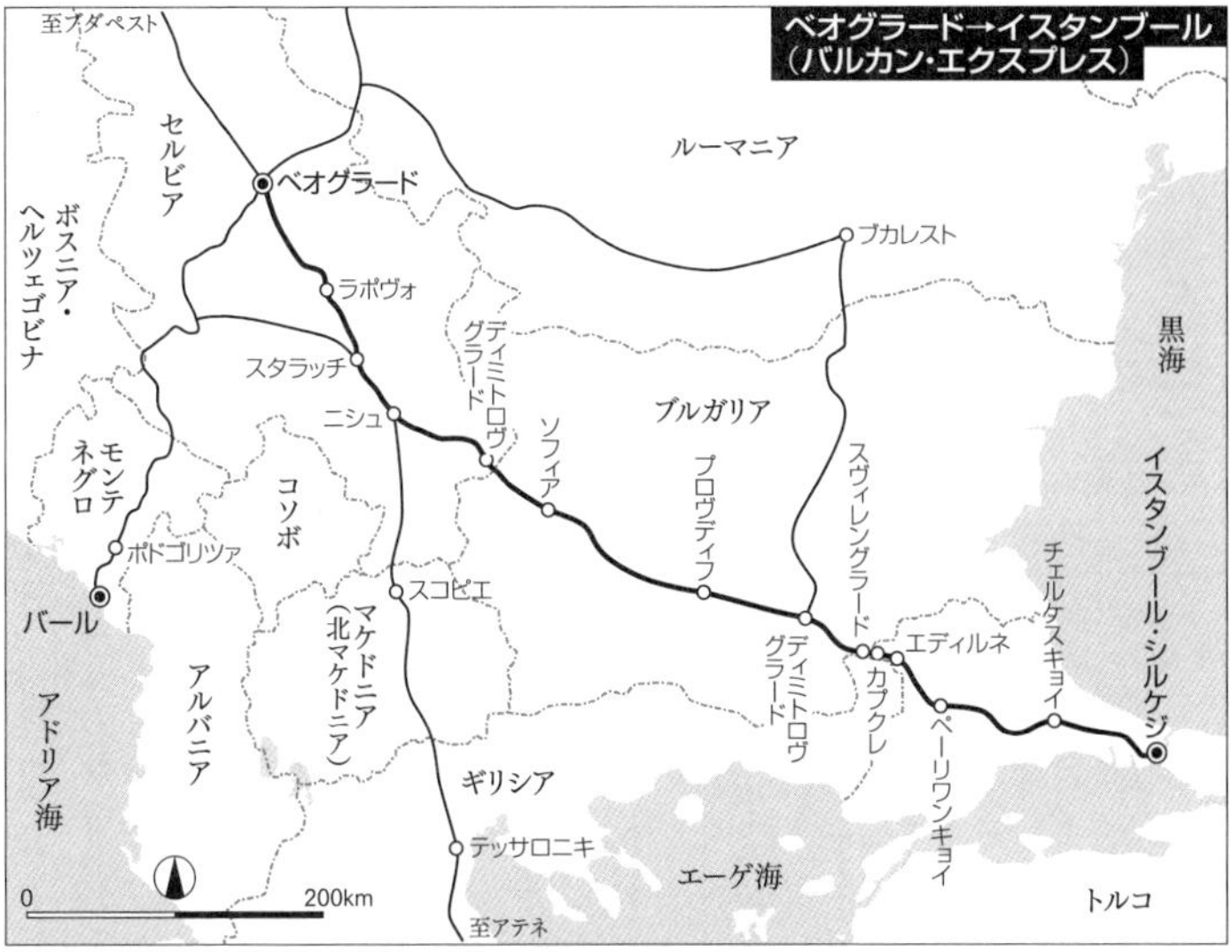

12月のベオグラードは、朝7時半になってもまだわずかに薄暗く、駅舎のライトアップ用照明が消えない。駅前のデジタル温度計は現在の気温をマイナス7度と表示している。手袋がないと外を長時間歩けないし、耳あて付きの帽子がないと耳が痛くなる。

凍てついたベオグラード本駅の2番ホームに、セルビア鉄道の電気機関車が5両の客車を従えた急行列車が出発を待っている。ただし、私の最終目的地であるイスタンブールへ行くのはその後ろの4号車だけで、前3両はギリシャのテッサロニキ行き、最後尾の5号車はブルガリアのソフィア行きとなっている。ソフィアはイスタンブールまでの途中にあるが、テッサロニキ行きは途中で切り離されて別の路線に分かれていく。4号車が3段式の個室寝台、5号車は前半分が1等座席車、後ろ半分が2等座席車

ベオグラード発イスタンブール行き
（バルカン急行）時刻表（2008年12月現在）

国名	km	列車番号		479	491	337
		列車名		ボスフォル・エクスプレス	★ バルカン・エクスプレス 1個 2個 1全 2全	
セルビア	0	ベオグラード	発	…	750	（ソフィアまで連結）
	ー	ラコヴィツァ	〃	…	805	
	ー	ムラデノヴァツ	〃	…	850	
	ー	パランカ	〃	…	912	
	ー	ヴェリカ・プラナ	〃	…	924	…
	110	ラポヴォ	〃	…	940	…
	135	ヤゴディナ	〃	…	958	…
	ー	チュプリヤ	〃	…	1012	…
	155	パラチン	〃	…	*	…
	176	スタラッチ	〃	…	1040	…
	ー	アレクシナツ	〃	…	1114	…
	244	ニシュ	着	…	1137	
			発	…	1240	1220
	ー	ベラ・パランカ	〃	…	1347	（テッサロニキ 2233 着）
	ー	ピロト	〃	…	1429	
	342	ディミトロヴグラード(※)	着	…	1457	
			発	（ブカレスト北発 1215）	1517	
ブルガリア	351	カロティナ・ザパド	発		1625	
	363	ドラゴマン	〃		1656	
	405	ソフィア	着		1740	
	↓	列車番号			8687	
	405	ソフィア	発		1915	…
	561	プロヴディフ	〃		2155	…
	639	ディミトロヴグラード(※)	着	2245	2304	…
			発		2322	…
	704	スヴィレングラード	着	…	033	…
			発		105	…
トルコ	723	カプクレ	着	…	130	…
	↓	列車番号			81031	
	723	カプクレ	発	…	330	…
	743	エディルネ	〃	…	352	…
	790	ペーリワンキョイ	〃	…	レ	…
	811	アルプル	〃	…	459	…
	911	チェルケスキョイ	〃	…	620	…
	998	ハルカル	〃	…	743	…
	1026	イスタンブール・シルケジ	着	…	825	…

註(1)：距離はトーマスクック欧州時刻表、時刻はバルカン・エクスプレス号車内掲示時刻表、セルビア鉄道発行時刻表、及びトーマスクック時刻表に基づく
(2)：セルビアとブルガリアの時差は1時間（ブルガリアが午前0時のとき、セルビアは午後11時）、ブルガリアとトルコの間に時差はない
(3)：（※）ディミトロヴグラードという同名駅がセルビアとブルガリアの両国に存在し、両駅に停車する

と、2両しかないのに乗車カテゴリーが三つに区分されている。座席車は1等・2等いずれもコンパートメント式で、私はソフィア行きの5号車の半分だけ設けられている2等コンパートメントの1席に座る。

7時54分、定刻より4分遅れてベオグラード本駅を出発。どんよりとした曇り空の下のベオグラード市内を、路面電車の線路と並びながら次のラコヴィッツァまでゆっくり走る。室内の暖房があまり効いておらず、コンパートメントの中でも上着を着たまま過ごす。

ラコヴィツァを出た直後に、検札係の車掌が来室。8人部屋のコンパートメント内には私を含めて5人がベオグラードから乗っていて、朝の眠気と室内の寒さも手伝って、チケットを車掌に見せた後

は、またみんな黙って座ったまま。

都市部を離れてうっすらと雪化粧した平原を進んでいくと、車内の寒さがさらに気になる。試しに前方の車両を見に行くと、特にテッサロニキ行きの3両は通路まで暖房がよく効いている。私がいる5号車だけが、明らかに暖房装置が故障しているのだ。

私以外にも、5号車から数人の男性客が前方の車両を見に来た。そして、車内の暖かさを確認すると、イスタンブールへ行くという若者2人が荷物を持って、テッサロニキ行きの3号車へ移ろうとする。車掌は「前の車両はあなたが乗る車両ではない」と止めようとしたが、「この寒さでは耐えられない」というようなことを言って、制止を振り切って5号車から出ていってしまった。その様子を見て、私がいるコンパートメントからも若者が脱出。私は空席ができた自室に今のところ滞在したままだが、この寒さのままでは、夜になったらさらに室内の温度が下がってしまい、コートを着ていても安眠は難しい気がする。そのうち、5号車のコンパートメントだけが空室だらけになってしまった。

車窓の遠方にも高い山の稜線は見えず、どんよりした曇り空が地平線と接する平野部がずっと続く。雪はうっすらと地面を覆っている程度なので、耕作地帯を走っていることはわかる。走行中の我が車両も、車両間の連結器付近に粉雪が積もっている。

積雪が多い駅では、ホームのベンチがどこも真っ白で座れず、線路を渡る構内踏切が凍結していて滑りやすくなっている。

10時37分、ベオグラードから135キロ離れたヤゴディナという駅に着く。ベオグラードから乗っていたおじさんが1人下車し、代わりに別の中年男性2人組が乗ってきた。挨拶の後、目的地を尋ねたら「スコピエ」という答えが返ってきた。スコピエはマケドニアの首都で、この列車のテッサロニキ行き編成が途中で経由するが、暖房全開中の前方の車両が満席なので、寒さは承知で空席があるこちらの車両に入ってきたらしい。

次のチュプリヤの駅構内には、蒸気機関車時代の巨大な給水塔が、朽ち果てつつも線路際に取り残されていた。この先のアレクシナツにも健在。オリエント急行全盛時代を偲ばせる幹線らしい遺構だが、ラポヴォの引込線内には、黒い蒸気機関車の姿も見かけた。駅前に展示しているような保存機関車ではなく、引込線内で長期間休んでいるような感じだった。セルビアでは、1999年のコソボ紛争時にNATO軍の空爆を受けて鉄道施設も各地で破壊され、その痛手からまだ立ち直っていないというが、定期列車の運行に蒸気機関車を引っ張り出すような事態には至っていないはずである。

ベオグラード以来最大と思われる都市部に進入すると、12時29分、ニシュに到着。ここで、暖房がよく効いていた前3両のテッサロニキ行きが切り離されて、12時41分に先発して行ってしまった。

イスタンブール行き寝台車とソフィア止まりの各1両の客車が、3番ホームに取り残された。長いホームに2両だけの客車がポツンと残されているさまは、寂寥感《せきりょうかん》を増幅させる。

車両の分割作業が長時間かかることがはっきりしていたので、駅舎の中へ立ち入ってみた。食堂はあるのだが、パンなどをテイクアウトができる売店がない。これなら、ベオグラードで水や食料をもっと買っておくべきだった。この列車内には食堂車も売店もないので、途中駅で食料の入手ができないと、明日の朝まで飲まず食わずになってしまう。

2両編成のバルカン急行をニシュから牽引する緑色のディーゼル機関車は、後方から姿を見せて連結され、ちょうど30分間の停車時間を経て12時59分に逆方向へ動き出した。そして、ベオグラード方面への電化路線から右へカーブして分岐し、単線非電化の線路がニシュの街をしばらく走り抜ける。高層マンションが建ち並び、大通りには自動車の交通量も人通りも多い。線路脇には大きな工場も稼働している。日本での知名度は低いが、ニシュはセルビア国内では有数の大都市とされる。

ニシュの街を離れると、薄く雪化粧した岩山に挟まれた谷間を30分ほど走る。峡谷区間の大半は無人地帯で、閉鎖された採鉱所のような廃墟のそばをゆっくり通過。やがて谷を抜けると再び雪原になり、農作物がない真冬の農耕地帯を坦々と走り続ける。約30分間の峡谷区間以外は、車窓に変化が乏しく、ずっと同じ景色なので、ずっとぼんやり眺めているとだんだん眠くなる。

14時15分、平野部の真ん中にポツンと設けられたベラ・パランカという小駅に着く。ここを出てしばらくすると、ベオグラードからずっと同室だった中年男性が、半日経って退屈の極みに達したのか、「ブルガリア語はできるか?」と初めて私に話しかけてきた。彼はザグレブから来たクロアチア人で、ソフィアまで行くとのこと。すると、傍らに座っていたクラシミールと名乗るブルガリア人のおじさんが、「自分もソフィアまで行く」と会話に割って入り、少しだけ英語ができるということで、3人の片言会話が何とか成立。ようやく、私が日本人だと認識された。もっとも、私に話しかけたことがきっかけで、より言葉が通じ合うおじさん2人の会話の方が滑らかになる。目の前でのそのやり取りを、私はほとんど理解できない。

時折思い出したように私に向けられた話の中で、私の最終目的地を尋ねられたので、「イスタンブール」と答えたら、クラシミールおじさんが「そうか、コンスタンティノープルか」と相槌を打った。コンスタンティノープル！　私は思わず、東ローマ帝国とか十字軍の名を連想した。もっとも、19世紀末に誕生した当時のオリエント急行は、オスマン帝国の統治下でイスタンブールと呼ばれていた都市をコンスタンティノープルと称しており、第1次世界大戦の前くらいまではパリ発のオリエント急行の行先も「コンスタンティノープル」と表示されていたという。

客車2両だけの身軽なバルカン急行は、15時頃にもう一度、緩やかな川の流れに沿った渓谷を通り過ぎた後に雪原へと戻り、15時44分、ディミトロヴグラード着。ここで停車している間にコンパートメント内でセルビアの出国手続きが行われ、私のパスポートにセルビアの出国スタンプが押された。セルビアもブルガリアも、ヨーロッパ内相互での出入国審査を省略するシェンゲン協定に参加していない。

先頭のディーゼル機関車をブルガリア国鉄所属の車両に付け替える作業が行われている最中に、今度はブルガリアの入国審査官が乗り込んできた。各コンパートメントで入国審査が順次行われ、それを待っているうちに、16時08分、ディミトロヴグラードを発車した。走行中に私のパスポートもチェックを受け、特に質問もなく手元に戻された。ブルガリアはシェンゲン協定には入っていないが、EUには加盟している。そのため、入国スタンプのデザインはシェンゲン協定に加盟している他のEU諸国と同じで、ただ図柄の左上にある国別のローマ字が「BG」となっている点だけが、ブルガリア入国の証拠となる。

盆地の真ん中を走るうちに、西の空から急速に暗くなっていく。いつ、どこで国境線を越えたのか、車窓からは全くわからなかったが、パスポートチェックに続いてブルガリア国鉄の車掌が検札に来た。

ブルガリアに入ってセルビア時間から時計を1時間進め、17時30分、ブルガリア最初の停車駅であるドラゴマンに到着。ホームに下りてみると、雪が10センチほど積もっていて、足首まで雪の中に沈んだ。雪質は軽く、ふわふわしている。

心配していた5号車内の暖房不調は、夕方近くから回復して、私たちのコンパートメントもようやく暖かくなった。だが、車掌からは、「ソフィアに到着したら隣の寝台車へ移るように」と言われる。この5号車はソフィア止まりだから仕方ないが、私は寝台券は持っていない。ソフィアから座席車が増結されるかどうかをブルガリア語で尋ねる語学力は私にはなく、成り行きに任せるしかない。

ブルガリアの首都・ソフィアには18時28分に到着した。定刻より38分遅れている。ベオグラードのような行止り式の古典的なホームではなく、長いホームが幾重にも並ぶ巨大ターミナルだが、どこのホームも薄暗く、未だに社会主義時代の名残のような雰囲気が漂っている。

5号車の我々は全員下車させられたが、同じ7番線ホームに代わりの増結車両の姿は見えない。乗るべき車両がなければホームで待っていても仕方ないし、せっかくブルガリアに入国したので、駅前を少し散策したりして過ごした。

国際ターミナルらしく駅舎の中に両替所があったので、手元にあったセルビア・ディナールの残りをブルガリアの通貨であるレフに交換。3ヵ国横断列車に乗るときは、中間の国で使用できる通貨をあらかじめ入手しておくことが難しいことが多いが、少額でも持っておかないと、中間国の通過中に食料が手に入らない。

バルカン急行の場合、ブルガリア国内の通過中にレフを使って買い物をする機会は事実上、このソフィア駅停車中くらいしかないが、食堂車もビュフェ車もなく客車2両だけでベオグラードからやってきた軽量急行の乗客にとっては貴重な長時間停車である。私は、駅舎内にあったマクドナルドでハムチーズのホットサンド二つとホットコーヒーを購入し、今日初めて、温かい食べ物と飲み物を口にすることができた。ソフィア駅到着時には薄暗く寒々とした駅構内を一目見て「社会主義時代の名残」などと感じたのに、その駅の中でマクドナルドに入って空腹を満たしてホッとする私は、骨の髄まで資本主義国の人間なんだなと自覚してしまう。

7番線ホームに戻ると、イスタンブール行きの2両の客車が待機していた。相変わらずの2両編成で、1両はベオグラードから来た寝台車と同じだが、もう1両の座席車は、車体が落書きだらけだった1等・2等の合同車両ではなく、2等コンパートメントだけの別の車両に変わっている。私は2等座席車のチケットを持っているから問題ないが、1等座席車の乗客はここから先は2等座席か寝台へ移れ、ということなのだろうか。

最初は1人でコンパートメントにいたが、発車間際になって、若い男女4人グループが入ってきた。英語で会話しているので声をかけてみると、グループと言ってもここでたまたま出会っただけで、青年2人はクロアチア出身。もう1人の男性はイギリスのロンドン、女性はカナダから来たとのこと。19時11分にソフィアを発車し、しばらく室内は英会話が弾む和やかな空気だったが、検札の後はそれぞれ着席のまま眠り込んだ。

このままトルコに入って朝を迎えるかと思ったが、日付が変わった直後の0時53分に停車したスヴィレングラードで、車掌が「イスタンブール行きの乗客は全員ホームに出て、別の車両に乗り換えよ」と各コンパートメントに告げて回る。こんな時間に予告なしに車両の移動を命じられるとは思わなかったが、有無を言わさぬ指令のようで、みんな仕方なく、急いで起きて荷支度する。

他の客とともに冷え込んだ車外に出ると、下車したばかりの2等座席車は編成から切り離され、別の機関車に牽引されて出ていってしまった。だが、ベオグラードから直通してきた1両のみの寝台車の後方に、いつのまにか、寝台車が2両増結されている。

そのうちの1両に私たちが乗り込もうとすると、途中で「もう車内は満員だから」ということで車掌から乗車を拒否されてしまった。もともと乗っている客がいたのだから、別の車両の旅客を全員乗せるのは難しいということ自体はわからなくはない。ただ、真夜中に寒空の下で待たされる私たちとしては、理屈抜きでとにかく車内に入れてほしい。寒くてガタガタ震えたり足踏みしたりしている私たちから、厚着の制服を着た出入国審査官がパスポートを回収していき、10分ほどでブルガリアの出国スタンプが押されて戻された。

パスポートを受け取っても私たち多数の乗客が車外に放置されているのを見て、ホームにいた別の警察官が寝台車のドアを外から叩いた。すると、中から車掌が顔を出して、「もう満員だ！」と大声で拒否。警官は「俺は警察官だぞ！」とさらに大きな声で怒鳴り返し、真夜中の国境駅ホームには警官と車掌の怒声が響き渡って緊迫する。

最後はその警官が、半ば無理やりドアを開けさせた形になった。そのやり取りを目の前で見ていた私は、一番乗りで車内に乗り込み、また車外に戻されないよう、車内の通路を急ぎ足で歩いて後ろの車両へ移動した。

後方の車両は2等個室寝台で、1部屋あたり6名が入れるようになっている。日本のように部屋ごとではなく寝台ごとにチケットが販売されるが、どの個室も使用中だ。「もう満員だ」と叫んだ車掌の言っていることには誇張や偽りはないように見受けられる。

私の後から車内に入ってきた別の客が、車掌と何やら交渉する。すると車掌が突然、「1人10ユーロ払ったら寝台を用意する」と言い出した。だが、どこにも空いている個室がないのに、お金を払ったところでどうやって物理的に空席を捻出しようというのか。だいたい、ブルガリアもトルコもユーロは法定通貨ではなく、寝台料金をユーロで支払うことはあり得ない。

そんなやり取りを他人事《ひとごと》のように通路上で立って見ているうちに、1時12分、列車が動き出した。このままイスタンブールまで立ちっ放しになるかと思ったが、闇の中で国境を越えて1時53分にトルコ側の国境駅・カプクレに着いたら、先ほどの車掌が今度は「駅で入国審査を受けてきたら、寝台を何とかする」と言い出した。どうやって「何とかする」のか、思いつきのように言っているようにしか見えなかったが、トルコの入国審査を受けなければならないのは確かなので、パスポートを持って、停車する編成の目の前にある駅舎内で入国審査を受ける。トルコの陸上国境では、出入国審査官が車内に来るのではなく、旅客が駅構内の出入国審査場へ出向いて審査を受けるパターンが多い。

早めに車内に戻って、また通路に立っていたら、車掌室の隣のコンパートメントに入っていた若い女性2人が、入国審査を終えて戻ってきた。彼女たちが自室に入るときに室内が見えたのだが、そこに、ソフィアからブルガリア国境のスヴィレングラードまで同室だったあのロンドン出身のイギリス人青年の姿があった。ソフィアからここまでの道中で、彼女たちと仲良くなったらしい。

彼に声をかけて室内をさらによく見せてもらう。左右両側に上・中・下段と並ぶ6人用の寝台で、上段は左右とも彼女たちが使っているが、中段と下段は、イギリス人青年が使おうとしているだけで、他の寝台は空いているようだった。真夜中でドアが閉められていたので、空き寝台があるとは思わなかったが、室外から認識できないだけだったのだ。

私は、すぐ車掌のところへ行き、自分もこの寝台を使いたいと申し出た。車掌は、ブルガリア国境で乗換えを余儀なくされた他の旅客の様子を気にしつつ、OKを出してくれた。これで何とか、夜通し立ったままでいなくて済むことになったが、若い女性が入室している寝台個室の中を積極的に確認するわけにもいかず、たまたまソフィアから同室で言葉も交わしていたイギリス人青年の姿をこの室内で見かけなかったら、どうなっていたかと思う。

やれやれ、とやっと重い荷物を置き、寝台に横になってくつろいでいたら、午前3時過ぎになってまた車掌がやってきて、私とイギリス人青年の2人に「別の個室へ移るように」と言ってきた。車掌の背後に、中年の女性客が1人で立っている。彼女を、もとからいた上段の若い女性と同室にして、男性の私たちは別の部屋で男性と同室にする、という扱いである。その対応自体には異論はないが、深夜の3時過ぎにまた荷物を持って車内の移動を命じられると、心身ともに疲労の蓄積具合も尋常ではなくなる。

引っ越し先のコンパートメントには、白人男性と黒人男性が1名ずつ寝ていて、私は空いている中段寝台に静かに入った。車掌は私から寝台使用料として10ユーロを徴収すると、薄い毛布を貸し出してくれた。10ユーロが適正な毛布使用料なのかどうか、交渉する元気は私にはもうなかった。3時38分に深夜のカプクレ駅を出発すると、毛布をかぶってそのまま寝てしまった。

深夜の慌ただしい越境の影響で眠りが浅かったのか、6時過ぎにはもう目が覚めた。空が少しずつ明るくなっている。どこを走っているのか見当がつかなかったが、7時49分にハルカルに着いて、次がもう終点のイスタンブールであることを知った。

窓の外は粉雪が舞っている。並行する道路に沿って住宅街が形成され、通過する小さな駅に近郊電車が発着している。もうイスタンブールの通勤圏だ。

8時を過ぎると、イスタンブールの市街地になった。左前方に、イスタンブールを代表する巨大なモスク、スルタンアフメト・ジャーミィが間近に迫る。そのモスクを含めた車窓左手の一帯は、旧市街全体がイスタンブールの歴史地区として世界文化遺産に登録されている。

スルタンアフメト・ジャーミィのすぐ先にはトプカプ宮殿がそびえ立つ。城壁の真横をぐるっと回り、左へ左へとカーブしながら進むと、前方に、アジア大陸とヨーロッパ大陸とを隔てるボスポラス海峡が見えてきた。

近郊電車の車両基地の真横を走る本線の信号所に、「イスタンブール」の駅名標が掲げられているのが目に入った。8時32分、最後はわずか7分の遅れでイスタンブール・シルケジ駅に到着。往年のオリエント急行のルートを辿った現代のバルカン急行の一夜は、優雅な旅とは程遠く、夜通し慌ただしいことこのうえないドタバタの連続であった。

　1890年に建てられたという赤煉瓦造りにドーム屋根の古風な駅舎には、歴史の重みが感じられる。駅舎内では「オリエント・エクスプレス」という名のレストランも営業している。だが、かつて西ヨーロッパの旅人が憧れたオリエント急行の終着駅は、近郊電車用のホームを除くと長距離列車用の発着ホームが3線あるだけで、想像していたよりも小さい。「オリエント急行」のイメージを私が勝手に膨らませていたから、余計にそう思えたのかもしれない。

　その後、2013年にボスポラス海峡の下を通る鉄道海底トンネルが完成し、両大陸間を鉄道が直通できるようになると、シルケジ駅はヨーロッパ側の絶対的終着駅としての役割を終えた。他国から遠路はるばる長距離列車でやってきた国際旅客が、この古風で小さなシルケジ駅で味わったヨーロッパの最果て感や線路が尽きた喪失感は、どんなに立派な鉄道博物館にも正確には記録できず、やがて忘れ去られていくのであろう。

第14章

中東3ヵ国を貫く壮大な「アジア横断急行」

▼ダマスカス（シリア）→テヘラン（イラン）

「アジア横断急行」という壮大な列車名を冠した列車が、トルコとイランに存在する。2023年現在、トルコの首都アンカラとイランの首都テヘランを結ぶ国際列車が、「トランスアジア・エクスプレス」と名乗り、往復とも50時間以上をかけて週1回、全長2300キロ以上の道のりを駆け抜ける。それだけでも十分に長い走行距離だが、要はトルコとイランの両首都を結ぶ2国間列車である。

だが、この列車は以前、アンカラではなくイスタンブールに発着していた時期がある。同じ2国間列車でも、ヨーロッパとの接続点であるイスタンブールの発着であれば、ヨーロッパからアジアへと渡り、さらに東へ向かおうとする旅行者が最初に乗車する国際列車らしい名と言えよう。

さらに、そのイスタンブール発着便とは別に、同じ名前の国際列車が別のルートにも設定されていた。始発駅はトルコの南に隣接するシリアの首都・ダマスカスで、トルコ国内を経由してイランまで3ヵ国を直通していたのだ。極東の日本から中近東のトルコまでの全アジアの中で、3ヵ国を1列車で貫く一般向けの定期国際列車は、旧ソ連が分裂して予期せぬ越境区間が増えた中央アジアを除けば、他に北京(中国)~ウランバートル(モンゴル)~モスクワ(ロシア)を直通するシベリア鉄道の列車だけだ。この中蒙露国際列車はロシア国内でモスクワがあるヨーロッパへと通じているから、純粋にアジアの中だけで三つの独立国に跨って運行される一般向けの国際列車は、このダマスカス発着便だけだったことになる。「アジア横断急行」を名乗るにふさわしい運行区間だったように思う。

残念ながら、2011年に始まったシリア内戦の影響で、このダマスカス発着のアジア横断急行は

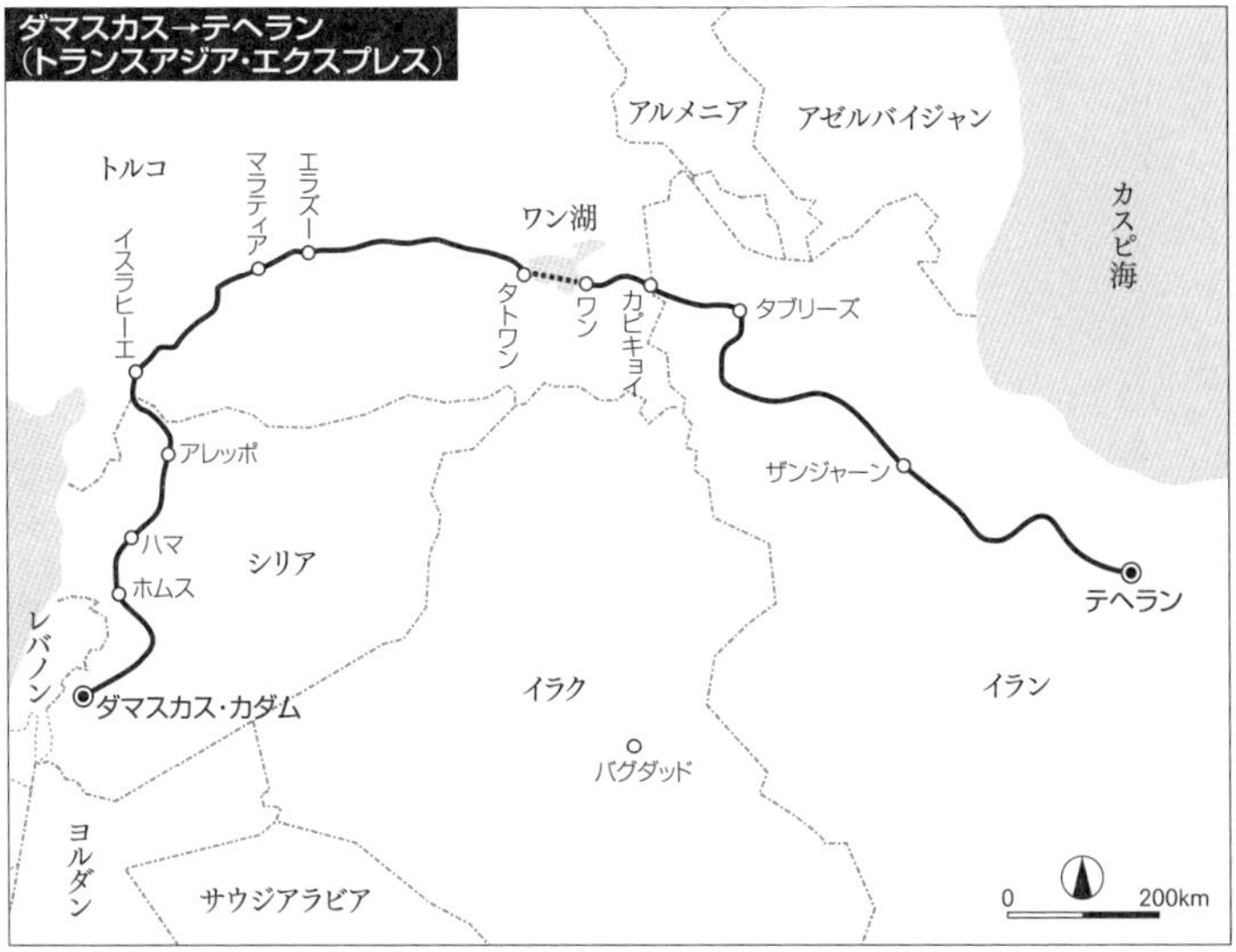

途絶えてしまっている。国際旅客列車の運行は国際平和が大前提である。内戦は10年以上も続いていて、シリアを観光客が安心して旅できる日がいつ来るのか、全く見通しが立たない。

私はその内戦開始より3年ほど前の2007年12月に、このダマスカス発テヘラン行きトランスアジア・エクスプレス号に乗っていた。世界各地を走る国際列車を紹介する本書の最終ランナーは、いつの日か再び運行されることを願って、このダマスカス発のアジア横断急行の旅で締め括ることとする。

シリアの鉄道施設の中で、外国人観光客の認知度がダントツに高いのは、ダマスカスの中心部にあるヒジャーズ駅舎だろう。映画「アラビアのロレンス」で世界にその名を知られたヒジャーズ鉄道の発着駅だったところで、トルコ様式とシリア様式が融合する1913年完成の駅舎は、列車の発着がなくなって線路が剝がされた後も、ダマスカス有数の観光名所として多くの旅行者が訪れる。

それに比べると、郊外にあるカダムという現役ステーションは、旅客ホームは駅舎に面した1面のみ。市街地から離れているため、列車の発着時以外は駅もその周辺も人影が少ない。ダマスカスに発着する鉄道は、全てこのカダム駅を起終点としている。

トランスアジア・エクスプレス号がダマスカスを出発するのは毎週月曜日のみ。国外からの予約はできないので、前々日の土曜日にこのカダム駅まで切符を買いに来て、無事に手に入れていた。テヘランまでの寝台券は4400シリアポンド（約1万493円）。窓口の駅員が私の氏名を書き入れていた同日の寝台券の発券帳簿を見ると、私は全22席中の8人目の購入者だった。前日、当日だと売り切れていて、座席車に回されていたかもしれない。

購入時に駅員から「当日は朝6時に駅に来るように」と指示されていたので、律儀に夜明け前の5時55分にカダム駅に来たが、6時から乗車手続きが始まるような様子はない。小さな待合室の中には、真っ黒なアバヤやチャドルを纏《まと》った女性客の姿が多い。イスラムの女性が着る黒い民族衣装は、私には区別がつきにくいのだが、アバヤはロングコート、チャドルは1枚の大きな布でできていて羽織るものだという。顔まで隠しているニカブやブルカを着ている人はいなかった。

7時20分になって、待合室内で重量計に荷物を載せるように指示された旅客は、計量後の荷物を、停車中のテヘラン行き編成の最後尾に連結されている荷物車両に預ける手続きが始まる。それに合わせて、私も混雑した待合室を出て、日の出直後のホームに立って編成を眺めて歩く。

先頭のディーゼル機関車に続くのは6両のドイツ製客車と最後尾の荷物車で、全車両がシリア国鉄所属となっている。客車は前から1等座席車1両、食堂車、2等寝台車4両。私が持っているチケットには座席番号と思われるアラビア数字が見当たらない。記載されているアラビア語は全く読めないので、ホームを歩いていた駅員に声をかけて、最初は荷物車の隣の寝台車の1室に案内してもらった。

ところが、その後に車掌がやってきて、私だけでなく同じ車両にいた他の客にも、前の車両に移れと命じる。そう言われても切符が読めないんだ、と車掌にチケットを見せたところ、今度は食堂車の隣の寝台車の1室を指定され、2段寝台の下段が私の場所だと教えてもらった。アラビア語の国では、こうした経験がこれまでにも何度かある。

2人1部屋の寝台個室で、すでに上段にはイラン人の紳士が入居していた。アッバースと名乗る彼は少しだけ英語ができるとのことで、貰った名刺と彼の自己紹介によれば、シリアにあるセラミックなどの貿易会社で顧問弁護士をしているとのこと。奥さんはシリア人なので、会社と自宅があるシリアと自分の出身国であるイラン、それに取引の現場となるドバイなどを頻繁に往来しているという。貿易会社の顧問弁護士が、イランとシリアを頻繁に往来するのに、飛行機ではなく2泊3日かかるこの列車を頻繁に使うのだろうか。

私に対しては、最初に「コリアンか？」と尋ねてきた。彼に限らず、シリアでは、アジア人の私に対して最初に韓国人かと聞かれることが多い。日本よりも韓国の方がこの国に進出しているからだろう。シリア国鉄が最近導入した近郊区間用の新型快速車両「トレインセット」も、韓国製のディーゼルカーである。

8時32分、2分遅れてカダム駅を出発した。テヘランまで2泊3日、60時間近い長旅の始まりである。最初は南へ向かって進む。混沌《こんとん》とした下町風情の地域を抜け、市街地の外縁部をぐるっと迂回しながら北へ進路を向ける。

10分もしないうちに市街地を抜け出し、8時43分、スペネフという小さな駅で停止する。客扱いはせず、アレッポからの急行列車がやってきてすれ違うまで待機する。側線に大量の貨車が留置されて

ダマスカス発テヘラン行き
（アジア横断急行）時刻表（2007年12月現在）

国名	km	列車番号		67	
		列車名		トランスアジア・エクスプレス 1個 2個 全	（1個はタトワン桟橋まで連結）（2個はワン桟橋から連結）
シリア	0	ダマスカス・カダム	発	830	《運転日注意》◆【ダマスカス発月曜運転】
	165	ホムス	〃	レ	
	223	ハマ	〃	レ	
	367	アレッポ	着	＊	
	↓	列車番号		61573	
	367	アレッポ	発	1350	
	467	メイダン・イクビス	〃	1640	
トルコ	489	イスラヒーエ	発	1850	
	499	フェフジパシャ	〃	1915	
	749	マラティア	着	022	
			発	045	
	844	ヨルチャティー	〃	レ	
	868	エラズー	〃	355	
	925	パル	〃	レ	
	1096	ムシュ	〃	931	
	1190	タトワン	着	1132	
	1195	タトワン桟橋	着	1144	
		（連絡船）			
	1195	タトワン桟橋	発	1300	…
	1270	ワン桟橋	着	1700	…
	↓	列車番号		59	
	1270	ワン桟橋	発	1825	…
	1273	ワン	〃	1849	…
	1384	カピキョイ	〃	2230	…
イラン	1390	ラジ	着	005	…
			発	025	…
	1461	サルマス	〃	250	…
	1581	スフィアン	〃	レ	…
	1612	タブリーズ	着	520	…
			発	710	…
	1741	マラーゲ	〃	＊	…
	1909	ミアーネ	〃	レ	…
	2033	ザンジャーン	〃	1443	…
	2204	ガズヴィーン	〃	レ	…
	2300	キャラジ	〃	レ	…
	2348	テヘラン	着	1830	…

註(1)：距離・時刻はシリア国鉄発行時刻表、乗車券記載情報、及びトーマスクック海外版時刻表に基づく
(2)：シリアとトルコの間に時差はない。トルコとイランの時差は1時間30分（イランが午前0時のとき、トルコは午後10時30分）

いて、その中に漢字で「中国海運集団」と書かれたコンテナも見える。貨物列車は、中国から中央アジアやイランを経由して、いわばシルクロードに沿ってこのシリアまで来ることができるのだ。

ここを出ると、窓外にはしばらく耕地が広がり、ときどき線路近くに建てられた工場のそばを通過する。やがて9時半を過ぎると、茶色い砂漠と、その向こうに草木が全くない砂丘が凸凹と連続し、アラブの砂漠らしい荒涼とした車窓が広がる。

車掌が検札に来た後、各寝台の乗客に朝食セットが配給される。ホブズと呼ばれるナンのような薄いパンと、紙製のミールボックスの中にはチーズとクッキー、ビスケット、それにインスタントコーヒーやティーバッグが入っていた。乗車券に軽食代が含まれているとは予想していなかったので、これはありがたい。日本のランチボックスのようにお手拭きまで入っていて、丁寧だなと思ったら、お手拭きの紙袋に英語とドイツ語、アラビア語のほかに日本語で「紙お手拭き」と印刷されていた。

中国や旧ソ連の客車のように各車両に湯沸かし器があるわけではないが、隣の食堂車の厨房に行けば、タダでお湯をくれる。アッバースは知人がいる別の個室にずっと出かけたままなので、私1人がコンパートメントを独り占めして、悠々とコーヒーブレイクを過ごす。

寝台車は1両の旅客定員が22名で、1室に上下2段の寝台をセットした個室が11部屋ある。寝台の幅は広く、内壁に鏡が取り付けられ、窓のそばにあるテーブルも広くて使いやすい。充電用のコンセントも室内にあるので、手元のデジカメや携帯電話の充電も室内でできる。このような2人用の個室で2等寝台扱いというのは、世界を見渡してみると珍しい。2等は4人部屋や6人部屋とし、2人部屋は1等扱いにしている国もたくさんある。

ただ、この車両は第2室と第3室、第4室と第5室、というように、車端の第1室を除き、並ぶ2部屋の間に室内扉があって、これを開けると室内が繋がって実質的に4人部屋になる。ホテルのコネクティング・ルームのような構造で、寝台車でこのような造りになっている列車は初めて見た。

なだらかな曲線を描く砂丘もやがて見えなくなり、地平線の先が霞んでいる辺りまで荒涼とした砂漠が続いていたが、11時を過ぎて砂の色が少し赤みがかってくると、少しずつ緑が車窓に戻り始める。大きな都市の市街地に入ると、左から単線非電化の線路が合流してきて、11時22分、ホムスの駅構内で停車。ダマスカス、アレッポに次ぐシリア第3の都市で、隣国レバノンへの直通道路もこの街が起点となっているが、旅客の乗降扱いは行わずにすぐ発車する。駅構内の側線に貨物列車の編成が多数停車していて、貨物駅の様相を呈している。

大都市とはいえ、5分も走るともう畑が広がる郊外へ出る。そして、やがて人影が見えない砂礫《されき》の平原になり、それが延々と続く。たまに、巨大な工場の姿が陽炎《かげろう》のように遠方に現れて、ゆらゆら揺れる。12時08分にハマを出ると、もうアラブらしい砂丘は見られず、大小の石が転がるばかりの茶色い荒野が地の果てのような地平線まで広がっている。

13時43分にアンサリという小さな駅を通過すると、ホムス以来の大きな街に入る。線路近くに建つモスクのドーム屋根や外壁が青や緑のタイルでできていて、茶色い大地ばかり見てきた目にはことさら鮮やかに映る。

13時54分、アレッポに到着。シリア国鉄の本社はダマスカスではなく、このアレッポに置かれている。もともとシリアの鉄道は、オスマン帝国時代にトルコからイラクのバグダッドへ通じるバグダード鉄道の一部として建設された経緯があり、アレッポはその主要駅として1912年に開業した。現在ではトルコから直接イラクへアクセスするルートがあるため、トルコからイラクへ向かう列車がアレッポを経由することはないが、イラクへ通じる路線自体は今もアレッポから東へ分岐し、旅客列車も貨物列車も頻繁に往来している。

そういう歴史ある駅なので、ダマスカス郊外のカダム駅より立派な古代宮殿風の駅舎が、1番線に面して建っている。内部の待合室や切符売り場も荘重な雰囲気で、アラブの古都の玄関駅らしい趣である。その駅舎にモスクが隣接していて、アザーン（礼拝の呼び掛け）の声が駅舎の中にまで聞こえてくる。

ここから先頭のディーゼル機関車が重連（2両連結）になる。食堂車近くのホームでは、朝のカダム出発直後に乗客に配付されたのと同じ形のミールボックスが大量に積み込まれている。食堂車の乗務員もここで交替している。

14時30分になると、1番線ホームに設置されている鐘を駅員がカンカンと何度も鳴らした。それが発車の合図だったらしく、14時33分にアレッポを出発する。

5階建てくらいの集合住宅が線路に沿って密集するアレッポの下町地帯をゆっくり走っていたら、私がいる個室の近くの車体外壁に「ガン！」という大きな衝撃音がした。窓の外を見ると、この沿線に住む子供たちが面白がって列車に向かって投石している。そのうちの一つが車体に命中したらしい。命中箇所がもう少しずれていたら、私の部屋のガラス窓を破っていたかもしれない。この列車の各車両には、窓ガラスが破損している箇所がそれぞれあるのだが、列車の窓ガラスがこんなに割れているのはこうした投石が原因だったのだろう。

市街地で窓越しに外を見るのが少し怖くなったが、幸い、15時過ぎにアレッポの街を出て、耕したばかりの赤茶色の畑と整地された緑の草地がきれいに色分けされた農村地帯になった。

だが、アレッポ到着前に比べて、平野部の直線区間になっても、なぜか列車のスピードが上がらない。ダマスカス〜アレッポ間はシリア国鉄の最重要幹線だが、アレッポ以北は線路状態が1ランク下がるのだろうか。

コンパートメントを出ようとしてドアを開けたら、通路を歩いていた男性の額にドアをぶつけてしまった。一般的に、列車のコンパートメントの出入口のドアは引き戸か、または内側への片開きになっていることが多いのだが、この列車では外側への片開きになっている。そのため、室内から開けるときは外側の通路に人がいないかどうか注意しなければならないし、通路を歩いているときも、突然コンパートメントのドアが開いて通路を塞がれるので、気をつけないといけない。額にドアをぶつけてしまった彼には平謝りして、彼も「大丈夫」と言ってくれたが、室内にいれば投石にビクビクし、室外に出るときは通路を歩く乗客の気配を察することが必要で、何かと気を遣う個室の旅ではある。

寝台車の隣にある食堂車では、お茶を淹れるための熱湯はいつでも自由に貰えるのだが、肝心の食事の提供はしていないらしい。朝からときどき車内を覗いたが、誰も食事をしていないし、厨房でも調理をしていない。電子レンジが一つ置いてあって、それは乗客が使ってもいいことになっている。

15時40分になって、今日2回目の食料配給。アレッポで積み込まれたミールボックスが1人1箱ずつ配られる。朝よりもホブズが厚めだった。今度はビスケットなど菓子類だけでなく、チキンの缶詰も入っていて、いちおう食事らしくなっている。

16時を過ぎて、だんだん太陽が西に傾いていく。広大な平原を覆う東の空が茜色に染まり、やがて急速に暗くなっていく。

私が滞在する個室は、外が暗くなっても室内灯が点いたり消えたり、チカチカと点滅を繰り返す。一向に安定しないので、外がすっかり暗くなったところで思い切って室内灯を消してみたら、窓の外に満天の星空が広がっていることに気づいた。排気ガスがほとんどない荒野の真ん中で、しかも真冬で空気が乾燥しているせいでもあるだろう。動くプラネタリウムのようだ。せっかくなので、このまま星屑の夜空を見上げながら、トルコ国境を目指すことにした。

アレッポ以北の国境行き支線は、アレッポ以南の幹線に比べて、途中の信号場や無人駅での反対列車とのすれ違い機会が少ない。韓国製新型ディーゼルカー「トレインセット」は一度も姿を見ることなく、たった1回、ディーゼル機関車1両がわずか1両の客車を牽引してトルコからやってきた不思議な国際列車とすれ違っただけで、19時22分、周囲が闇に包まれている中で電灯によってほのかに浮かび上がる国境駅、メイダン・イクビスに到着した。すぐにシリアの出入国審査官が乗り込んできて、私たち乗客のパスポートを回収していく。その間、乗客と乗務員の大半が、ホーム前方にあるモスクへと歩いていき、車内はガランとなってしまった。日没時の礼拝であろう。

礼拝が対象外の私は試しに駅前へ出てみたが、数軒の商店がまだ開いているだけで、人影がなく寂しい国境駅である。私は、開いている商店でサンドイッチを買って、誰もいない自室に戻った。列車の先頭近くでは、機関車をトルコ国鉄所属の車両に交替させている。

礼拝から戻ってきた同室のアッバースに、イランの通貨であるリヤルの入手方法を尋ねる。近時のシリアポンドとの交換レートの相場を教えてもらっただけでなく、駅前をうろついていた両替商の男性のところまで私についてきてくれて、シリアポンドをイランリヤルに交換するときに立ち会ってくれた。トルコリラは持っていないが、とりあえず最終目的地の通貨を事前に手にできたのは安心である。手元のシリアポンドもきれいになくなった。

再び自室に戻ったところで、シリアの出国スタンプが押されたパスポートが返却され、21時01分に発車した。トルコとの国境に向かって、前方は真剣そのものの真っ暗闇で、車窓からは本当に何も見えない。

ただ、星屑の夜空はなおも変わらない。星空には国境はないので、このままトルコまで同じ眺めが続くかもしれない。

その闇の中で2回、停車してはまた動き出すという走り方を繰り返す。2回目の停車直後に、迷彩服姿の軍人が乗ってきた。シリア側最後の検査官で、全員ではなく、車内で不審な人物がいれば取り調べるという建前だったらしい。

彼らが去ってから動き出した列車内では、点滅しっ放しだった室内灯が回復し、進行方向の先には、赤や青のカラフルな光の集まりが見えて、徐々に近づいてくる。アッバースがその光の集まりを指差して、「あれはもうトルコだ」と言う。

人が生活しておらず全くの無人地帯だった国境線付近をどうやら越えて、少しずつ民家の明かりが現れ、21時27分、トルコ側国境駅のイスラヒーエに着いた。駅名標にアラビア文字はなく、真っ赤なトルコ国旗が駅舎に翻っている。

トルコに鉄道で入国するときは、車内で入国審査官を待つのではなく、駅舎内にある出入国審査場に乗客が自分で出向いて審査を受けなければならない。私の前にはすでに行列ができていて、男女に分かれていたがなかなか進まず、やっとパスポートにトルコ入国スタンプを貰ったときには駅の到着から1時間以上経った22時30分になっていた。シリアとトルコの間には時差はないので、時計を修正する必要はない。

全員の入国審査が終わり、乗客・乗務員の全員が列車内に戻ってきたのを確認し終わってから、23

時02分、やっと闇の中の国境駅を後にした。ヨーロッパから離れると私もアッバースも、今日の最後のイベントを終えて、早々に寝た。

翌朝は6時30分頃に目が覚めた。外はすでに明るく、砂丘が広がっている。朝のミールボックスが配られた。中身はほとんど変わり映えしないが、今度はツナ缶が入っていた。

どこを走っているのかわからなかったが、7時31分にヨルチャティーという小さな駅に停車したことで、トルコ国境駅のイスラヒーエから一晩かけて355キロ、東海道新幹線で言えば東京から名古屋のやや手前辺りまでの道のりを進んできたことを知る。

しばらく停車していたら、8時01分、エラズー発アダナ行きの反対列車がやってきた。「フラト・エクスプレス」との列車名を掲げている。その到着を待って8時02分にこちらも発車する。

そのフラト・エクスプレスの始発駅、エラズーには8時37分着。ホームに下りると、吐く息が白く、冷たい空気が頬に当たると痛い。車両の窓ガラスの外側に霜が付いている。遠方の山々はうっすらと冠雪している。

寒さのせいでもあるのか、食堂車では熱湯を沸かすのが追いつかなくなっていて、インスタントコーヒーを淹れるのでお湯を貰いに行ったら、少し待つように言われる。

朝早く朝食用のミールボックスを貰ったばかりなのに、このエラズーで早くも二つめのボックスが配られた。手元に食料が累積していく。この列車でシリアからイランへ向かおうとする私のような旅客にとっては、中間国のトルコリラは持たないままでいることが多い。そうすると、トルコ通過中は食料を何も買うことができないので、車内での軽食配付が多めに行われるのはありがたい。

9時過ぎになって、左側の車窓に穏やかな湖面のケバン・ダム湖が現れた。トルコ第4の巨大な湖で、草木が全くない茶色の岩山や砂浜に囲まれた青い湖面が、いっそう明るく見える。

1時間以上もその湖を横目に走り、やがて川の流れとなって幅広の渓谷を形成する。10時50分にパルを通過する頃から、左右の丘陵が狭まる谷の中腹辺りを列車が走り、車窓左手に渓谷の全景を展望する絶景区間が続く。

渓谷を抜けて少し盆地のようになったところで、11時08分、ベイハンという駅に停車。反対列車を待つ間、一部の乗客に交じって、私もホームがない駅の線路上に直接下りてみた。

この列車の長時間停車は毎度のことなのか、近所に住んでいるらしい若者が、焼きたてのナンをたくさん持って売りに来た。車外に出ていた私と同じ寝台車の客たちが集まってくる。私にも「どうだ」と勧めてくる。食べたいところだが、トルコリラを持っていない。シリアポンドやイランリヤルで買おうとする客もいたが、さすがに無理みたいだった。

停車中の列車や駅の写真を撮っていたら、そのナン売りの青年と一緒にいた乗客から「俺たちも撮ってくれ」と言われた。リクエストに応じて集合写真のスナップを撮って、そのデジカメの画像をみんなに見せたら、トルコリラを持っていてナンをたくさん買った男性が「お礼だ」と言って、買ったばかりのナンを1枚くれた。寒空の下で焼きたてのナンを口にすると、温かさが胸の中に広がるような感じがした。

ベイハンを出た後は、再び険しい渓谷に入る。トルコ中部の山岳地帯の最深部を走っているようで、前方に山々が連なって我が列車の前に立ちはだかる。トンネルや鉄橋を繰り返して渓谷の中を進むので、車窓の展開としては絶景区間中に変化が多く、見ていて飽きる暇がない。

走行区間の標高もだんだん高くなり、14時17分、小高い山々に囲まれたカレという小さな駅に到着したときは、前方に雪山がそびえていた。この付近の渓谷は川面の大部分が凍結して雪原になっており、残雪の量も増えていく。

15時20分、ムシュに到着。ここまでは雪がちらほら残る程度で「残雪」との表現が適当だったが、このムシュ駅のホームは真っ白で、ホームに下りてみると、新雪の部分は北海道のパウダースノーのようにさらさらしていて足が沈む。完全に雪国の光景である。

雪が降る荒天と真冬の昼の短さとがあいまって、16時頃から暗くなり始め、16時半には完全に陽が落ちてしまった。トルコでも、雪が降る季節の日中は短い。

アジア横断急行2日目の夜を迎えたが、今日のメインイベント（？）はこの後に控えている。この路線の最東端はワン湖というトルコ国内最大の湖の西岸で、そこから東岸までは鉄道連絡船で湖を渡るのだ。連絡船は鉄道路線の一部とみなされるので、乗車券を別に購入する必要はない。乗船地点は鉄道駅と一体もしくは隣接しているのが一般的で、現にこの路線のワン湖側の乗船駅は「タトワン・イスケレシ（桟橋）」という。

日本でも、かつての青函連絡船は青森駅や函館駅構内から、宇高連絡船は宇野駅や高松駅構内から直接乗船できた。ただ、相互の鉄道を結ぶ連絡船は、日本では昭和末期に青函連絡船と宇高連絡船が廃止されて姿を消しており、もう体験することができない。

18時になって、知人がいる他の部屋にずっと滞在していた同室のアッバースが戻ってきて、「あと少しで乗換えだ」と教えてくれる。18時08分、タトワン着。だが、積雪に覆われたホームに降り立つ客はほとんどいない。次が桟橋駅なのだが、乗り換える船の準備に手間取っているのだろうか。

そのままタトワン駅で2時間半以上も待たされ、やっと動き出して闇の中を少し進み、20時58分、タトワン桟橋駅に到着した。ホーム上はタトワン駅よりもさらに外灯が少なく、10センチほど積もっている白い雪のおかげで何とか足元が見える。

ホームの目の前が港で、列車の編成最後尾のすぐそばに、「ワン（VAN）」という名の鉄道連絡船が停泊している。その乗船口付近だけは煌々《こうこう》と明かりに照らされている。鉄道連絡船らしく、桟橋駅構内から乗船口まで線路が接続するように停泊しているが、ダマスカスからの客車ごと船で対岸まで運ぶわけではないらしい。

ただ、旅客の大型荷物を預けている荷物車1両だけは、貨車などに交じって船内に押し込まれた。

船内には3編成の車両が並んで積載できるようになっている。乗客はその車両のそばを歩いて、暖房がよく効いている客室内に入る。ホットドッグなどを売る売店が営業していて、トルコ国内だがイランリヤルも使える。

船の中はさすがに個室とはいかず、多数の座席が一堂に並ぶ大部屋スタイルだ。私はアッバースと並んで、テレビがよく見える最前列に座った。ヨーロッパのどこかの国で作られたらしい洋画の吹き替え版を放映していて、イラン人らしいチャドル姿の女性やその家族と思われる人たちが、特に熱心に観ている。イラン国内でこうした洋画がどの程度放映されるのかを私は知らないが、珍しい映画を観る機会を逃さないようにしている、という感じに見える。

22時08分、出港。甲板に出ると、船尾から桟橋が遠ざかり、右舷に橙色の街の灯がゆらめく。日中の航海だったら、湖を取り囲む大自然の景観に圧倒されていたかもしれないが、今は星も見えない暗闇の航海で、甲板も雪で滑りやすくなっているので危ない。乗船名簿などないので、誰かが湖に転落しても、たぶん誰にも気づかれないだろう。私は何だか怖くなって、黒い湖面に吸い込まれそうな甲板から客室へ戻り、空席に横になって目を閉じた。

2時40分頃、他の乗客から「もうすぐ着くぞ」と起こされた。船窓の外には、桟橋の明かりが見える。3時20分から下船が始まるが、外は凍えるような寒さで、しかも隣接するワン桟橋駅にはまだ乗るべき列車の姿がない。私とアッバースは暖かい船室内でしばらく待機し、ディーゼル機関車が客車編成を押すように逆向きで入線してきたのを見届けてから下船した。

テヘラン行きの列車はイラン国鉄の所属車両だった。この最後尾に、ダマスカスから来たシリア国鉄の荷物車を船から引き出して連結させる。旅客もシリア国鉄の車両から引き継がれるのだが、アッバースに連れられて乗った寝台車は4人用個室。ダマスカスから乗ってきた2人用個室寝台と車内構造が異なるが、彼は一向に気にしていない。

他の乗客の乗換えの様子を見ているうちに、どうやら、乗換え後の車両では、乗車する等級や座席の種類が一致していれば、車両やコンパートメントまでは指定されないらしいことがわかってきた。各等級の乗客定員が前の列車を超えなければ席がなくなることはないとはいえ、個室寝台を自由席扱いするとは、なかなか大胆な運用である。

もっとも、私たちを迎え入れる乗務員は全員、ネクタイを締めて制服姿でピシッとしている。シリア国鉄の乗務員がみんな私服だったのとは対照的だ。

ワン栈橋駅を発車したのは3時50分。自由席のような寝台車だが、すぐに車掌が検札に来て、寝台券を持っているかどうかのチェックは受ける。私たちは4人部屋に入ったが、他の客は入ってこない。ワン栈橋からの列車は食堂車を中間に1両挟んで、寝台車ばかりが計6両連結されている。タトワン栈橋までの編成より1両純増扱いになっているので、多少は余裕を持った寝台の使い方をしても問題ないのだろう。

寝台用の布団と枕は寝台備え付けのバッグの中に入っていて、シーツと枕カバーはきちんとクリーニング後にパッキングした状態で車掌から1人ずつ渡される。1・5リットルの水のペットボトルも1部屋に1本、人数分のコップとともに配られた。

タバコを吸いに車内のどこか別の場所へ行ったアッバースが、食堂車で2人分のチャイを貰ってきてくれた。角砂糖もちゃんと別に貰っている。中東ではどの国でもチャイをよく飲むが、イランでは角砂糖を口に入れて舐めたりかじったりしながら紅茶を飲むスタイルが一般的なので、角砂糖をチャイに入れて溶かすためのスプーンなどはない。アッバースは私にチャイを勧めながら、「この列車はイランで一番良い列車だ。食事も水もちゃんと提供される」と誇らしそうに説明する。

チャイで落ち着いたところで明け方を迎え、私たちはそれぞれ寝台の毛布をかぶって寝た。鉄道連絡船が深夜時間帯にかかったため、一晩ほぼまともに寝ていない。

だが、6時24分に個室の外から「パスポート！」との大きな声とともにノックされ、車掌に起こされた。トルコ最東端のカピキョイ駅に到着している。駅構内が雪に覆われていて、テヘラン行きの客車からは車内の暖房が洩れているのか、水蒸気があちこちから吹き上がっている。

シリアから入国したときと同じように、ここでも旅客が駅ホームに隣接する出国審査場へ行って、自分で出国手続きを受ける。男女別に審査を受けるのだが、性別以外に、そもそもイラン、トルコ、シリア以外の国民は私しかいないのではないかと感じた。

7時32分、カピキョイを発車。ゆっくりと雪山の中の単線区間を走っていくと、7時37分、トルコとイランの国境線が車窓に現れた。ここが両国の国境である、との看板も見える。トルコ側に警備兵が立ち、彼に見送られてイランに入ったところでいったん停止。視覚的に境界線がはっきり見えるケースは珍しい。ただ、緊張感はなく、警備兵は窓越しに外を見る私の姿を車外から見つけて、私に対して手を振った。ここで時計を1時間30分進めて、9時11分、ラジに到着。

停車中に、アッバースと2人で食堂車へ行って、朝食を取る。シリア国鉄側と異なり、お湯をくれるだけでなく食事も出してくれる。朝はホブズとチャイと付け合わせだけの簡素なメニューだが、ホブズが食べきれないほどたくさん出された。

部屋に戻ると、イランの入国審査官が来て、パスポートを預けさせられる。次のサルマス駅停車中に戻ってきて、各個室の旅客に返却されたが、日本人の私だけ「お前はもう少し待て」と言われて返してくれない。いきなり不安になったが、しばらくして返却された私のパスポートには、イランの入国カードも勝手に書いてくれて挟んであった。親切で書いてくれたらしいのだが、ペルシャ語で書かれているのでさっぱり読めない。

イランに入ったアジア横断急行は、しばらくはトルコ側と同じように、山岳地帯をトンネルの繰返しによって走り抜けていく。岩肌剝き出しの荒涼とした山間部の高い位置から、冠雪した他の山々を眺める。そのスケールの大きな展望を車内から楽しんでいるが、トルコ側との景観の違いはあまり感じられない。

だが、少しずつ標高が下がって平地を走るようになると、やがて山の稜線は見えなくなり、地平線や、緩やかな曲線をも描く砂漠の丘陵が四方を取り囲むようになる。そういう荒野の真ん中に信号場のような小駅があり、もっぱら列車の行違いのための施設かと思ったら、わずかに人が下りて、道路すらもない荒野へ向かって歩いていく姿を見かける。彼の家はいったいどこにあるのだろうか、と思ってしまう。

日本人が1人でこの列車に乗っていることは、ダマスカスから3日目の朝を迎えて、ずいぶんと知られているようになったらしい。13時26分にイラン西部の要衝、タブリーズに着いたとき、同じ車内にいてここで下車する老人の重い荷物を、ホームへ下ろすのを手伝った。そうしたら、ジャファーと名乗る別の鉄道員が「お前がこの列車に乗っている日本人か」と話しかけてきて、「そうだ」と返答したら、自分の携帯電話でどこかへ電話をかけて、私にその携帯電話を差し出して「このまま喋ってみろ」と言う。

何のことかと思いつつ電話に出たら、電話の相手がいきなり「もしもし」という日本語で話し始めた。テヘランに住むラザーと名乗る電話の向こうの男性は、1995年まで横浜や東京で働いていたという。

イランでは1988年にイラン・イラク戦争が休戦となった後、日本へ出稼ぎに行く若い男性が急増した。当時、イランがビザの相互免除協定（ノービザ制度）を締結していた国の中に、先進国では唯一、日本が含まれていた。そのため、戦争後の不景気で仕事がなかった兵役帰りのイランの大勢の若者が、このノービザ制度を利用して日本を訪れたのだ。1990年代の一時期に、イラン人が週末ごとに東京の代々木公園や上野公園に集結する光景が見られたことがあったが、彼らの多くはそうしたノービザ制度での来日者だった。その後、日本はイランとのノービザ協定を停止している。

今でも40代以上のイラン人男性の中には、かつて日本へ出稼ぎに行った経験者が多く、その多くは日本語を解する。この電話の向こうのラザーという男性もその1人で、ジャファー鉄道員は自分の友人であるラザーが日本での出稼ぎ経験者と知っていたから、日本人である私を見て電話を取り次いでみたのだろう。

彼が日本で実際にどんな仕事をしていたのかは知る由もない。だが、彼の滞日経験が良い思い出になっていることは、その話しぶりから窺えた。彼は久しぶりに使うらしい日本語でいろんな話を問わず語りに喋った後で、彼自身の携帯電話の番号を私に伝えて、「何かあったら自分に連絡してください。力になります」と言ってくれた。社交辞令なのだろうが、こんな中東の地方駅のホームで久しぶりに日本語での会話ができて、悪い気はしなかった。

ジャファーに電話を返して再び列車に乗り込むと、個室内にいなかった私を見つけた乗務員に「昼食を出すから、2人で食堂車へ行ってくれ」と言われて、アッバースと2人で食堂車へ。鶏肉がゴロゴロ盛られたポロウ（イランのピラフ）が出された。シンプルな料理とはいえ、ダマスカス出発から3

日目の朝にして初めて、厨房で調理した温かい食事を取ることができた。

部屋に戻ると、アッバースが乗務員に、食後のチャイが飲みたいので部屋に持ってきてほしい、と注文する。それはほぼ自動的に、私の分も持ってきてもらうことを意味している。また角砂糖をかじりながら、2人で午後の紅茶タイムを過ごす。

オアシス都市以外は無人の荒野と砂漠ばかりを眺め続けるうちに、3回目の夜を迎える。今日中にはテヘランに着くはずだったが、タブリーズ到着の時点でまだ700キロ以上の道のりを残しており、今日の到着はもはや絶望的だ。

18時06分、日没後のマラーゲに到着。すると、車両の外から警察官らしき男が各ドアを叩いて「ナマーズ！」と呼びかける。それに呼応して、アッバースはじめほとんどの乗客と乗務員が、1番線ホームに面した巨大な駅舎の中に消えていく。1日5回の礼拝（ナマーズ）を知らせるアナウンスである。イランの鉄道ではどんなに列車が遅延していても、この礼拝のための長時間停車は確保されることになっている。乗務員までが礼拝室へ行ってしまったので、私1人が暗い車内や無人のホームに取り残された。

マラーゲを出た後、各コンパートメントに食堂車から夕食の皿が運ばれていくが、なぜか私たちの部屋には来ない。すると、別のコンパートメントにいる男性が来て、自分たちの部屋に届いたチキンのポロウが1皿余ったので食べてくれないか、と言って、器ごと持ってきた。アッバースは夕食はいらないと言うので、私がありがたく引き受けて、いただいた。それを食べていたせいか、食堂車から私たちの部屋へは料理が運ばれてこなかったが、明日の朝食用という意味なのか、魚の缶詰が食堂車から配給された。同じ列車名の急行列車なのに、シリア側とイラン側、運営する国鉄によって、車両もサービスも全く別の等級の列車に乗っているかのような違いである。

食事が終われば、もう車内ですることはなく、私たちは21時過ぎには床について消灯した。

想定外の車内4日目は、夜明け前の3時半頃に目が覚めた。車内全体が、テヘラン終着前の準備態勢に入っている。まだ外は暗いが、橙色の街灯が線路沿いの道路に並んでいるのが見える。車窓から街路の積雪を見た感じでは、20センチ以上は積もっているようだ。窓ガラスの外側には雪がこびり付いている。中東という地域と雪国のイメージは結びつきにくいが、テヘランは標高1200メートルの高原に位置しており、その西部地域ではテヘラン中心部よりも降雪量は多いらしい。

やがて、橙色の街灯が列車の前方にも広がると、列車はスピードを落として静かに停止した。テヘラン駅の到着時刻は4時45分、ダマスカス・カダムを出てから91時間13分という所要時間は、確かにアジア横断急行の名にふさわしい長さではあった。

到着ホームはテヘラン駅の端っこにある狭いエリアで、列車から下りると、すぐに人の流れに乗って駅舎の中へと進んでいかなければならない。テヘラン駅はイラン各地へ通じる列車がひっきりなしに発着する総合ターミナルで、夜明け前から多くの利用客や送迎客で賑わっている。私のような外国からの旅行者も、国境を二つも越えて、遠路はるばる悪の枢軸の首都までやってきたとの感慨に耽る暇はなく、準備体操なしでいきなり市民生活のど真ん中に放り込まれたような形になる。それもまた、飛行機や船で入国する場合とは異なる、国際列車で新しい国を訪れたときならではの旅の始まりのスタイルである。

初出一覧（※いずれも本書への収録に際して大幅に加筆している）

○米朝首脳会談で注目──乗換えを要する中越国際列車（原題「復活からまもなく10年　中越国際鉄道最新事情（前）（後）」『鉄道ジャーナル』２００５年６・７月号）

○日本の国際列車の歴史を受け継ぐ中朝国際列車　20年の変遷（原題「北朝鮮　平義線の歴史と現況（１）（２）（３）（補遺）」『鉄道ピクトリアル』２０１８年８・９・10月号、２０１９年２月号）

○アジア最上の豪華急行でマレー半島を縦断（原題「Ｅ＆Ｏで満喫するアジア最上級の旅　シンガポール〜バンコク旅紀行」『ＤＶＤでめぐる世界の鉄道絶景の旅20　マレー半島　アジアのオリエント急行』集英社、２０１０年）

○東ベンガル鉄道栄枯盛衰──名茶ダージリンはここから世界へ運ばれた（『旅と鉄道』２００４年夏の号）

○印パの〝和解〟を演出する時速４キロの国際急行（原題「時速４キロの国際急行　〝印パ〟直通列車の復活を願って」『旅と鉄道』２００４年冬の号）

○「世界一短い国際列車」と称された南米の孤立路線（原題「かろうじて残る小さな南米国際鉄道　運賃１８０円・１両編成の国際列車」『鉄道ジャーナル』２００７年３月号）

著者略歴
小牟田 哲彦（こむた・てつひこ）
昭和50年、東京生まれ。早稲田大学法学部卒業、筑波大学大学院ビジネス科学研究科企業科学専攻博士後期課程単位取得退学。日本及び東アジアの近現代交通史や鉄道に関する研究・文芸活動を専門とする。
平成７年、日本国内のJR線約２万キロを全線完乗。世界70ヵ国余りにおける鉄道乗車距離の総延長は８万キロを超える。
平成28年、『大日本帝国の海外鉄道』（現在は『改訂新版 大日本帝国の海外鉄道』育鵬社）で第41回交通図書賞奨励賞受賞。ほかに『鉄馬は走りたい――南北朝鮮分断鉄道に乗る』（草思社）、『世界の鉄道紀行』（講談社現代新書）、『旅行ガイドブックから読み解く 明治・大正・昭和 日本人のアジア観光』（草思社）、『宮脇俊三の紀行文学を読む』（中央公論新社）など著書多数。
日本文藝家協会会員。

列車で越える世界の緊迫国境

発行日　2023年12月20日　初版第1刷発行

著　　者　小牟田哲彦
発 行 者　小池英彦
発 行 所　株式会社　育鵬社
〒105-0023　東京都港区芝浦1-1-1　浜松町ビルディング
電話 03-6368-8899（編集）　www.ikuhosha.co.jp

株式会社　扶桑社
〒105-8070　東京都港区芝浦1-1-1　浜松町ビルディング
電話 03-6368-8891（郵便室）　www.fusosha.co.jp

発　　売　株式会社　扶桑社
〒105-8070　東京都港区芝浦1-1-1　浜松町ビルディング
（電話番号は同上）

装丁・DTP制作　板谷成雄
印刷・製本　サンケイ総合印刷株式会社

ISBN 978-4-594-09543-7

本書のご感想を育鵬社宛にお手紙、Eメールでお寄せください。
Eメールアドレス　info@ikuhosha.co.jp